재미 불교학 교수의 고뇌

박 성 배 朴性焙 | 스토니부룩 뉴욕주립대학교 교수

1933년 전남 보성에서 태어났다. 1953년 벌교 효당서원에서 김문옥 선생 지도로 유학을 공부하였고, 1955년 해남 대흥사에서 전강田岡 스님의 지도로 참선 수행하였다. 1956년 동국대학교 불교대학 철학과에 들어가 1960년 「범아일여사상」으로 석사학위를 받은 뒤 1961년 삼척 영은사에서 탄허呑虛 스님의 지도로 노장老莊 사상을 공부하였고, 1963년부터 1969년까지 동국대학교 불교대학 교수를 지냈다. 1966년 봉은사에서 대학생 수도원을 설립하여 지도교수를 맡았고, 1966~1968년에 해인사에서 성철 스님 지도로 참선 수행하였다. 1969년 미국으로 건너가 1971년까지 텍사스 달라스 남감리교대학(Southern methodist University)에서 신학을 공부한 뒤, 1977년 버클리 캘리포니아 주립대학에서 「원효의 대승기신론소 연구」(On Wonhyo's Commentary on the Awakening of Mahāyāna Faith)로 박사학위를 받았다. 1977년 스토니부룩 뉴욕주립대학교 종교학과 불교학 교수에 임용되었고, 1986년부터 지금까지 한국학과 과장 및 한국학연구소 소장으로 봉직하고 있다. 1993년 뉴욕주립대학교 출판부 한국학연구총서 책임편집인, 1997년 원효전서 영역 출판사업 책임편집인을 맡았다. 1987~1988년 국제퇴계학회 뉴욕지부 회장을 지냈고, 1991년 아세아 문화 발전 뉴욕주지사상을 받았으며, 1997~1998년에 동국대학교 원효석좌 교수, 1997년 하와이 주립대학교 구로다 석좌교수, 2007년 건국대학교 국제협력대사로 위촉되었다.

주요 저술로는 *The Korean Buddhist Canon, A Descriptive Catalogue*(해인사 팔만대장경의 서술 목록, 루이스 랭카스터 박사 공저, 캘리포니아 주립대 출판부, 1979), *Buddhist Faith and Sudden Enlightenment*(불교의 믿음과 돈오사상, 뉴욕주립대학교 출판부, 1983), 『깨침과 깨달음』(*Buddhist Faith and Sudden Enlightenment* 의 한국어판, 윤원철 번역, 예문출판사, 2002), *The Four-Seven Debate*(퇴계와 고봉의 사단칠정 논쟁, 마이클 캘튼 교수 등 공역, 뉴욕주립대학교 출판부, 1994), 「성철스님의 돈오점수설 비판에 대하여」(『보조사상』 제4집, 1990), 「원효사상 전개의 문제점」, 「보조스님은 증오를 부정했던가?」(이상 『한국의 사상가 10인』, 예문동양사상연구원, 2005), 『몸과 몸짓의 논리』(민음사, 2007), *One Korean's Approach to Buddhism: The Mom/Momjit Paradigm*(한 한국인의 불교공부, 뉴욕주립대학교 출판부, 근간), *Wonhyo's Commentary on the Awakening of Mahayana Faith*(원효의 대승기신론소, 하와이 주립대학교 출판부, 근간) 등이 있다.

재미 불교학 교수의 고뇌
한국과 미국의 사이에 서서

박 성 배 지음

2008년 2월 28일 초판 1쇄 발행

펴낸이 | 오일주
펴낸곳 | 도서출판 혜안
등록번호 | 제22-471호
등록일자 | 1993년 7월 30일

주소 | 서울시 마포구 서교동 326-26번지 102호 ⑫ 121-836
전화 | 3141-3711~2 팩스 | 3141-3710
메일 | hyeanpub@hanmail.net

ISBN 978-89-8494-328-5 03220

값 20,000 원

재미 불교학 교수의 고뇌

한국과 미국의 사이에 서서

박 성 배

혜안

머리말

인도의 남단에 있는 불교국가 스리랑카에는 '코끼리와 잔디의 비유'가 있다.

"두 마리의 코끼리가 싸울 때 잔디는 망가진다. 코끼리가 사랑을 할 때도 잔디는 역시 망가진다."

이러나저러나 망가지는 잔디의 서러움에 스리랑카 사람들은 일찍이 눈을 떴던 것일까. 요즈음 국제정치 평론가들은 지금 한국이 처한 딱한 사정을 미국과 중국이라는 두 마리의 코끼리 때문에 짓밟히는 잔디에 빗대고 있다. 그러나 생각해보면 코끼리에 짓밟히는 잔디의 비극은 인생의 도처에서 발견된다.

유교 집안에서 태어난 나는 네 살 때부터 한문을 배우기 시작했다. 대학에서 불교학을 전공하면서 한문경전은 내 인생의 동반자가 되었다. 그러다가 1969년 미국으로 자리를 옮기면서 나는 영어와 불가분의 관계를 맺게 되었다. 나에겐 한문과 영어가 두 마리의 큰 코끼리처럼 느껴질 때가 있었다. 어떨 때는 내 속에서 두 놈이 충돌을 일으킬 때도 있었고 어떨 때는 두 놈이 사랑을 나누는 듯 잘 어울릴 때도 있었다. 그러나 한문도 영어도 내 모국어는 아니었다. 나의 모국어는 한국어다.

나는 지금도 한국말로 생각하고 한국말로 꿈을 꾼다. 두 마리의 코끼리가 싸우든 사랑을 하든 간에 잔디는 망가지는 것처럼 영어와 한문 때문에 내 속에서 한국말은 짓밟히고 있는 것 같았다. 그래서 잔디의 서러움이 남의 이야기 같지 않다.

한국말이 짓밟히고 있다. 말이 짓밟히면 사람도 짓밟힌다. 사람이 짓밟히면 분노가 치밀어 오른다. 이러면 본인에게도 좋지 않고 주변 사람들에게도 좋지 않다. 짓밟힘은 종식되어야 한다. 문제는 '어떻게?'다. 이 대목이 분명해지기 위해서는 문제의 현장에 뛰어 들어가 보아야 한다.

1977년, 스토니부룩 대학교(State University of New York at Stony Brook)의 불교학 교수로 취임한 뒤, 나는 대학에 한국학연구소를 창설했다. 모두가 뉴욕 일원에 사는 교포들이 도와준 덕택이었다. 이러한 인연으로 나는 비교적 뉴욕 인근의 한국인들과 가깝게 지낸다. 그래서 지금도 나는 한국에 관심이 많다. 지금 미국의 언론들은 다가오는 미국의 대통령 선거를 내다보면서 힐러리 클린턴이냐 아니면 버럭 오바마냐 하면서 왈가왈부 말들이 많지만, 나는 그런 것보다는 한국에서 들어오는 뉴스가 항상 더 궁금하다.

　미국물이 많이 든 재미교포들 가운데는 한국말이 서투른 사람들이 많다. 그런데 한국말을 잘 할 줄 아는 사람들이, "나는 한국 신문도 보지 않고 한국 방송도 듣지 않는다."는 말을 무슨 자랑거리나 되는 것처럼 태연하게 내뱉는 경우가 있다. 한국에서 명문대학을 나왔다고 자랑하면서도 일상의 대화에서는 한국말은 절대로 쓰지 않는 교포들도 있다. 누군가가 이들에게 한국말로 말을 걸면 의례히 영어로 응수한다고 한다. 잔디의 신세 같은 한국말의 서러움을 본다.

　1970년, 미국 중부에 있는 어느 도시에서 재미 한국학자 회의가 있었다. 거기서 나는 '불교의 평화사상'에 대해서 발표했다. 미국에 상륙한 뒤의 첫 발표였다. 여러 분야 학자들이 제각기 자기 분야의 연구 성과들을 발표했었다. 그런데 내가 놀란 것은 그들의 발표 내용이 아니라 발표를 시작할 때의 인삿말이었다. 모두가 예외 없이 자기들의 한국말이 서투른 것을 무슨 자랑처럼 이야기하는 것이었다. 미국에 도착한 지 얼마 되지 않았던 나에겐 커다란 충격이었다. 그 뒤 얼마 안 있어,

어떤 일본학 회의에 참석할 기회가 있었다. 흥미로웠던 것은 거기에 참석한 학자들이 모두 영어보다는 일본말 하기를 좋아한다는 사실이었다. 서양학자들도 자기의 일본말 실력을 과시하려고 애쓰고 있었다. 발표는 일본 사람들도 미국 사람들도 모두 일본말로 하였다. 잔디의 서러움이 없는 일본말과 그렇지 못한 한국말이 대조적이었다.

미국에서 오래 사는 한국 사람들이 한국말을 잊어버린 것은 오히려 당연하다고 해야 할 것이다. 무엇이든 이용가치가 없으면 사람들은 그것을 잊어먹기 마련이니까. 더군다나 한국 사람들이 없는 곳에서 외롭게 사는 한국 사람들이 오랫동안 한국말을 쓰지 않았기 때문에 한국말이 서툴다는 말은 십분 이해할 수 있다. 그런데 재미있는 것은 한국말을 정말 잊어버린 교포 2세들, 또는 한국말을 전혀 할 줄 모르는 3세들에게서 한국적 가치관과 사고방식이 발견된다는 사실이다.

지금 미국의 대도시에서는 어디에서나 한국 사람들이 모두 괄목할 만한 성공을 거두고 있다고 한다. 누군가가 물었다, 그 비결이 무엇이냐고. 진부하게 들릴지 모르지만 부모에게 효도하고, 형제끼리 서로 돕고,

이웃을 보살피고, 그리고 "먼저 사람이 되어야 한다"고 외치고…… 등등의 한국적 가치관과 한국적 사고방식이 성공의 비결이라고 한다. 이러한 한국인들의 오랜 관습은 이민 올 때 옛 것은 다 버렸다 해도 버려지지 않는 것이다. 이런 것들은 말이나 생각보다 더 깊숙이 일상생활 속에 스며들어 있는 것이며 이러한 습관은 말이나 생각과는 달리 없애려 해도 없어지지 않는 것이다.

미국에 오래 살면서 속상한 일도 많았다. 견디기 어려웠던 일 중 하나가 한국말의 본래 모습이 변질되는 것을 보고만 있어야 한다는 것이었다. 한 예를 들면, 한국 사람치고 '지는 것이 이기는 것'이란 말을 들어보지 않은 사람은 드물 것이다. 사람들이 싸우면 거기엔 반드시 '지는 자'와 '이기는 자'가 있기 마련이다. 이 세상에 어느 누가 지는 것을 좋아하랴만 옛날 동양의 지혜로운 사람들은 '지는 것이 이기는 것'이라 가르치면서 싸움을 말렸다.

내가 어렸을 때는 '나의 세계'라 해보았자 고작 우리 집안이 전부였으니까 '이기느니…… 지느니……' 하고 법석을 떨어보아도 결국은 모두가 한 가족 간의 일이었다. 가족 간의 화목이 거의 절대적 덕목이었던 봉건적 농촌사회에서는 '지는 게 이기는 것'이란 말에 토를 달 필요가 없었다. 그래서 지는 것이 분하지만 참을 수 있었다. 가정의 분위기가 나를 그렇게 만들었다.

그런데 이상하게도 미국으로 이민 와서 사는 한국 사람들까지도 이런 말을 곧잘 쓴다. 그러나 가만히 살펴보면 이 말의 원래 뜻이 변질되어 있다는 것을 곧 알 수 있다. 미국에서 사는 소수민족들의 이민사회는 서러움도 많고 문제도 많다. 뿐만 아니라 지금 미국사회는 결코 옛날 한국의 농촌사회가 아니다. 한 마디로 무서운 자본주의적 경쟁사회다. 이런 데서 살아남으려면 우선 이겨놓고 봐야 한다. 그리고 정녕 싸움에 승산이 없을 땐 작전상의 후퇴가 필요하다. 그럴 때는 더 큰 승리를 위해서 일단 지는 척 한 발 물러서는 지혜가 있어야 한다. 사람들은 그런 지혜를 '지는 게 이기는 거'라는 말로 표현하고 있는 것 같다. 만일 이게 사실이라면, 당초에 이 말이 쓰여졌던 옛날 한국의 가치관과는 상당히 거리가 멀어진 것이라고 해야 할 것이다.

내가 미국에 처음 도착했을 때 미국물이 많이 든 어떤 친구가 나에게

충고삼아 이런 말을 해주었다.

"미국서는 시비가 생겼을 때 절대로 잘못했다는 말을 먼저 해서는 안 되네."

나는 좀 어리둥절했지만 그땐 미국을 너무도 몰랐기 때문에 이 충고를 액면 그대로 받아들였다. 그러나 그 말은 미국의 어느 단면을 들여다보고 한 말이었을 뿐 미국의 온 모습을 제대로 다 들여다보고 한 말은 아니었다. 그러나 요즈음 미국의 자본주의는 극단으로 치닫고 있다. 따라서 미국사회도 급격하게 변해가고 있다. '잘못했는데도 잘못했다는 말을 하지 않는 것'이 상식이 되어 가고 있다. 이러한 미국문화와, 이길 수 있는데도 져주는 것을 높이 사는 한국의 전통문화와의 사이에서 신음하는 재미 한국교포들의 언어생활이 잔디처럼 보인다.

오랜 고통 끝에 나는 마침내 한 결론에 도달했다. 해결의 실마리는 한국문화의 도처에서 발견되는 한국의 '몸' 사상이었다. 사람에게 '몸'보다 더 중요한 것은 없다. 옛날 사람들이 말했던 몸은 우주적인 몸이었다. 우주적인 몸이란 그 속에 이 세상 모든 것이 다 들어가 있는 그러한 몸을 의미한다. 나는 어려서부터 어른들에게서 "사람은 몸이 튼튼해야 한다.”는 말을 무수히 들었다. 옛날엔 이를 “체體가 실해야 한다.”고 표현했었다. 이 말은 밥 잘 먹고, 잠 잘 자고, 아무 탈 없이 건강해야한다는 말만은 아니었다. 임꺽정 같은 천하장사를 보고도 ‘체가 실하지 못한 놈’이라고 혀를 차는 경우도 있었으며 몸이 약해 오랫동안 병상에 누워 있는 사람에게도 ‘그 분은 체가 실해서……’ 운운하며 존경심을 표하는 경우도 있었다.

한 마디로 말해서 “체가 실하다”는 말은 사람됨의 깊이를 가늠하는 인격人格을 두고 하는 말이었다. 다시 말하면 자기의 이익밖에 모르는 소인小人이 아니라 이 세상 모두를 위해서 항상 걱정하고 애쓰는 대인大人을 두고 옛날 사람들은 “체가 실하다”고 말했던 것 같다. 그러므로 한국문화에서 ‘몸’이란 말의 원래 뜻은 기독교의 하나님 같은 엄청난 뜻을 지니고 있었던 것 같다. 그래서 나는 동양의 ‘몸 발견’은 서양의 ‘신神 발견’과도 같은 위대한 사건이라고 말하고 있다.

이기는 사람의 특징은 고개를 빳빳하게 들고 의기양양하여 천하에 무서울 것이 없다는 데에서 찾아볼 수 있다. 반면에 지는 사람의 고개는 숙여지기 마련이다. 그런데 여기에는 우리들이 간과해서는 안 될 중요한 대목이 있다. '지는 게 이기는 것'이라고 말하는 사람은 아직 진짜로 진 것이 아니라는 사실이다. 진짜로 져버린 사람과 지기 전에 지는 편을 택하는 사람 사이에는 천양지판의 차이가 있다. '지는 게 이기는 것'이라고 말하는 사람의 속 내용에는 경천동지의 자각이 있다. 거기에는 '이긴다' 아니면 '진다'는 일시적 결과에 집착하는 것보다도 더 중요한 것을 자각하고 있다는 사실이 전제되어 있다. 그것은 '우린 모두 한 몸'이라는 자각이다. 그래서 나는 몸의 발견을 일종의 종교적인 자각으로 보고 싶은 것이다. 싸움을 피하고 승리를 상대에게 양보하는 일이 저절로 되는 것이 아님을 알아야겠다.

오늘날 한국 사람들이 즐겨 쓰는 말 가운데 '좋은 게 좋은 거'라는 말이 있다. 원래 이 말은 매우 엄격한 말이었던 것 같다. 다시 말하면 "좋은 것이 아닌 것을 좋은 것이라 말하지 말라."는 어른들의 불호령이 그 속에서 들려오기 때문이다. 우리는 이런 말을 올바로 이해하기 위해서 몇 단계의 분석적인 해석을 시도해 볼 필요가 있다. 첫째 단계는 이 말을 옛날 우리나라의 가족중심 사회와 연결시켜 생각해 보는 것이다. 우리 가족 모두에게 다 좋은 것이라야 한 가족 안의 너에게도 나에게도 다 좋은 것이라는 뜻이 이 말 속에 담겨져 있기 때문이다. 둘째 단계는 가족 관념이 국가와 민족이라는 더 커다란 차원으로 그 내용이 깊어져야한다. 그런 다음 여기서 한 발 더 나아가, 이 세상 모든 나라, 모든 민족을 다 감싸안는 전 우주적 차원으로 심화되어야 한다. 다시 말하면 전우주全宇宙, 만백성萬百姓, 일체중생一切衆生에게 다 좋아야 그게 보잘 것 없는 나에게도 좋은 것이란 말이 되는 것이다. 나는 이것이 한국 사상의 핵심이라고 생각한다.

그러므로 '좋은 게 좋은 거'라는 우리말에는 '지는 게 이기는 것'이라는 말과 똑같은 종교적인 차원이 들어가 있다고 보아야 할 것이다. 옛날 지혜로운 사람들은 '물아일체物我一體'라 하여 '나와 나 아닌 것을 한 몸으로' 보려 했다. 이 밖에도 부부일체夫婦一體(남편과 아내는 한 몸)니 군사부일체君師父一體(임금과 스승과 아버지는 한 몸)니 하는 '한 몸' 사상이 도처에서 발견된다. 그런데도 이런 좋은 말들이 옛날의 가족 사회가 무너지면서 오늘날은 너 좋고 나 좋으면 남들에게 피해를 주든 말든 내 알 바 아니라는 말로 타락하여 쓰여지고 있다. 말의 타락은 사람의 타락을 의미한다. 여러 해 전의 일이지만 경상도에서 어느 정당이 "우리가 남이가"라는 경상도 말투로 구호를 만들어 대통령선거의 판도를 바꿔보려고 애쓴 적이 있었다. 부모님이 자기 자식들에게 "우리가 남이가"라고 말했다면 얼마나 아름다운가. 거기에는 '우리는 한 몸'이라는 사상이 배어 있고 그래서 이기는 것보다는 모두를 위해서 차라리 지는 쪽을 택하겠다는 아량이 넘쳐나고……. 그러니 이는 보통의 아름답다는 말보다도 더 아름다운 것을 가리키고 있었다. 그러나 그것이 대통령선거에서 한 정당이 딴 정당을 따돌리기 위해서 쓰여졌다면 그것도 분명한 말의 타락이라고 말하지 않을 수 없다.

사람 사는 세상은 왜 이렇게 온통 싸움판인지 모르겠다. 밖을 내다보아도 그렇고, 내 속을 들여다보아도 그렇다. 나는 이러한 싸움판을 '있음'有(being)과 '없음'無(non-being)의 싸움판이라고 이름붙여 보았다. '있는 것'과 '없는 것'의 전쟁은 어제 오늘에 생긴 일이 아니다. 오늘날 "돈이 있는 것이 좋으냐, 아니면 없는 것이 좋으냐?"고 묻는다면 왜 그렇게 바보 같은 질문을 다 하느냐고 다시 쳐다볼 것이다. 사람에게 가장 중요한 것이 몸이라는 사실을 모르는 사람은 없다. 그런데도 "몸이 있는 게 좋은가, 없는 게 좋은가?"라고 묻는다면 이건 말도 안 된다. 그럼에도 불구하고 이런 식으로 계속 "직장이 있는 게 좋은가, 없는 게 좋은가?", "지식이 있는 게 좋은가, 없는 게 좋은가?", "친구가 있는 게 좋은가, 없는 게 좋은가?" 등등의 질문을 던지면 사람들은 '없는 것'보다는 '있는 것'을 더 좋아한다. 사람이란 원래 '없는 것'이 아니고 '있는 것'이니까 응당 있는 것을 더 좋아하겠지 하면서도 뭔가 나사가 빠져 있는 것 같은 느낌이 가시지 않는다.

사람들이 선별적으로 좋아하는 것은 대개 한정되어 있는 것들이다. 그렇게 한정되어 있는 것을 너도 나도 다투어 좋아하니 싸움판이 벌어질 수밖에 없다. 그런데 가만히 생각해 보면 이 세상에 있는 것은 모두 항상 변하는 것이기 때문에 사람들이 생사를 거는 싸움의 의미는 그 존재 이유를 잃고 마는 것이다. 아무리 애써서 내 것으로 만들어 놓아도 결국은 헛짓이기 때문이다. 이 세상의 그 어떠한 것도 영원히 내 것이라는 보장은 없는 것이다.

이 세상에 있는 모든 것은 결국 없어지고 만다는 사실은 우리들로 하여금 '있는 것'과 '없는 것'과의 거리를 짐작하게 해준다. 이 세상에 있는 것은 무엇이나 애당초 없는 것에서 나왔고 결국엔 다시 없는 것으로 돌아간다. 그래서 옛날부터 생각할 줄 아는 사람들은 '유有'(있음)의 세계에서 살면서 그렇게도 크게 '무無'(없음)의 세계를 문제 삼았던 것 같다. 특히 동양에서는 이러한 '없음의 사상' 때문에 서양에서 그렇게도 위세를 떨치던 인격신 사상이 발을 붙이지 못했던 것 같다. 사람들이 좋아하는 '있음'은 결국 사람들로 하여금 '있음'의 근원으로서의 '없음'을 찾아가게 만들었다. 그리고 '없음'을 확인한 다음, 다시 '있음'을 새롭게 해석했다. 이러한 사상은 동양의 도처에서 발견된다.

서양의 기독교는 인간의 죄罪를 말하는데, 동양의 불교는 인생의 고苦를 이야기한다. '죄'와 '고'는 서로서로 얼마나 떨어져 있는 것일까? '죄'로 다그치든, '고'로 윽박지르든, 수난을 당하는 자는 나의 몸이다. 양자의 실제 거리는 알지도 못하면서 "나는 깊고 너는 얕다"든지, 또는 "나는 옳고 너는 그르다"고 말할 수 있을까. 불교는 해탈解脫을 강조하는데 기독교는 구원救援을 문제 삼는다. 이 경우에도 양자의 실지 거리는 오리무중으로 남겨둔 채 사람들은 왈가왈부 세월만 허송한다. 말장난을 하고 있으면서 말장난만 하고 있는 줄도 모르는 사람들이 이 세상엔 너무나 많은 것 같다. 사람들이 자기의 언어나 문자에 집착하는 한, '달은 보지 않고 손가락만 따지는 어리석음'을 면치 못할 것이다.

사람의 생각이란 자유분방하기 짝이 없다. 동서고금 안 가는 데가 없이 분주하게 쏘다닌다. 한 마디로 말해서 미국으로 이민 와서 한국말 좀 쓰지 않는다고 속에 있는 한국적 가치관과 사고방식이 깨끗이 없어질 수는 없을 것이다. 이 세상에 과거가 없는 사람은 없다. 이것은 미래가 없는 사람이 없다는 말과 똑같은 말이다. 사람의 과거는, 그것이 누구의 과거든, 끝없이 옛날로 되돌아간다. 다시 말하면 이 작은 한 사람의 몸 속에 인간이 만들어 놓은 시간과 공간의 한계까지도 초월하는 전 우주가 다 들어가 있는 것이다. 내가 지금 스토니부룩 대학교의 한 연구실에 앉아 있으면 무한한 과거와 무한한 미래가 이 자리에서 함께 일하고 있는 것이다. 사람의 몸에는 이 세상 모든 것이 다 들어 있다는 말이 거짓말은 아닌 것 같다. 그래서 "자기를 알면 남을 알게 된다"는 말도 나왔을 것이다. 내 글이 자기를 바로 알고 남들을 바로 이해하는 데에 도움이 됐으면 좋겠다.

지지난번 미국의 대통령선거에서 당시 부통령이었던 앨 고어는 텍사스의 주지사였던 조지 부시에게 패배했다. 그러나 그는 그 뒤로 지구온난화地球溫暖化(global warmness) 문제에 관심을 갖고 그 해결에 몰두, 그 공로로 노벨상을 탔다. 그를 좋아하는 사람들이 2008년 대선에 출마하라고 권했지만 그는 사양했다. "지구를 구하는 일이 더 급하다."는 것이 그의 이유였다.

　지구온난화 문제는 보통 심각한 게 아니다. 북극의 얼음덩어리들이 다 녹아내리고 있다. 왜 그러는가? 이렇게 되면 앞으로 지구는 어떻게 될 것인가? 지구 자체의 앞날에 빨간 불이 켜진 것이다. 이러한 문제는 지금 지구상의 도처에서 사람들을 괴롭히는 사회불의社會不義(social injustice)의 문제나 환경오염環境汚染(ecological pollution)의 문제와 함께 우리들이 풀어야 할 황급한 문제들이다. 지금 지구상의 모든 사람들이 하나의 공통된 위협 앞에서 함께 떨고 있는 판국에 누가 이기느냐는 크게 문제 되지 않는다. '지는 게 이기는 것'이라는 한국인의 지혜가 한번 힘을 쓸 때가 되지 않았나 싶다.

　우리는 여기서 다시 코끼리와 잔디의 비유로 돌아가 생각해 보자.

폐일언하고 오늘날 누가 코끼리고 누가 잔디인가? 싸움판에서 이기는 것으로 결판을 내려는 자들이 코끼리라면, 우리는 원래 모두 한 몸임을 깨닫고 차라리 지는 쪽을 택하는 이들은 잔디에 가깝다고 말할 수 있을 것 같다. 정치판에서는 돈 많고 힘센 강대국들이 코끼리라면 돈 없고 힘없는 약소국가들은 잔디다. 가지가지의 아름다운 이름으로 잔 머리를 굴리며 지구를 괴롭히는 자들이 코끼리라면 아무말도 없이 당하고 있는 지구는 잔디다. 문화적으로는 겉 다르고 속 다른 각양각색의 '몸짓 문화'가 코끼리라면 이것들 때문에 피해를 입고 있는 '몸 문화'는 잔디다. 이제 우리는 가지가지 코끼리들의 횡포로부터 이름도 없고 사람들의 눈에 잘 띄지도 않는 잔디를 보호하기 위하여 힘을 모아야 할 것 같다.

목 차

제1부

미국에서

이제 세계의 중심은 동쪽이다

스토니부룩에서의 한국학 운동

스토니부룩 뉴욕 주립대 한국학과 사무실 앞에 선 필자

미국 생활이 의외로 쉽지 않았다. 외국 사람으로서 미국 사람들 틈바구니에서 살아남는다는 것은 생각했던 것보다 훨씬 어려웠다. 이 '어렵다'는 것이 묘하게 사람을 끌었다. 학생들과의 공부는 문제가 아니었다. 인종차별 같은 것도 참을 수 있었다. 가장 견디기 힘들었던 것은 동양학을 전공한다는 사람들의 엉뚱한 소리를 진지하게 들어야 하는 것이었다.

일제강점기 경성제국대학에는 일본인 교수들이 많았는데 한국 역사나 한국 문화를 강의했던 일본인 교수들이 한국을 그렇게 무시할 수가 없었단다. 한국에 대해서는 누구보다도 더 많이 알고 또한 잘 아는 사람들이 왜 그랬을까? 한국 문화가 과연 공부를 하면 할수록 경멸의 대상밖엔 안 되는 것이었던가. 제국주의자들의 앞잡이, 학자가 그런 짓을 하다니, 불행한 일이다. 이런 불행은 해방과 함께 영원히 사라졌어야 하지만 지금도 지구상의 여기저기에서 여전히 일어나고 있다. 이 일을 누가 바로잡을 것인가?

호랑이를 잡으려면 호랑이굴에 들어가라 했다. 학생들을 가르친다면서 자신이 무엇을 가르치는 줄도 모르고 엉뚱한 소리를 하는 사람들, 평생토록 전공한 자기의 학문 분야를 무가치한 것처럼 경멸하는 사람들, 이런 사람들이 사는 현장에 뛰어들지 않고는, 이런 잘못된 풍조를 바로잡을 수는 없을 것이다.

국적이나 인종, 종교, 문화, 정치적 이념 등의 차이를 넘어서서 남을 돕는 사람들이 미국에는 많다. 이들은 우리 모두의 동지들이다. 이들과 손을 잡고 힘을 합하여 한국을 세계에 알리는 일을 해야 한다. 나는 이런 일을 '한국학 운동'이라 이름 붙였다. 내가 스토니부룩에서 동지들과 함께 이런 '한국학 운동'을 시작한 지도 18년이 되어 간다. 나는 이 일을 하기 위해서 미국을 떠나지 못하고 있다.

『동국대학교』 1996년

부처님은 어디에 계시는가

2007년 5월, 부처님 오신 날에

내가 사는 뉴욕은 사람들이 많이 모여드는 곳이다. 특히 맨해튼 (Manhattan)은 어찌나 붐비는지 발 들여 놓을 틈도 없다. '맨해튼에 없으면 아무 데도 없다'는 이 곳 속담처럼 '없는 것이 없는 곳'이 맨해튼이다. 많은 사람들이 맨해튼에서 일하고 맨해튼에서 사는 것을 자랑스럽게 생각한다. 그런데 이 맨해튼에 한 번 이변이 생겼다. 일대 정전 소동이 일어난 것이다.

불야성을 자랑하던 맨해튼에 전기가 나가자, 천지는 일시에 암흑으로 변했고, 맨해튼은 무법천지가 되었다. 어두운 밤이면 날뛰는 도깨비귀신 같은 범죄자들이 각종 범죄를 자행했다. 범죄자들은 남의 눈도 무서워하지 않았고 경찰도 이들에게 속수무책이었다. 그러다가 전기가 들어왔다. 사람들은 환호성을 질렀다. 낮도깨비 같은 범죄자들은 자취를 감추었다.

사람들은 모두 '자기 잘난 맛'에 산다고 한다. 그럼에도 불구하고 맨해튼에 불나가듯 캄캄해질 때가 있다. 무엇을 두고 잘났다고 생각하는지 몰라도 사람들은 무법천지의 어둠 속에서 홀로 신음할 때가 많다. 우리는 오늘 부처님 오신 날에 어둠의 근원을 밝혀볼 필요가 있다.

그것이 밝혀지지 않고서는 부처님의 밝음도 제대로 드러나지 않을 것이다. 사람들은 곧잘 부처님이 이 세상에 오신 것을 아침에 태양이 떠오르는 것에 비유한다. 태양이 떠오르면 어둠이 사라지기 때문이다. 그러나 하루가 지나면 해는 지고 어둠은 다시 찾아온다. 맨해튼에 전깃불이 언제 또 나갈지 모른다. 태양은 천지와 더불어 영원하다고 하지만 그래서 어쨌다는 건가. 어둠은 또다시 찾아오니 이를 어떻게 할 것인가. 맨해튼의 전깃불이든 하늘의 태양이든 모두가 비유다. 우리는 그러한 비유들이 전하고자 하는 메시지를 읽어야겠다. 전깃불과 태양은 그것의 '있고, 없고'에 차이가 나지만 부처님이 이 세상에 오심은 모든 종류의 이원론적인 '있고, 없고'에 차별이 나지 않는다. 심지어 부처님이 이 세상에 '오시고, 안 오시고'에도 상관없이 부처님의 밝음은 항상 그렇게 밝아 있다.

부처님의 밝음과 태양의 불빛 사이에는 커다란 차이가 있다. 태양은 어둠을 영원히 쫓아내지 못한다. 그러나 부처님의 밝음은 다르다. 부처님의 밝음에는 '밝았다 어두웠다' 하는 단절이 없기 때문이다. 이 말은 밝음만 있고 어둠은 없다는 말이 아니다. 밝든 어둡든 그런 것엔 관계없이 '항상 밝다'는 말이다. 다시 말하면 전깃불이 나가도 여전히 밝고 캄캄한 밤에도 여전히 빛난다는 말이다.

오늘은 부처님 오신 날이다. 2500여 년 전 인도에서 어린 부처님이 탄생했다. 그 어린이가 산전수전 다 겪고 30이 넘어 크게 깨쳤다. 그러나 부처님의 탄생도 부처님의 깨침도 지금 이 글을 쓰고 있는 나 자신을 떠나서는 그 의미를 찾을 수 없다. 그리고 이 글을 읽고 있는 독자들을 떠나서도 의미가 없다. "지금 당장 바로 이 자리에서" 내가 건강하든 병들어 신음하든, 일이 잘 풀리든 말든, 언제나 어디서나 누구에게나, 뚜렷이 밝아 있는 부처님의 밝음을 바로 보지 않고서는 아무리 떠들어도 '도로 아미타불'이다.

오늘 부처님 오신 날을 환호하고 찬탄하는 일이 '작심삼일作心三日'로 끝나서는 안 되겠다. 왜 '작심삼일' 현상이 일어나는가? 겉과 속이 다르기 때문이다. 겉과 속이 다르면 앞과 뒤도 맞지 않게 되어 있다. 앞뒤도 안 맞고 겉과 속이 다른 사람이 아무리 환호하고 찬탄한들 무슨 소용이 있겠는가. 부처님은 그런 사람의 환호와 찬탄을 반기실 리 없다.

문제는 어떻게 겉과 속이 일치하고 앞과 뒤가 일치하게 되느냐에 있다. 그래서 불제자들은 자고로 이 좋은 날에 '참회'를 하고 미래를 다짐하는 '발원'을 한다. 부처님의 오심은 내가 나를 발견함이다. 나에게서 가장 중요한 것이 '몸'이다. '몸'이 없으면 천하의 별것을 다 가지고 있어도 아무 소용이 없다. 마음은 천방지축 천하방정, 갖은 짓을 멋대로 다하고 못할 짓이 없지만 몸은 항상 우주적 질서와 함께 있다. 그래서 '몸의 발견'은 곧 '진정한 나의 발견'이며 또한 '부처님의 발견'이라고 말하는 것 같다.

우리 불교인들은 오랫동안 잘못된 '마음 문화'에 병들어 왔다. 마음 심心자 밑에 임금 왕王자를 붙여 마음을 '심왕心王'이라 부르는 것이 탈선의 발단이다. "사람에게 마음보다 더 중요한 것이 또 어디 있느냐"고 힐문하면 말문이 막힌다. 마음의 중요성은 누구나 날마다 통절히 느끼고 있기 때문이다. 그러나 이 세상엔 마음보다 더 중요한 것이 있다. 그것을 우리 조상들은 '하늘'이라 부르기도 했고, '자연'이니 '우주'니 '태극'이니 등등 별별 이름을 다 붙여 그 중요성을 역설해 왔다. 이

알량하고도 잘난 마음이 전기 나간 맨해튼처럼 자연과 우주의 이치에 거슬려 자꾸만 엉뚱한 방향으로 달려가기 때문이었으리라. 심왕론心王論 (마음은 임금이라는 주장)은 한때 설득력이 있었다. 그러나 오늘날은 군왕중심의 독재시대가 아니다. 오늘날은 대통령보다는 백성이 더 중요하다. 물론 오늘날도 대통령은 중요하다. 누가 그걸 모를까. 그러나 그의 할 일은 백성을 보살피는 일이다. 백성에게 군림하는 임금이 아니다. 백성의 종노릇을 해야 한다. 마음도 마찬가지다. 마음이 임금노릇을 하려 들면 몸이 망가진다. 몸이 몸 노릇을 제대로 하도록 돕는 것이 마음의 할 일이다. 동양의 성인들이 왜 그토록 '무심無心'을 강조했는지 알아야겠다. 중국의 고승 혜능惠能(683~713)의 단경을 다시 읽어 보자. '무심'이 될 때 몸은 가장 편안하다 하지 않던가.

부처님 오셨네. 부처님 만나러 가세. 너도 나도 우리 모두 다 함께 부처님 뵈러 가세. 그런데 부처님은 어디에 계시는가? 내 눈엔 부처님이 보이지 않네. 큰절 법당에 금물 칠한 불상을 보고 모두들 부처님이라고 야단이지만 내 눈엔 그가 부처님으로 보이지 않네. 아무리 보고 또 보고 다시 보아도 그건 금물 칠한 불상일 뿐, 내가 만나 뵙고 싶은 부처님은 아니네. 아, 부처님은 어디 계시는가?

하도 답답해서 지나가는 어린 동자스님에게 물어 보았다. '부처님은 어디 계시느냐?'고. 동자스님 말씀은 '당신이 바로 부처님'이라며 싱긋 웃고 그냥 저리로 가버린다. 그런데 그 말씀이 정말 옳았다. 나는 그동안 부처님을 밖에서 찾고 있었다. '내가 바로 부처님이다.' 그리고 진정 내가 부처님이라면 내 눈에 보이는 모든 사람들이 다 똑같이 부처님이란 말이다. 해야 뜨든 말든, 전기야 나가든 말든 이 진리는 변할 수가 없다.

부처님은 어디에나 계시고 언제나 계신다. 그러니 남녀노소 빈부귀천 가릴 것 없이 만나는 사람마다 모두 모두 부처님으로 받들고 코가 땅에 닿도록 큰절을 하면서 살아야 한다. 이렇게만 살 수 있다면, 이 세상에 이 이상의 환희가 또 어디에 있으랴! 부처님, 감사합니다.

『현대불교신문』 2007년 5월

미국은 한국을 어떻게 보고 있는가

미국에 대해 무식한 한국 사람들

미국의 한국에 대한 이해는 어느 정도일까? 이것을 논하기 위해서는 먼저 미국을 이야기하지 않을 수 없다.

누가 뭐라 해도 미국은 지금 한국과 가장 밀접한 나라임에 틀림없다. 미국엔 지금 한국인 교포들이 어림잡아 80만 명이나 살고 있으며 미국의 어느 도시에 가 보아도 한국 사람이 살지 않는 곳이 없다. 1945년 세계 제2차대전이 끝난 이래 오늘날까지 한국에 살고 있는 외국 사람들 역시 대부분은 미국 사람일 것이다. 군사, 정치, 경제적인 측면에서 한미관계는 불가분의 관계에 있으며 교육과 종교적인 측면에서도 한국에 대한 미국의 영향력은 대단하다. 또 미국에서 오래 살다가 한국에 돌아온 사람이면 누구나 공통적으로 한국 사람들이 매우 미국화 되어 있다는 사실을 느낄 것이다. 한국에는 AFKN이라는 영어로 말하는 방송이 나오고 한국의 TV, 라디오 방송국들은 대개 영어공부 프로그램을 몇 개씩 가지고 있다. 거리에는 영어공부를 위한 가지가지의 책자들과 카세트, 비디오 등을 파는 곳이 수없이 많으며, 미국 유명회사의 상품광고도 도처에서 눈에 띈다. 이 정도면 미국 사람들이 한국에 와도 전혀 이질감을 느끼지 않을 것만 같다.

그럼에도 불구하고 놀라운 것은 한국 사람들이 미국에 대해서 너무 모르고 있다는 사실이다. 근 반세기를 그토록 밀착해 살아오면서 이렇게 모를 수가 있을까 싶을 정도로 한국 사람들은 일반적으로 미국을 모르고 있다. 첫째, 한국 사람들은 미국을 논할 때 미국 정부와 미국 국민을 구별해서 생각할 줄 모른다. 양자는 크게 다름에도 불구하고 한국 사람들은 곧잘 이를 혼동하여 미국 정부가 한국 정부에 잘해주면 미국 국민도 우리에게 잘해 주는 것으로 생각하며, 미국 정부가 우리에게 잘못하는 경우는 미국 국민이 다 나쁜 것으로 생각한다. 그리고 한국에 나와 있는 미국 사람들은 대개 어떤 특수한 목적을 가지고 나와 있다. 그들에겐 군사적, 정치적, 경제적, 종교적인 특수 사명이 있다. 한국에서의 이들의 일거수일투족은 이들이 가지고 있는 특수사명 수행과 무관하지 않다. 그러므로 이들을 자연인인 미국인으로 보고 미국인 일반을 평하려 함은 큰 잘못이다.

한때 한국 사람들 가운데는 미국 가는 것을 어디 천국 가는 것으로 착각하는 사람들도 있었다. 그러나 미국은 아무리 돈 많은 사람이라 할지라도 놀고 먹는 것을 용서하지 않는 나라다. 돈이 있건 없건 모두가 뼈 빠지도록 일하는 나라다. 그러므로 미국 가서 고생하지 않는 한국 사람들은 거의 없을 것이다.

미국의 인종차별은 이미 잘 알려진 사실이다. 그러나 이들의 인종차별은 일본이나 유럽의 경우와는 판이하다. 일본이나 유럽의 인종차별은 어떻게 해서든지 외국 사람들이 자기 나라에 발 붙이지 못하도록 쫓아내

2007년 새해 뉴욕 롱아일랜드 자택에서의 필자

버리려고 하는 인종차별이지만, 미국의 경우는 외국 사람이라 할지라도 그들에게 능력이 있고 장점이 있으면 이를 받아들여 자기 것으로 만든다는 대원칙이 서 있는 인종차별이다. 그렇기 때문에 미국에서의 한국인 세력은 지금 나날이 팽창하고 있다. 한 마디로 미국 땅은 우리의 힘을 겨룰 곳이요, 우리 국력의 신장처라 말할 수 있다. 미국은 유럽이나 동양의 여러 나라들에 비하여 아직 나이 어린 신생국가나 다름없다. 그러므로 미국 사람들의 유럽이나 동양의 오래된 문화에 대한 동경과 선망은 대단하다. 만일 한국이 적극적으로 한국의 오래된 전통문화를 미국에 수출한다면 그들은 이를 대환영할 것이다.

미국에서 지금 한국학이 발전하고 있는 가장 큰 동기는 그 곳에 살고 있는 우리 80만 교포의 세력이 무시 못할 정도로 성장했기 때문이라 말할 수 있다. 한국 교포들의 근면은 유명하다. 한국 사람들은 모두 열심히 일하고 악착같이 뛴다는 정평을 받고 있다. 적수공권赤手空拳으로 이민 와서 백만장자가 된 한국 교포의 수는 전 미국에 몇 백 명이나 된다고 하며 한국 교포의 두뇌는 우수하여 각계각층에서 두각을 나타내고 있다. 한국 부모들의 교육열은 미국에서도 대단하여 각급 학교에서 한국 학생들은 우등생들이 많다. 한 마디로 한국 민족은 무서운 민족이며 앞으로 미국에서의 한국인 세력은 유태인 세력을 능가할 것이라는 말이 나돌고 있을 정도다. 미국은 정녕 한국을 학적인 연구대상으로 삼지 않을 수 없게 되어 있다.

한국에 대해 무식한 미국 사람들

그러면 미국인들의 한국 이해는 어느 정도나 될까? 일반적으로 말해서 미국 사람들은 한국에 대해서 무식하다. 한국의 역사와 문화에 대해서는 거의 아는 것이 없고, 6·25전쟁에 참여했다는 미국인들도 판문점이니 의정부니 하는 몇 개의 지명과 몇 개의 지저분한 욕을 한국말로 할 줄 아는 것이 고작이다. 그 많은 미국 사람들이, 한국 사람들은 그들에게서 무엇을 얻으려고만 했지 그들에게 아무것도 준 것이 없지 않은가 하고 생각할 정도다.

일본 사람들의 미국인에 대한 태도는 우리와 아주 대조적이었다고 한다. 그들은 미국 사람들을 곧잘 자기네들 집으로 초청하여 차 마시는 법을 비롯해서 일본식 예의범절과 자기들의 고유한 문화를 가르쳐 주었다. 하루 일이 끝나면 검도나 유도 등 동양의 신체단련법을 가르쳐 주었고, 주말이면 자기들이 다니는 불교 사원으로 데리고 가서 염불과 참선하는 법을 가르쳐 주었다. 일본에 간 미국 사람들이 그 곳에서 배우고 온 말은 더러운 욕이 아니라 Zen(참선), Nembutsu(염불), Kendo(검도), Judo(유도)와 같은 문화용어들이다. 그러므로 일본을 다녀간 미국 사람들 가운데는 일본으로 이민 와서 살고 싶어하고 겉만 미국 사람이지 속은 일본 사람이 되어 있는 경우가 많다고 한다.

　이는 한국의 경우와 얼마나 대조적인가! 한국 사람들은 미국 사람들에게 한국 말을 가르쳐 주기보다는 그들로부터 영어를 배우는 데 급급했고, 그들에게 한국의 문화를 소개해 주기보다는 그들을 따라 그들의 교회에 가고 그들의 사교춤을 배우고 결국은 미국으로 이민가는 것으로 끝난다. 이와 같이 한국에 나온 미국 사람들은 한국에서 배운 것이 별로 없다. 기억에 남는 것은 더러운 욕과 더러운 장면뿐이다. 그래서 일본을 다녀간 미국 사람들은 모두 일본을 칭찬하고 돌아다니는 데 반하여 한국을 다녀간 미국 사람들은 한국을 욕하고 다닌다고 한다. 물론 이러한 풍문에는 과장이 없지 않겠지만 우리는 그 과장이 지니는 날카로운 비판의 뜻을 놓쳐서는 안 될 것이다. 한국 사람들이 일반적으로 일본 사람들만큼 자기들의 고유 문화에 대하여 긍지와 자부심을 갖지 못한 것은 사실이다. 물론 이러한 경향은 일제의 식민지 정책의 결과라고 말할 수 있지만, 아무튼 한국 사람들은 일반적으로 자기들의 고유한 문화에 대하여 아무것도 모른다고 말해도 과언이 아닐 정도다. 그러니 자기 문화에 대한 긍지가 있을 리 없고 긍지가 없으니 남에게 이를 가르칠 힘이 없다. 주인인 한국 사람들 자신도 이러하니 객으로 한국에 다녀간 미국 사람들이 한국 문화에 대하여 아무것도 모르는 것은 당연한 결과다.

　다음엔 미국의 대학을 한 번 살펴보자. 미국에서 한국을 가르치는 미국인 교수들은 거의 대부분 자기들이 담당하고 있는 한국보다는 일본과 중국에 대하여 더 많이 알고 더 우호적이라는 사실은 이미 널리 알려진 사실이다. 한국을 연구하기 위하여 그들이 사용하는 자료는 한국 것보다는 일본 것이나 중국 것이 더 많다. 그들은 항상 불평한다. "한국학 관계 한국학자들이 한국 문화를 위하여 해놓은 것이 너무 없다"고. 솔직히 말해서 그들은 내심으로 이렇게 생각하고 있는지 모른다. "한국 사람들은 일반적으로 자기들 고유의 문화에 관심이 없고, 한국학자들이 자기들 것을 이렇다 하게 밝혀내지 못한 것은 밝혀 내놓을 만한 것이 없기 때문이 아니겠는가"라고. 그러다가 요즘 7세기의 원효의 저술이 영역되어 소개되고, 16세기의 퇴계학에 대한 회의가 몇 차례 서양에서 개최되자 서양 사람들은 놀라움을 감추지 못하였다. 그런 뿌리깊은 고도의 사상문화를 가지고 있었으면서 왜 그동안 침묵을 지키고 있었느냐고 의아해한다. 한 마디로, 한국이 제대로 해외에 널리 소개되어 있지 않은 원인은 한국 사람들 자신에게 있다. 아무튼 한국은 한국학을 전공하는 학자들 자신에게조차 제대로 평가를 받지 못하고 있는 형편이다.

한국학은 왜 푸대접 받고 있나

지금 서양에서 동아시아를 거론할 때마다 중국과 일본이라고 말할 뿐 한국을 언급하지 않는 것도 그들의 한국관을 잘 나타내 주는 예의 하나라고 하겠다. 미국의 유명대학에는 중국학과 일본학을 본격적으로 전공할 수 있는 곳이 약 20군데나 되지만, 그러한 의미로 한국학을 할 수 있는 곳은 한 군데도 없다. 일본학의 경우, 일본 정부에서 주는 장학금이나 각종의 일본 문화재단에서 주는 연구비가 무수히 많은 데 비하여 한국학의 경우는 그러한 본격적인 지원제도가 마련되어 있지 않다. 한국 정부나 한국의 문화재단들은 한국학 전공자를 키우는 데까지는 아직 신경을 쓰지 못하고 있는 듯하다.

그러므로 지금 미국에서 한국학을 연구하고 있는 학자들은 이렇다 할 재원도 확보하지 못한 채 고군분투하는 실정이다. 그리고 이들은 대부분 애국애족의 충정에서 어찌할 수 없어서 희생적으로 연구하고 있는 재미在美 한국인 교수들이다. 미국 유명대학에는 지금 10여 군데의 한국학 연구소가 있고 몇 개의 한국학 학술지들이 간행되고 있다. 이것들은 대개 어문학과 역사학과 정경계통이 대부분이고 한국의 철학과 종교사상을 다루는 곳은 드물다. 그러나 한국문화의 진면목은 한국사상을 본격적으로 다룰 때 드러나기 시작할 것이다.

이러한 미미하고 지지부진한 미국 대학들의 한국학 연구는 급격히 성장하고 있는 재미교포들의 울분을 터뜨리고 있다. 외국 가서 애국자 되지 않는 사람이 없다는 말이 있지만, 한국 사람들은 유난히 더 애국심이 강한 것 같다. 그 까닭은 동양 사람들이 일반적으로 푸대접을 받는 서양에서 그래도 중국 사람이나 일본 사람들은 좀 대접을 받는 편인데 비하여 한국 사람들은 받아야 할 대접을 못 받는 경우가 많기 때문이다. 여기에서 한국 교포들 간에는 한국이 중국이나 일본만 못할 이유가 뭐냐는 반발심이 나오고 어떻게 해서든지 한국도 중국이나 일본에 못지 않다는 것을 역사적으로 문화적으로 증명하고 싶어하는 요청이 강해진다. 재미 한국 교포들의 한국열은 이러한 배경에서 싹트고 성장해 나가고 있다.

생활이 어느 정도 안정된 재미교포들은 고달픈 이민 생활의 여가에 남몰래 한국의 역사를 공부하기 시작하고 한국의 음악과 한국의 미술과

1989년 뉴욕 주립대를 방문한 오명 박사(현 건국대학교 총장, 사진 맨 오른쪽)와 함께

한국의 무용을 배운다. 한국에서는 어렵다고 팽개쳤던 한문을 다시 배우기 시작하여 원효와 의상이 지은 한국의 불교고전을 읽고, 퇴계와 율곡이 지은 한국의 유교고전을 공부한다. 그러나 이러한 일들이 쉽지 않다. 그래서 이를 보다 더 본격적으로 공부하려고 대학을 찾아간다. 대학을 찾아온 이들은 크게 실망한다. 일본학이나 중국 관계 교수는 많은데 한국학 관계 교수는 없는 대학이 대부분이다. 교수가 없으니 개설된 강좌들도 모두 일본학과 중국학 관계 강좌뿐이다. 이러한 실망은 도서관에 가보면 더 커진다. 일본과 중국에 관한 책들은 상당히 많은 데 비하여 한국 관계는 그 수도 너무 적고, 있다 하더라도 질이 너무 떨어진다. 어떤 교포들은 참다못해 대학당국에 찾아가서 항의를 했다가 크게 창피만 당했다고 한다. 대학 당국자들의 말이 너무나 충격적이었기 때문이다. "한국에 뭐 내놓을 만한 것이 있습니까?" 하는

반문이 마치 자기를 미개인 취급하는 듯하더라는 것이다.

만일 한국에 고유한 언어가 있고 고유한 역사가 있고 고유한 문화와 사상이 있었다면 한번 내놓아 보라는 것이다. 한국인 자신이 내놓지 못하면 누가 무엇이 아쉬워서 다른 일 다 제쳐놓고 그것부터 먼저 찾으려고 애쓰겠느냐는 것이다.

우리는 여기에서 진지한 반성과 날카로운 자기비판을 해보지 아니할 수 없다. 첫째 질문은 "과연 우리에겐 고유한 것이 없는가? 내놓을 만한 것이 없는가?"다. 답변은 간단하다. 사실 내놓을 것이 너무 많다. 한국은 유난히 역사적 자료들이 많이 남아 있는 나라다. 7세기의 원효는 200종 이상의 저술을 남겼고, 고려사, 조선사 관계는 놀랄 만큼 많이 남아 있다. 문제는 이에 대한 연구가 충분히 되어 있지 않다는 데 있다. 우리는 그동안 서양 것을 배우는 데 정신이 팔려, 자기 것은 돌아볼 겨를이 없었다. 이젠 우리들도 우리 것에 눈을 돌려야 한다.

이제는 우리 것에 눈을 돌려야 한다

우리나라에서 우리 것 찾자는 운동이 일어난 지는 오래다. 그래서 이러한 구호는 신선감을 주기는커녕 오히려 진부하다는 느낌마저 준다. 우리 것을 찾자는 외침은 해방이 되자마자 시작되어 오늘날까지 40년간 계속되었건만 어찌하여 우리 것은 세계에 제대로 소개되지 못하고 있는가? 많은 사람들이 자금난 때문이라고 말하지만 자금이 있다고 해서 그게 곧 이루어질 수 있는지 의문이다. 물론 자금문제가 중요한 것은 사실이다. 그러나 그것만이 전부는 아니다. 그 밖에 더 중요한 몇 가지 것들이 지적되어야 하다.

첫째는 왜 자금이 모이지 않는가 하는 문제다. 우리나라가 돈도 못 낼 형편의 나라는 아니다. 문제는 예산정책이 체면치레에 그치고, 정책이 고식적이어서, 문제를 근본적으로 해결하기 위한 본격적인 작업이 이루어지지 않았다는 데 있다. 한미관계가 그렇게 밀접하게 오래 유지되어 왔는데 미국인들의 한국 인식이 그토록 천박하고, 한국 교포들이 백만 명 가까이 사는데도 미국 대학에 제대로 된 한국학 전문가 양성 프로그램이 하나도 없다고 하는 것은 무엇을 의미하는 것일까? 폐일언하고 이는 우리 탓이다. 우리가 우리 것을 모르고도 아무런 부끄럼이 없었으니 남들이 우리를 업신여긴 것이다. 부끄럼이 없는 민족에겐 개선도 향상도 없다. 자기 것을 낮게 보고 천히 여기면서 남의 것은 높이 보고 귀히 여기는 사대주의는 일제침략 이후의 악질적인 식민지 교육에 의해 본격화되었고, 우리의 민족문화와 고유전통은 국가적 차원에서 정책적으로 단절되고 말살되는 위기에 봉착했다. 그 결과 우리 민족에게는 자기비하와 자조라는 민족적 정신병이 안겨졌다. 다행히 8·15가 우리를 일제로부터 해방시켜 주었지만 그 당시 아무런 준비도 없었던 우리에게는 스스로 우리의 병을 치유할 힘이 없었다. 그 결과, 일제가 미군으로 대체되는 데 불과했고 자기비하와 자조의 정신병은 여전히 깊어만 갔다. 일제 때는 그들이 강제로 우리 말을 못 쓰게 하고 우리 이름을 버리고 일본식 이름을 쓰게 했는데, 오늘날 미국으로 이민 간 사람들은 그 상당수가 자진해서 미국식 이름을 쓰고 자진해서 미국 말만 쓰고 있다. 이러한 흐름 속에서 우리는 우리의 병이 무엇인지를 깨달아야 한다. 우리의 병이 치유되어 우리에게 자랑스런 긍지가 생길 때 민족문화계승의 자금은 저절로 해결될 것이며 미국 사람들은 우리를 새롭게 대할 것이다.

　둘째로 중요한 것은 동양학 연구의 방법론 문제다. 동양 문화는 동양 언어로 시작되었고 동양적인 논리와 동양적인 가치관과 동양적인 생활 환경 속에서 자라난 것임에도 불구하고 요즘의 동양학 연구는 모든 것을 먼저 서양적인 것으로 환원한 다음, 서양적인 가치관을 가지고 판단하려 한다. 이는 분명히 한국학의 미국 진출에 큰 장애요소가 되어 있다. 한국 문화의 특색은 주관과 객관이 분리되지 않는 점에 있는데, 서양식 학문 연구에서는 이것이 불가능하다. 그들에게 한국 문화는 어디까지나 객관적인 연구대상일 뿐이다. 한국 문화의 담지자적인 성격은 전혀 없이 그들이 어떻게 한국 문화를 제대로 이해할 수 있을지는 크게 의문이 든다. 한국 불교의 원효사상이나 한국 유교의 퇴계사상, 한국의 고유 음악인 판소리 등은 모두 말하는 자와 듣는 자가 한덩어리가 되어 함께 춤추는 식의 혼연일체의 경지를 극치로 하고 있으니, 한국 문화 연구에는 한국적인 새 방법론이 개발되어야 할 것이다. 한국 문화는 밖에서 구경하는 태도로는 제대로 이해될 수 없는 것이다.

동양학을 서양식으로 할 수는 없다

　동양과 서양 사이의 이러한 본질적인 차이는 종래에 무시되어 왔다. 동양학도 무조건 서양식으로 해야 한다는 것이 정석이었다. 이러한 태도는 동양학의 본질이 무엇인지 모르는 서양적 사대주의자들의 태도다. 가령 동양인의 질서에 대한 개념만 보더라도 그것은 어디까지나 자연의 질서를 근본으로 한 인간질서의 확립이었다. 그러나 서양인의 것은 이와 크게 다르다. 서양의 경우는 어디까지나 인간의 질서를 근본으로 하고 자연의 질서도 이 속에 집어넣으려는 식이다. 이리하여 서양인들은 자연에 도전하고 그 결과 자연과학이 발달하여 오늘날과 같이 강력한 서양문명을 이룩했다고 한다. 하지만 동양적 가치관에서 보면 이는 분명 인간의 오만이며 가치의 전도고, 그 결과는 인류를 멸망으로 몰고가는 것이다. 인류가 사는 길은 자연을 인간화하는 데 있지 않고, 인간을 자연화하는 데 있다. 서양적 사고방식에 물든 사람들은 인간의 자연화가 동양을 무력하게 만들었다고 비난하지만, 전통적인 동양의 사상가들은 인간의 자연화는 곧 인간과 자연의 혼연일치를 의미하기 때문에 거기에 진정한 진리가 드러난다고 주장한다.

나는 여기에서 결코 서양에 대한 동양의 우위를 주장하려는 것이 아니다. 다만 동양과 서양의 차이를 알아야 한다고 주장할 뿐이다. 거듭 강조하지만, 동양을 서양화시켜서 이해하려 하거나 서양의 눈으로 동양을 보려 하면 동양은 제대로 보이지 않는다. 그러나 불행히도 요즘의 동양 연구는 대개 이런 잘못된 방식으로 이루어지고 있다. 이런 경향은 동양을 연구한다고 하면서 사실은 동양을 왜곡시키는 결과를 가져오고 마지막엔 동양 것은 모두 박물관적인 가치밖에 없는 것으로 만들어버린다. 이것은 분명히 우리의 고유한 전통을 단절시키는 행위며 동양 문화를 지상에서 말살시키는 행위다. 이러한 의미에서 적은 밖에 있는 것이 아니라 안에 있다는 말이 참으로 옳은 말이다. 설익은 동양학자들이 오히려 동양을 망치고 있는 것이다. 그러므로 올바른 동양학자를 양성하는 일은 급무 중에서도 가장 급무다. 인재 양성은 일조일석에 이루어질 수 없다. 아무리 서둘러도 몇 십 년이 걸린다. 한국 사람들이 진정으로 과거와 같은 치욕의 역사를 청산하고 뚜렷한 주체의식을 가지

1986년 뉴욕 주립대 한국학과 현판을 달며 (중앙이 필자. 오른쪽에서 두 번째 한복 입은 사람은 마당극으로 널리 알려진 소리꾼 임진택)

고 자신감에 넘친 긍지와 자부의 민족으로 세계무대에 진출하려면 앞을 내다보고 미리 미리 인재를 양성해 두어야 한다. 그래야 자금이 돌 때 일을 제대로 할 수 있다. 사람이 없으면 또 기회를 놓치고 말 것이다. 인재가 없으면 민족적 요청이나 세계의 기대가 아무리 커도 민족의 문화정책은 고식적인 상태를 면치 못할 것이고, 여전히 왜곡된 저질의 책들만 계속 나올 것이다.

이 밖에도 동양 사상과 서양 사상의 본질적인 차이는 상당히 많다. 전통적으로 동양인의 신에 대한 관념은 서양인의 그것과 크게 다르다. 근본적인 차이는 동양인이 원래 농경민족이었고, 서양인은 원래 유목민 족이었다는 사실에 연유한다. 정적인 농경문화 속에서의 신은 자연을 떠나 생각할 수 없는 데 반하여 동적인 유목문화 속에서의 신은 긴장과 대립이라는 전쟁 상황을 떠나 생각할 수 없다. 따라서 서양인의 신은 싸움에서 우리 편에 승리를 가져다주는 매우 인격화된 신이며 또한 남들이 믿는 신과는 비교할 수도 없는 배타 독선의 절대신이다. 거기에 비하면 동양인의 신은 비가 와야 할 때 제대로 비를 주시고 모진 바람이 불어 자연을 파괴하는 일이 없도록 해주는 우순풍조雨順風調의 신이다. 한국 말로 신을 하느님 또는 한울님이라 부르는 것도 전통적인 동양의 자연관과 밀접하게 관련되어 있다. 그러므로 서양의 신을 우리의 하느님으로 번역한 것은 의미상 양자 간의 이러한 내용상의 차이를 무시한 잘못된 번역이라 할 것이다.

미국인은 한국인으로부터 무엇을 원하는가

전통적인 동양의 사상가들은 자기들의 가치체계를 설명할 때 체體와 용用이라는 특수한 용어를 많이 썼다. 이러한 용어는 원래 그들의 인간 관찰에서 나왔을 것이다. 체는 인간의 육체요, 용은 육체의 작용이다. 겉으로 나타나는 육체의 모든 작용은 그러한 작용이 나오는 체가 있기 때문에 가능하다. 그리고 육체가 있으면 작용은 있기 마련이다. 육체는 있는데 작용이 없다든가 작용은 있는데 육체가 없다든가 그러한 경우는 현실적으로 존재하지 않는다. 체와 용의 관계는 이처럼 불가분의 관계다. 그러므로 용이 제대로 작용하려면 체가 튼튼해야 한다.

그러나 인간은 체적인 내용의 준비 없이 외적인 용만을 탐욕스럽게 기대하는 경우가 많다. 오랫동안 자연의 질서 속에서 살아온 동양의 철인哲人들은 이러한 체 없는 용을 탐욕스럽고 비자연적인 악덕으로 보고 경계하였다. 용에 눈길이 쏠릴 때 겉과 속이 다른 위선과 이중인격이 탄생한다. 이는 소인小人의 공통된 병이다. 겉의 용을 억지로 꾸미지 않더라도 속의 체가 갖추어지면 용은 절로 나오기 마련이라는 것이 그들의 주장이다. 이리하여 동양 문화는 체를 더 중요시하고 체를 갖추는 데 주력하는 문화로 성장해 왔다. 그러나 서양은 달랐다. 그들은 확실히 용을 중요시한다. 아무리 속으로 사랑해도 겉으로 사랑을 표시하지 않으면 소용이 없다. 그들에겐 속에 사랑이 충만하다면 겉으로 드러내지 않아도 절로 통한다는 동양적 스타일이 통하지 않는다. 이래서 동양 문화는 체의 문화고 서양문화는 용의 문화라고 말한다. 이 문제는 어느 쪽이 옳고 어느 쪽이 그르다는 문제라기보다는 양 문화의 특징이라고 할 수 있다. 앞으로의 한국학 연구는 이러한 근본적인 차이를 잘 파악하고 서양적 가치관에 얽매여 한국 것을 무조건 비하하는 오류를 범하지 않도록 해야 할 것이다. 지금 미국 사람들은 자기들 것과 비슷한 것을 한국 사람에게서 원하는 것이 아니라 자기들에게 없는 것을 배우고 싶어한다.

지금 우리 한국 사람들에게 필요한 것은 고층건물과 쭉쭉 뻗은 하이웨이, 각종 첨단기술이지만 우리들이 미국 사람들에게 줄 수 있는 것은 몇 천 년이 넘는 원숙한 전통문화와 동양 고유의 사상임을 알아야 하겠다. 그리고 앞으로는 사상문화가 기계문명보다 훨씬 더 중요함을 깨달아야 할 것이다.

『광장』 141호, 1985년 5월

한국판 종교전쟁, 두고만 볼 수 없다

한국에서도 서양판 종교전쟁이?

요즘 한국에서 불교와 기독교의 관계가 점점 악화되어 가고 있다 한다. 절로 소풍 온 어린이들이 법당을 가리키며 저 속에 마귀가 들어 있다고 말하는가 하면, 초등학교 학생들이 학교 앞을 지나가는 스님을 보고 거리낌 없이 사탄이 지나간다고 말하는 경우도 있다 한다. 아무것도 모르는 순진한 어린이들에게 마귀니 사탄이니 하는 말을 누가 가르쳤겠느냐며 불교도들은 한탄한다. 안타까운 일이다.

그러나 안타까움은 그 정도에서 그치는 게 아니다. 문교부에서 제정한 국정교과서는 불교와 유교 같은 전통사상을 봉건시대의 유물로 낙인찍는 발언을 하는가 하면, KBS의 종교음악 시간에는 기독교의 교회 찬송가를 내보내는 것이 일쑤고, 국보급 불상에 붉은 페인트로 십자가를 그려넣는다든지, 농촌에서는 교회 품앗이를 따로 조직하여 교회에 다니지 아니하면 이에 넣어주지 아니함으로써 불교를 믿는 농민들을 당혹하게 만드는 등등 심각한 문제들이 꼬리에 꼬리를 물고 계속 일어나고 있다 한다.

이러한 일들로 말미암아 지금 한국의 불교도들이 겪고 있는 고통은 이만 저만이 아니고, 불교도들이 모이기만 하면 이와 같은 불평이 나오지 않는 날이 거의 없다. "불교도들은 단결하여 무언가 강경한 대응책을 강구해야 한다!" 이러한 격한 목소리들이 교계敎界 여기저기에서 점점 더 높아져 가고 있다.

만일 이러한 말들이 모두 사실이라면 정녕 심각한 문제가 아닐 수 없다. 이는 기독교인들과 불교인들 사이에 일어난 문제로 그치지 않고, 우리 사회 전체의 안녕과 질서를 위해 크게 우려하지 아니할 수 없는 문제요, 우리 국가와 민족의 밝은 장래를 위해 한 번 짚고 넘어가야 할 문제이기 때문이다.

얼마 전 어느 정부 당국자도 비슷한 우려를 표명하였고, 어느 언론인은 아주 강경하게 다음과 같이 말했다고 한다. "이대로 나가다가는 얼마 안 가서 한국에서도 서양판 종교전쟁이 꼭 일어나고야 말 것이다."

생각만 해도 몸서리가 쳐지는 말이다. 남북의 분단 때문에 맛보았던 동족끼리 서로 죽이고 죽는 비극적인 6·25전쟁의 쓰린 경험이 아직도 우리 뇌리에 생생한데, 이젠 종교가 다르다는 이유 때문에 또 동족끼리 전쟁을 해야만 하는가? 평화를 누구보다도 사랑한다는 종교인들이 그럴 수는 없다. 이는 어떤 이유에서도 용납될 수 없는, 절대로 있어서는 안 될 일이다.

그러나 이 세상엔 있어서는 안 될 일들이 가끔 일어나고 있다는 데에 문제가 있다. 그러므로 우리는 이를 "설마 그럴 리가……" 하는 식으로 웃어 넘겨버려서는 안 될 것이다.

어떻게 옳다 그르다 할 수 있는가

우리는 먼저 그런 괴로움이 어떻게 해서 일어나고 있는지 자세히 알아보아야 하겠다. 다시 말하면 왜 한국에서 기독교와 불교의 관계가 이렇게 악화되기에 이르렀는가를 살펴보아야 한다. 모든 싸움은 사람의 무지에서 비롯된다. 이 글의 첫머리에서 우리는 불교와 기독교의 관계가 악화되어 가고 있다고 말했지만 엄밀히 말해서 이 말은 잘못된 것이다. 똑바로 말하자면 불교를 믿는 사람들과 기독교를 믿는 사람들 사이에 문제가 있는 것이다. 불교인들의 눈에 비친 기독교인들의 횡포가 아무리 심하다 할지라도 우리는 기독교 자체와 기독교인들을 구별해서 생각할 줄 알아야 한다. 과연 기독교가 기독교의 역사와 따로 떨어져 존재할 수 있는가 하는 문제는 많은 토론을 필요로 하는 까다로운 문제지만, 지금 우리들이 당면한 문제인 한국에서의 기독교와 불교와의 관계를 개선하려면 우선 기독교와 기독교인들을 구별해서 생각할 필요가 있다. 그래야만 기독교인들의 횡포에 못 견딘 나머지 이 땅에서 기독교를 없애 버리려는 전쟁도발 행위를 미리 막아낼 수 있다. 물론 이 말은 기독교도 진리고 우리에게 올바른 길을 가르쳐 주고 있다는 것을 전제하고 있다.

지금 한국에서 불교인들을 괴롭히고 있는 것은 기독교가 아니라 기독교인들이며, 기독교인들 가운데서도 일부 '무지한 사람들'이다. 따라서 불교인들은 일부 무지한 기독교인들이 하는 일을 전체 기독교인들이 다 그러는 것으로 오판해서는 안 되며, 또한 기독교 자체가 잘못된 것처럼 속단해서는 더더욱 안 된다.

이러한 논리는 기독교인들에게도 그대로 적용될 수 있다. 기독교인들의 눈에 불교인들의 언행이 아무리 못마땅하게 보인다 할지라도 그것을 이유로 곧 불교가 틀렸다고 속단해서는 안 된다. 불교 자체와 오늘날 한국의 불교인들을 구별해서 생각할 줄 알아야 한다. 일부 불교인들의 비리나 비행을 전체 불교인들의 비행으로 과장해서도 안 된다. 물론 여기에서도 이미 전제한 기독교의 경우와 마찬가지로 불교도 진리고 불교는 우리에게 올바른 길을 가르쳐 주고 있다는 것을 전제한 말이다. 이러한 전제들이 타당하다는 것을 변증하기는 어렵다. 더구나 무지로 뒤덮이고 교만으로 가득차 있는 사람들에게 상대방의 장점을 납득시키기란 매우 어려운 일이다.

불교와 기독교가 둘 다 진리고 둘 다 우리에게 올바른 길을 가르쳐 주고 있다는 전제를 입증하기가 아무리 어렵다 할지라도 우리는 이를 포기할 수 없다. 이는 곧 전쟁으로 통하는 길이기 때문이다. 그리고 이 전제를 확고히 견지할 때 평화의 길이 열린다. 일반적으로 말해서 불교인들은 기독교를 잘 모르고 기독교인들은 불교를 잘 모른다. 양 종교를 똑같이 다 잘 안다는 것은 보통 사람들에겐 기대하기 어렵다. 따라서 편견을 극복하기는 어렵다. 그렇다면 아는 것만을 안다고 말하고 모르는 것은 모른다고 말함이 가장 타당한 길일 것이다.

정말 "나는 모른다"고 생각할 때 사람은 겸손해진다. 이러한 겸손은 나와는 다른 신앙을 가진 사람들을 용납하고도 남음이 있을 것이다. 사실 요즘 불교와 기독교를 비교해서 재미있게 써놓은 책들이 많지만, 어느 한쪽을 편들고 다른 쪽을 비판하는 책치고 온전한 것이 없다. 그리고 불교도 기독교도 똑같이 깊이 파고 들어가 연구해 놓은 책치고 한쪽에 치우친 발언을 한 책은 없다. 이는 쉽게 이해될 수 있는 일이다. 종교의 세계에는 문자화할 수 없는 면이 너무나 많기 때문에 문자를 매체로 한 비교에 완벽을 기하기는 어렵다. 어떻게 감히 어느 쪽이 옳고 어느 쪽이 그르다는 말을 할 수 있겠는가. 더구나 기독교와 불교는 모두 오랜 동안 인류문화에 크게 이바지해 오지 않았던가.

악을 수수방관하는 더 큰 악

괴로움을 없애는 길은 괴로움을 피하는 데 있지 않다. 괴로움이란 피하려 하면 할수록 피하려는 사람에게 더욱 바짝 달라붙어 다니기 마련이다. 괴로움은 우리의 마음과 아주 밀접한 관련을 가지고 있기 때문이다. 그러므로 진정 괴로움을 없애려면 괴로움과 맞서야 한다. 그렇게 할 때 괴로움의 정체가 뚜렷하게 드러난다. 괴로움의 정체가 똑바로 드러날 때 문제해결의 열쇠는 그 속에 있음을 알 수 있다.

요즘 한국에서 증가일로에 있는 기독교도와 불교도들 사이의 불화와 반목이 어떻게 해서 일어나고 있는가를 잘 관찰해 보면, 한국에서의 서양판 종교전쟁이라는 예언이 한낱 망상이요 기우에 지나지 않는다는 사실을 알 수 있다. 문제는 아무것도 모르면서 잘 아는 척하는 무지에서 시작하여, 자기 견해를 절대화하려는 교만으로 발전하고, 왈가왈부하는 동안 치고받고 마침내는 서로의 가슴에 분노의 불길을 당기는 데 있다.

무지에서 나온 분노는 힘이 약하다. 거기엔 오래 버틸 만한 힘이 없다. 그러나 낙관은 금물이다. 무지한 어린이들의 불장난이 큰 집을 불태워 버릴 수도 있다. 마침내 불이야 꺼지겠지만 한 줌의 재로 변해버린 그 큰 집안에 대대로 물려받은 유산이 가득 차 있었다면 어떻게

1980년대, 조카인 『혼불』의 최명희 작가 (사진 오른쪽)와 함께

할 것인가. 그나마 그뿐이라면 다행이지만 거동이 어려운 할머니, 할아버지가 계셨고 갓난 손자와 손녀들이 있었다면 이 일을 어떻게 할 것인가. 그러므로 우리는 무지와 교만과 분노에 대한 대책을 철저히 강구해 두어야만 한다. 이것만이 전쟁을 미연에 방지할 수 있는 길임을 명심해야 한다.

요즘 일부 불교인들은 불교의 인과응보因果應報 사상을 잘못 해석하여 일부 기독교인들의 무지에서 시작된 배타, 독선적인 불장난 같은 횡포를 감수하는 것으로 미덕을 삼으려 하고 있다. 또 어떤 전통사상 전문가들은 사필귀정事必歸正 사상을 곡해하여 가만히 앉아 있어도 정의의 승리가 저절로 굴러 들어올 것처럼 착각하여 점잔만 빼고 앉아 있는 것으로 장기를 삼으려 하고 있다. 그러나 이러한 잘못된 사고방식을 가진 사람들이 많을수록 사태는 더욱 더 악화된다는 것을 깨달아야 한다. 그리고 악화된 사태는 마침내 이러한 어중간하게 착한 사람들의 씨마저 말리게 될 것이다.

가령 자기 집에 악당들이 침입하여 갖은 못된 짓을 다 한다고 가정해 보자. 이러한 경우, 인과응보의 이치로 달관한 척 눈을 지그시 감고 고개만 끄덕거리고 있어야 옳은가? 사필귀정만 믿고 악당들이 물러갈 때만을 앉아서 기다리고 있어야 옳은가? 조상 대대로 물려받은 온갖 보배들이 다 없어진 다음에, 집안의 가족들이 다 죽은 다음에 정의가 회복된들 자기 혼자 살아남아서 무얼 하자는 것인가. 모든 것이 다 없어지고 가족까지 다 죽는 한이 있어도 끝까지 침묵을 지켜 내 목숨 하나만 보전하는 것이 동양 정신일까? 아니다. 이는 동양을 죽이는 정신이지, 동양을 살리는 정신은 아니다. 악당들이 맨 먼저 하는 일은 재산을 빼앗아 가기 전에, 가족을 죽이기 전에, 먼저 주인인 자기를 죽이는 일임을 알아야 한다. 그런데도 주인을 먼저 죽이지 아니함은 주인을 대접해서가 아니라 주인을 이용하기 위해서다. 가족을 다 죽이고도 주인은 살려두었다면 그러한 주인은 이미 주인이 아니겠기 때문이다. 다시 말하면 그러한 주인은 악당과 한패가 되어 악당들이 하는 일에 도움을 주었기 때문에 살려둔 것이다. 아무리 악당이라도 자기들하고 한패가 되어 자기들 하는 짓을 도와주는 사람을 죽일 리는 없다. 다만 맨 나중에, 자기들이 볼 일을 다 본 다음에, 후환이 두려워 이미 이용가치가 없어진 주인도 마저 죽여버리는 것이 악당의 근성이다.

옳지 못함을 수수방관하는 것은 자멸 행위임을 알아야 한다. 소위 동양사상에 심취했다는 사람들에게서 흔히 발견되는 '악을 수수방관하는' 이러한 태도는 동양사상의 자멸을 막기 위한 제1차 작업으로 고발하여 심판하고, 그 정체를 만천하에 알려야 할 것이다.

다시 말하지만 전쟁의 원인은 여러 가지다. 그러므로 전쟁을 미연에 방지하려면 여러 가지 대책이 골고루 다 마련되어야 한다. 전쟁의 근본

원인인 무지를 적발해 내야 하고, 무지가 교만으로 발전하지 못하도록 해야 하고, 교만이 분노를 유발하지 않도록 철저한 대책을 강구해야 한다. 동시에 상대방의 무지를 수수방관하는 우리 쪽의 잘못된 태도도 역시 무지 이상의 무지로서 전쟁을 유발하는 무서운 원인임을 만천하에 알려야 할 것이다.

불교 종단뿐 아니라 유교를 비롯한 많은 전통사상 진영의 지도자들이 공통적으로 가지고 있는 병폐가 바로 여기에 있다. 이들에게는 악과 부정을 꿰뚫어보는 날카로운 안광眼光이 없다. 악과 부정에 대한 올바른 대응책이 서 있지 않다. 이는 이들의 선善에 대한 의지가 투철하지 못하기 때문이다. 선에 대한 의지는 투철하지만 사람됨이 너무 착해서 악에 대해서는 민감하지 못하다는 말이 있는데 이 말은 잘못된 말이다. 이 세상 어디에 그러한 전례가 있었던가? 부처님이 그랬던가? 예수님이 그랬던가? 공자님이 그랬던가? 세상에 그분들처럼 악과 부정을 보고 가만있지 못한 분들도 없었을 것이다.

종교의 탈 쓴 마귀와 선의 의지와의 싸움

이 나라의 어린 학생들에게 절간의 법당에 마귀가 들어 있다고 가르치고, 스님을 사탄이라고 가르치는 자들은 과연 누구일까? 이것을 기독교라고 속단하지 말자. 기독교는 사랑의 종교요, 평화의 종교이기 때문이다. 그럼 기독교인들이 한 짓일까? 어떤 목사님이 자기 교인들을 그렇게 지도할 리가 없다. 기독교에서 가르치는 사랑의 진리는 절대로 그러한 목사님을 만들어 낼 수 없다. 이는 분명히 어떤 마귀나 사탄이 한 짓일 것이다. 기독교의 탈을 쓴 마귀나 사탄이 아니고서는 그렇게 무지한 짓을 할 사람이 없다. 그러므로 이러한 일로 고통받는 불교인들은 먼저 기독교에 대한 오해를 풀고, 기독교의 자비로운 신부님이나 올바른 목사님을 찾아가서 기독교의 탈을 쓴 마귀와 사탄을 박멸해 주도록 협조를 요청해야 할 것이다. 사실, 지금 자비로운 신부님이나 올바른 목사님들은 가슴을 치고 발을 구르면서 그러한 사이비 기독교인들을 없애는 데 총력을 기울이고 있다. 문제 해결의 열쇠는 관념적인 푸념을 그만두고 현실적인 행동을 통해 문제에 대응해 나가는 데 있다.

가령, 아무리 어린 학생이라 할지라도 스님 보고 사탄이라 말하면 병의 증상이 노출된 것이니, 웃어넘기지 말고 그 아이를 붙잡아야 한다. 그리고 아이의 그런 증상이 어디에서 비롯되었는가를 병을 진단하듯 따져 들어가야 한다. 그 일이 학교에서 일어난 것이면 그 학생의 담임과 교장선생님을 만나 따지고, 학부형을 만나고, 다니는 교회의 목사님을 만나 기독교의 탈을 쓴 마귀와 사탄을 잡아내야 한다. 남들이 병을 앓고 있는데도 이를 못 본 척하고 악이 창궐해도 수수방관하는 것은 악보다 더 질이 나쁜 악이다.

여기서 조심할 것이 있다. 밖에 악이 날뛸 때는 반드시 안에 비슷한 또는, 더 악질적인 악이 이미 존재하고 있다는 사실이다. 남들이 나를 업신여기고 못된 짓을 함부로 하는 것은 우리 쪽에 먼저 더 큰 원인이 있다. 이는 개인이든 국가든 다 마찬가지다. 그 사이의 각종 사회단체의 경우도 물론 그렇다. 그러므로 안에 있는 악은 잡지 아니하고 밖에 있는 악만 잡으려 하면 되지 않는 법이다. 진정 악을 잡으려거든 안에 있는 악부터 먼저 잡아야 한다. 이러한 선에 대한 우리의 투철한 의지를 보여야 상대방 안에 있는 선이 호응해 오는 법이다. 이렇게 하지 않고서는 모처럼의 고발정신도 추잡한 서양판 종교전쟁을 재발시키는 도화선이 되는 데에 그치고 말 것이다.

이제 길은 분명해졌다. 싸움은 기독교와 불교의 싸움이 아니다. 종교의 탈을 쓴 마귀와 이를 묵과하지 않는 선에 투철한 의지들과의 싸움이다. 종교의 탈을 쓴 마귀는 불교에도 있고 기독교에도 있다. 그리고 선에 대한 투철한 의지 또한 양쪽에 다 있다. 그러므로 기독교가 이기느냐 또는 불교가 이기느냐 하는 것은 잘못된 방식의 문제 제기다. 그러한 성격의 전쟁은 악들의 전쟁이므로 결국은 양쪽을 다 망하게 하는 추악한 전쟁이다.

지금 역사상 전무후무한 일대 혼란 속에서 도처에 무의미한 대립과 분열이 날로 더해가고 있다. 여기서 평화를 사랑하고 인간을 존중하는 우리나라의 2대 종교인 불교와 기독교는 서로 힘을 합하여 이 민족으로 하여금 지혜롭게 이 비극적 난국을 타개해 나가도록 희생적인 협동정신을 발휘해야 할 것이다.

『광장』제144호, 1985년 8월

보이지 않는 인종차별

1964년 10월, 중공이 핵실험에 성공했을 때 미국에서는 예기치 못한 일이 벌어졌다. 미국에 사는 동양 사람들이 중핵中核 성공의 뉴스를 듣고 일제히 환호성을 올린 것이다. 마오쩌둥 편이든 장제스 편이든 관계없이 중국 사람들은 하나같이 춤을 추면서 기뻐했고 공산주의자들과 전쟁을 치른 월남 사람들과 한국 사람들까지 모두 기뻐했다고 한다. 우리는 이 사실을 어떻게 해석할 것인가?

세계에서 미국만큼 인종차별을 하지 않는 나라도 드물 것이다. 미국은 인종차별뿐 아니라 남녀간의 성차별, 노소의 연령차별, 종교차별, 문화차별, 국적차별 등 모든 차별을 법으로 금하고 있다. 이러한 미국의 특징은 잡 헌팅(job hunting : 구직)을 할 때 잘 드러난다. 일자리가 생겨 응모를 할 때 써내는 지원서나 이력서에는 그런 것들을 기재하지 않도록 되어 있다. 그런 것들은 나중에 취직이 된 다음, 필요할 때 밝히면 된다. 미국은 '기술 앞에 평등'이라는 근대정신을 잘 실천하고 있는 나라임에 틀림없다. 그런데 왜 적성 국가인 마오쩌둥 정부의 핵실험 성공에 미국에 사는 동양 사람들이 약속이나 한 듯 똑같이 환영하고 기뻐했단 말인가?

인간관계를 두고 말하는 한, 차별에는 두 가지가 있는 것 같다. 보이게 하는 차별과 보이지 않게 하는 차별이다. 이 세상에 차별대우를 받고 좋아할 사람은 하나도 없다. 그러므로 상식이 있는 사람이라면 남들의 눈에 띄는 차별 행위를 삼간다. 그러나 보이지 않게 하는 차별은 다르다. 가령 여기에 '하나님을 믿으면 천당에 가고 그렇지 않으면 지옥으로 떨어진다'는 식의 목사님 설교를 일요일마다 듣는 사람이 있다고 치자. 그런 사람 앞에 피부 빛깔도 다르고 생김새도 다른 외국인이 나타나 자기는 '그런 하나님을 믿지 않는다'고 했다면 무슨 일이 벌어질까. 대번에 안색이 변하고 분위기는 어색해질 것이다. 좀 노련한 사람이라면 안색을 감추겠지만 마음 속에 석연치 않은 느낌마저 지워버리진 못할 것이다. 예를 들면 이런 것들이 보이지 않는 차별로 발전해 갈 것이다.

사람은 누구나 자기와 다르면 이질감을 갖게 마련이다. 이질감이 들면 거리감이 생기고 그렇게 되면 마음의 문이 잘 열리지 않는다. 그래서 미국의 대학들은 모든 학생들에게 자기의 문화가 아닌 남의 문화를 배우도록 규정해 놓았다. 'Other Culture Requirement'라는 것이 그것이다. 그러나 '산 넘어 또 산'이라고, 일은 그것으로 끝나지 않는다. 문제는 가정이다. 학교에서 잠깐 새 사상을 배워 봤자 별 효험이 없다. 집에서 밤낮 듣는 소리가 더 강력하다는 말이다. 이리하여 아이들은 자기도 모르게 서양우월주의 또는 백인우월주의에 물들게 된다. 이것을 동양에서 온 황인들이 눈치챈 것이다. 여기서 '어디 두고 보자'는 오기가 생긴다. 불행한 일이다. 그러나 우리는 이러한 불행한 일들이 비단 미국에서만 일어난다고 생각해서는 안 된다. 똑같은 경험을 동양에서 살고 있는 백인들도 뼈저리게 맛보고 있다는 보고가 있다. 동양의 황인우월주의는 서양 사람들에게 일종의 황화론黃禍論으로 다가오고 있다. '황화론'이란 일종의 동양인경계론인데 "언젠가 우리 서양 사람들은 피부 빛깔이 노란 동양 사람들 때문에 큰 화를 입을 것이다"라는 예언 비슷한 것이다.

황화론이 사실로 다가서는 세상이 와서는 안 된다. 그런 것은 20세기로 족하다. 21세기까지 그런 못된 사상에 넘겨주어서는 안 된다. 그러나 지금 세계는 한치 앞도 내다볼 수 없는 불안한 정세에 휩싸여 있다. 소위 강대국을 자처하는 나라들이 하는 행위를 보면 안심이 안 된다. 국가 권력이 너무 비대해져 방자하기 이를 데 없다. 개인은 잘못을 저지르면 뉘우치기도 하고 참회도 하지만 국가는 반성할 줄도 모르고 참회할 줄도 모른다. 드골 시절, 파리 대학생들의 침묵데모가 생각난다. 식민지 알제리아의 해방을 위하여 "우리는 조국 프랑스와 싸우겠다"는 것이 침묵 데모의 메시지였다. 모자를 벗어 한 손에 쥐고 고개를 숙여 땅을 내려다보면서 아무말도 없이 무겁게 걸어가는 젊은 대학생들의 침묵데모는 지구촌의 많은 사람들에게 큰 가르침을 주었다.

개혁운동의 불교적인 의미를 찾아서

한국 불교에 개혁바람이 불고 있다. 구태의연한 사람들은 뒤로 물러가고 개혁을 주장해온 젊은 사람들이 앞으로 나왔다. 그러나 사람이 바뀌었다고 개혁이 저절로 되는 것은 아니다. 미국의 경우, 공화당의 조지 부시가 물러가고 민주당의 빌 클린턴이 백악관으로 들어갔을 때, 개혁을 갈망했던 사람들은 환호성을 질렀다. 그가 개혁을 맹세했기 때문이다. 그로부터 20개월이 지났지만, 미국 국민이 바라는 개혁은 요원하기만 하다. 클린턴의 인기는 지금 땅에 떨어져 있다.

'개혁을 위해서는 먼저 사람들이 바뀌어야 한다'는 말에는 이의가 있을 수 없다. 이것은 개혁의 정석이다. 사람이 바뀌어야만 나쁜 법과 나쁜 제도를 뜯어고치는 작업이 시작될 수 있기 때문이다. 그러나 지금 우리의 고민은 법이 바뀌어도 세상이 좋아지지 않는다는 데에 있다. 한 마디로 말해서 개혁의 길은 형극荊棘의 길이다. 무수한 반발, 오해, 배반, 처형 등 개혁의 길을 걷는 사람 앞에는 수난이 있을 뿐이다. 그래서 힘이 필요하다. 개혁자에게는 수난을 이겨낼 힘이 있어야 한다는 말이다. 그렇다면 이 힘은 어디서 얻을 것인가? 개혁을 수행할 불굴의 투지와 저력은 도대체 어디서 나올 것인가? 개혁이 실패했다면 그 원인은 시각에 따라 달리 분석될 것이다. 그러나 한 가지 분명한 것은 자기 힘을 길러 놓지도 않고 다른 사람의 힘으로 개혁하려 할 때는 반드시 항상 실패한다는 사실이다. 특히 종교계의 개혁에서는 어떤 식으로든 외세의존은 위험한 발상이다. 종교적인 개혁이란 객기 즉 남의 힘으로 되는 것이 아니다. 요즘 그럴듯한 이론을 따라 제도만 바꿔놓으면 개혁은 저절로 되는 것처럼 생각하는 사람들이 부쩍 늘어난 것 같다. 그렇지만 이것도 따지고 보면 결국은 자기 힘이 아닌 남의 힘에 의존하는 것이다. 개혁에는 돈도 필요 없고 이론도 필요 없다는 말이 아니라, 그것보다 우선되어야 할 것이 무엇인가를 밝히자는 말이다.

개혁의 불교적인 의미는 무엇일까? 먼저 '왜 개혁이 필요한가'를 생각해 보지 않을 수 없다. 개혁이란 '뜯어고침'이요 '바로잡음'이다. 바로잡혀져야 할 것이 바로잡혀지지 않는다면, 생명은 위축되고 사람들의 삶은 뒤틀릴 것이다. 커다란 바위에 짓눌린 한 포기의 풀이 죽지도 못하고 비비 꼬여 하얗게 표백당한 모습에서 우리는 부정과 부패로 말미암아 피해를 입고 있는 생명의 참혹한 모습을 볼 수 있다. 악은 이렇게 잔인한 것이다. 생명으로 하여금 생명노릇 못하게 하는 것보다 더 큰 악은 없을 것이다. 그런 의미에서 개혁이란 억눌리고 짓밟힌 생명을 살려내는 '사랑의 구조작업'이라 할 수 있을 것이다.

부처님의 최초 설법이 '사람의 고통'에 대한 가르침이었다는 사실은 결코 우연한 일이 아니다. 불교적 수행의 궁극적인 목표가 '해탈'이란 사실도 알고 보면 똑같은 가르침에서 나온 당연한 결론일 뿐이다. 잘못된 법과 잘못된 제도와 그리고 이를 악용하는 잘못된 사람들이 마치 풀을 억누르고 있는 커다란 바위덩이처럼 도처에서 착한 사람들을 억누르고 있을 때, 부처님을 믿고 부처님의 가르침을 실천하겠다고 맹세한 사람들이 어찌 이를 가만히 보고만 있을 수 있단 말인가? 개혁이란 부처님 정신의 실천이다. 개혁을 외면하는 것은 중생의 고통을 외면하는 것이다. 사람들이 부처님을 존경하는 것은 그가 고통을 피하지 않고 끝까지 고통과 대결했기 때문이 아닐까? 고통을 피하는 자는 영원히 고통에서 벗어나지 못할 것이다. 고통과 싸우는 힘은 다른 곳에서 나오는 것이 아니라 '나는 불자'라는 근본적인 자각에서 나온다. 바로 그 자각이 바탕이 되어 인욕을 가지고 정진해 나갈 때 불자들은 위축된 생명과 뒤틀린 삶을 바로 잡는 실천의 장에서 물러서지 않게 될 것이다.

『미주현대불교』 1994년 10월 10일

한국학 총서 발간을 위하여

발표자_ 박성배 (한국학연구총서 스토니부룩 뉴욕주립대학교측 책임자)
연   제_ 집필자와의 연석회의에서의 인사말
시   간_ 1993년 7월 21일 정오
장   소_ 서울대학교 호암생활관

안녕하십니까? 스토니부룩 뉴욕주립대학교에서 한국학을 가르치고 있는 박성배입니다. 한국의 서울대학교와 스토니부룩의 뉴욕주립대학교가 공동으로 추진하고 있는 한국학연구총서 간행사업에 참여하고 계신 여러 선생님들을 이렇게 만나뵙게 되어 매우 반갑습니다. 아무쪼록 우리의 사업이 유종의 미를 거둘 수 있도록 격의 없는 지도와 편달을 바라마지 않습니다.

우리는 그동안 한국학연구총서 간행사업을 출범시키기 위해 만 3년이라는 준비기간을 가졌습니다. 그러다가 작년 12월 15일 서울대학교의 김종운 총장님이 김경동 교수님과 함께 스토니부룩에 오셔서 스토니부룩 뉴욕주립대학교의 마아버거 총장과 12개 항목에 달하는 한국학연구총서 간행사업 합의서에 공동조인함으로써 이제 우리의 배는 목적지를 향해 드디어 항구를 떠난 셈이 되었습니다. 앞으로 우리들이 해야 할 일은 오직 항해를 무사히 마치고 기어코 목적지에 도달하는 일이라고 생각합니다.

지금 많은 사람들이 우리들이 하는 일을 역사적인 사업이라고 입을 모으고 있습니다. 그러나 저는 지금 우리들이 역사적인 사업을 하고 있다는 자부심보다는 어떻게 하면 이 사업을 성공시켜 실지로 역사적인 의의를 지닐 수 있게 하느냐 하는 걱정에 사로잡혀 있습니다. 첫째, 우리의 사업은 결코 간단치 않는 사업입니다. 한국에 관계되는 11개 분야를 총망라한다는 것이 적지 않은 일이며 우리의 한국학연구총서를 궁극적으로는 영어로 출판하여 영어권 사람들이 사용하게 한다는 것이 쉬운 일이 아닙니다. 집필은 서울대학교에서 도맡아 한국에서 하지만 번역하고 편집하고 출판하는 일은 스토니부룩 뉴욕주립대학교가 책임지고 미국에서 한다는 사업구조 또한 간단치 않는 일이 분명합니다. 그래서 저는 오늘 그동안의 경위를 말씀드리면서 어느 대목이 특히 어려운 것인가를 하나씩 하나씩 짚어나가 봄으로써 여러 선생님들의 의견을 들어보려 합니다.

저는 '한국에서 생각하는 한국학'과 '미국에서 생각하는 한국학'이 반드시 똑같은 것은 아니라고 생각하고 있습니다. 그리고 '외국 사람들이 하는 한국학'과 '한국 사람들이 하는 한국학'이 똑같을 수는 없다고 생각합니다. 제가 스토니부룩 뉴욕주립대학교에서 한국학을 일으키자는 캠페인을 시작한 지 올해로 꼭 15년이 됩니다. 저는 그동안 주위 사람들로부터 '한국학을 하려거든 한국 가서 할 일이지 왜 미국서 야단이냐?'는 핀잔 비슷한 질문을 많이 받았습니다. 저는 원래 '한국학 전문가'가 아니었습니다. 그저 우리나라의 불교사상을 비교종교학적인 관점에서 연구하는 한 종교학도에 불과했습니다. 그러나 1977년부터 미국의 대학에서 가르치기 시작한 이래 대학 안의 한국계 학생들과 대학 밖의 한국 교포들이 저로 하여금 한국학을 하지 않을 수 없도록 만들었습니다. 여기서 우리는 '한국학은 한국 가서 하라'고 불평하는 사람들과 '제발 한국학을 가르쳐 달라'고 사정하는 사람들 사이에 나타난 관점의 차이에 대해서 깊은 주의를 기울여야 할 줄 압니다. 이상 두 가지의 관점이 모두 일면적인 타당성을 가지고 있다는 것을 잘 알면서도 저는 양자 간에 뚜렷이 드러나 있는 차이를 간과할 수가 없습니다. '제발 한국학을 가르쳐 달라'고 말하는 사람들과 '한국학은 한국 가서 하라'고 말하는 사람들, 전자가 뿌리 뽑힌 사람들 그래서 누군가의 도움을 간절히 필요로 하는 사람들을 대변하고 있다면, 후자는 비교적 뿌리가 튼튼한 사람들 그래서 남들의 도움없이 스스로 잘 꾸려가고 있는 사람들을 대변하고 있다고 말할 수 있겠습니다. 오늘의 대학이 아무리 보편적이고 객관적인 진리를 탐구하는 학문의 전당이라 하지만 지금 해외에서 일어나고 있는 한국학 캠페인의 원동력은 '제발 한국학을 가르쳐 달라'고 말하는 사람들의 타는 듯한 목마름이라는 사실을 숨길 필요는 없을 줄 압니다.

해외에서 한국학을 가르쳐 본 사람이면 누구나 다같이 경험하고 있는 사실인 줄 압니다만 특히 미국 사람들의 한국 이해는 '아연실색'이란 말 이외의 딴 말이 생각나지 않을 정도입니다. '몰라도 너무 모른다,' '이건 무지에 속하는 것 아닌가'하는 등등의 한숨이 저절로 새어나온 경우가 한두 번이 아니었습니다. 혈맹이니 동반자관계니 하면서 두 나라는 50년 가까이를 밀착해 왔으면서 도대체 이럴 수가 있을까 하는 회의를 털어버릴 수가 없습니다. 그 다음은 그들의 한국에 대한 무관심이며 한국학에 대한 냉대입니다. 최근에 클린턴 미국 대통령이 일본과 한국을 방문하고 돌아왔습니다. 이에 대한 미국 TV 방송국들의 보도는 아주 불공평했습니다. 일본에 대해서는 클린턴이 일본에 도착하기 전부터 시작하여 그가 떠난 뒤까지도 계속되는 아주 오랜 기간 동안을 자세히 보도해 주었습니다. 일본의 이모저모를 골고루 분석하고 해설해 주었습니다. 그러나 한국에 대해서는 미국 병사들을 상대로 한 클린턴의 판문점 연설 장면을 보여주는 정도에 그쳤습니다. 분명히 불쾌한 일이었습니다. 이런 불쾌감은 저 혼자만의 것은 아니었을 줄 믿습니다. 이해하기로 들면 이 세상에 이해 못할 것은 하나도 없습니다. 그러나 문제를 삼자면 분석을 철저히 해야 할 줄 압니다. 도대체 우리는 언제까지 이런 불쾌감을 계속 맛보고 살아야 합니까? 뿌리가 튼튼한 사람들이야 요지부동이겠지만 뿌리 뽑힌 사람들은 또 맥주로 밤을 새울 것이 뻔합니다. 우리는 여기서 또한 뿌리 뽑힌 사람들의 수가 비율로 말하면 절대다수라고 해도 과언이 아니라는 사실을 기억해야 할 줄 압니다.

미국에서 하는 한국학은 확실히 어떤 커다란 저항에 맞부딪히는 가운데서 생겨났으며 그런 분위기 속에서 성장해 가고 있다고 할 수 있을 것입니다. 이러한 분위기를 우리는 순수한 학문적인 분위기라고 말할 수는 없다고 할지라도 우리의 한국학연구총서는 이를 전적으로 외면할 수는 없을 줄 압니다. 다시 말하면 미국서 하는 한국학은 한국에 관한 지식을 집대성하는 것으로 그 사명을 다하는 것이 아니라는 말입니다. 뿌리 뽑힌 사람으로서 문화적으로 인종적으로 백안시 당하면서 거기서 새삼스럽게 '나는 한국인'이라는 의식을 갖게 되고, 따라서 자기가 느끼

2006년 백담사 만해축전에서의 강연 모습

고 생각하는 것에서, 그리고 말하고 행동하는 것에서 순간순간 한국인의 긍지를 확인함으로써 삶의 의미를 찾는 일종의 투쟁이 바로 그들의 이른바 '한국학 캠페인'입니다. 이것은 누가 시켜서 그렇게 하는 것이 아니라 자기도 모르게 그렇게 되는 것이라고 생각합니다. 미국인과 미국 사회와 미국 문화가 저들을 그렇게 만드는 것입니다.

그러면 지금 미국에서 태동하고 있는 위에서 말씀드린 바와 같은 '실존적 한국학'과 오늘날 우리들이 하고 있는 소위 '학문적 한국학' 사이에 무슨 관련이 있으며 우리들의 한국학연구총서 간행사업과는 또한 어떤 상관관계가 있는지 한 번 생각해 보지 않을 수 없습니다. 미국 사람들의 한국에 대한 무관심은 실로 무서운 것이라고 생각합니다. 무관심은 그 속에 무지와 멸시를 내포하고 있으며, 그 뒤에는 차별과 냉대가 따라오고 있습니다. 이것들은 언제 질투와 모함으로 변신하여 우리의 앞길을 가로막을지 모릅니다. 속은 무지요 겉은 무관심이라는 벽은 가만히 정지해 있는 벽이 아닙니다. 누군가를 체포하는 포위망처럼 시시각각 우리의 활동 범위를 좁히고 마침내는 우리로 하여금 한국인답게 사는 것을 포기하게 만들 무서운 벽입니다. 그러나 엄밀하게 말해서 그러한 벽의 존재 근거는 없습니다. 미국의 헌법도 미국 사람들의 양식도 이를 용서하지 않습니다. 그러면 무엇이 벽의 존재 가능의 근거이겠습니까? 이것은 간단한 문제가 아니기 때문에 이에 대한 답변 또한 간단할 수가 없습니다. 그렇지만 이러한 벽에 대처하는 길은 비교적 분명한 듯합니다. 그것은 잘못된 한국관을 바로잡는 길입니다. 그동안 한국에 대해서는 여러 분야에서 잘못된 견해들이 널리 퍼져 있었습니다. 이를 바로잡는 작업이 우리의 한국학연구총서의 이름으로 성공적으로 수행되어야 하겠습니다.

그러므로 우리의 작업은 대강 세 단계의 큰 고비를 겪어야 할 것으로 짐작됩니다. 첫째 고비는 훌륭한 한국말 원고를 얻어 내는 일이요, 둘째 고비는 훌륭한 영어번역을 만들어 내는 일이요, 셋째 고비는 매력적인 책으로 만들어 잘 보급하는 일입니다. 셋째의 고비는 당장 급한 걱정거리가 아니며 또한 뉴욕주립대학교 출판부가 워낙 일을 잘 하기 때문에 안심해도 될 줄 압니다. 그러나 첫째와 둘째는 우리들 모두가 다같이 중지를 모아 정말 잘 해내지 않으면 종래의 전철을 밟을 위험성이 다분히 있으며 그렇게 되면 우리 사업이 지닌 역사적인 사명은 또 못 다하고 말 것입니다. 그래서 서울대학교에서 주관하는 집필 작업에 뉴욕주립대학교도 함께 책임을 지고 뉴욕주립대학교가 주관하는 번역작업에 서울대학교가 함께 책임을 지도록 양교의 합의서를 만들었던 것입니다. 어떻게 집필하며 어떻게 번역해야 할 것인가를 일시에 속속들이 다 말할 수는 없지만 스토니부룩 뉴욕주립대학교가 지금 생각하고 있는 것을 별지에 적어 가지고 왔사오니 잘 살펴보시고 좋은 말씀 많이 들려주시기 바랍니다. 감사합니다.

1993년 7월 21일

생각은 깊게 글은 쉽게
월간 『불광』 창간 21주년을 축하하면서

　'불광佛光'이란 '부처님의 빛'이란 말이니 월간 『불광』을 읽는 사람은 이 잡지에서 부처님의 빛을 보아야 할 것이다. 창간 21주년을 맞는 우리 『불광』이 과연 그동안 부처님의 빛을 발하는 그런 역할을 했는가? 그리고 우리 『불광』의 애독자들이 과연 『불광』에서 부처님의 빛을 받았는가? 응당 던지지 않을 수 없는 질문들이다.

　부처님의 빛이란 무엇인가? 자기도 모르는 말일랑 하지 말고, 남들이 못 알아듣는 말은 더더욱 하지 말자. 좀 쉽게 그리고 평범하게 도대체 '부처님의 빛'이란 무엇일까 생각해 보자. 우리 보통 사람들은 부처님의 빛이라 하면 뭐니 뭐니 해도 제일 먼저 '부처님의 가르침'을 생각하지 않을 수 없다. 또 '부처님의 가르침'이라 하면 최초의 불교경전이라고 할 수 있는 원시 불교의 팔리어 경전을 떠올릴 터인데, 그 다음 대승불교의 산스크리트 경전 그리고 한문으로 된 팔만대장경을 생각해 볼 수 있을 것이다. 그러나 우리들이 무슨 수로 그 방대한 불교경전을 다 읽을 수 있단 말인가. 더구나 그것들은 모두 외국어와 한문으로 쓰여 있으니 난감할 수밖에 없다. 그래서 외국 말로 된 불경을 우리 말로 번역하고 방대한 불경을 간단하게 요약하는 작업이 예나 지금이나 불교가 가는 곳마다 꾸준히 추진되어 왔다. 모두가 부처님의 빛을 온 누리에 비추게 하기 위한 노력들이다. 마명 보살이 지었다는『대승기신론大乘起信論』, 규봉 종밀의『도서』, 보조국사 지눌의『절요』등이 모두 그런 노력의 일환으로 나온 저술들이다. 이러한 책들은 모두 부처님의 가르침과 그 뒤를 이은 역대 조사들의 가르침을 알기 쉽도록 요령 있게 체계적으로 잘 요약해 놓아 우리들에게 팔만대장경을 다 읽어야 하는 부담을 덜어 주었다.

그러나 문제는 여전히 남아 있다. 다행히『대승기신론』이나『도서』와 『절요』같은 책들은 지금 국내의 어느 불교서점에서나 손쉽게 구입할 수 있기 때문에 부처님의 빛은 온 누리에 가득할 것 같지만, 사실은 그렇지 못하다. 문제는 그런 책들을 다 읽어보아도 역시 불교는 잘 모르겠다는 보통 사람들의 불평에 있다. 한 마디로 말해서 부처님의 빛이 잘 비추어지지 않는다는 말이다. 왜 그럴까? 한 번 따져보지 않을 수 없다. 하나하나 다 따질 수는 없고『대승기신론』한 권을 선택하여 왜 읽어도 모르겠다고 말하는지 그 이유를 집중적으로 밝혀 보자.

『대승기신론』을 읽고 부처님의 빛을 본 최초의 우리나라 사람은 아마 신라의 원효일 것이다. 그는 기신론에 대해서 네 권의 책을 썼다. 그 가운데 두 권은 없어지고 남아 있는 두 권 가운데 한 권은 원효 당시에도 해외에 널리 알려졌을 뿐만 아니라 지금까지 세계적인 명저로 손꼽히고 있다.『대승기신론소』라는 제명이 붙어 있는데 중국 사람들은 이 책을 『해동소』라고 불렀다. 한국에서 나온 주석서라는 의미로 일종의 애칭인 셈이다. 원효의『해동소』는 근래에 이르러 현대의 우리 말로 여러 번 번역되었다. 1972년에 성낙훈 교수의 번역본이 나왔으며, 1981년에는 이기영 교수와 탄허 스님의 번역본이 동시에 나왔다. 1991년에는 이제까지의 번역서들을 모두 섭렵하여 종합적으로 잘 정리했다 하여 번역상을 수상하기도 한 은정희 교수의 번역본이 일지사에서 출판되었다. 1967년 원음각에서 나온 이기영 교수의 『원효사상』은 원효사상을 가장 잘 해설한 명저의 하나로 뽑혀 그 당시 서울시문화상을 받았다. 그밖에도 원효사상을 다룬 학자들의 글은 국내외를 통괄하여 600편이 넘는다. 얼마나 많은 학자들이 얼마나 오랜 동안 얼마나 애를 썼는지 알 수 있다. 그러나 문제는 학자들의 이러한 노력이 과연 우리의 문제를 푸는 데 얼마나 기여했는가에 있다. 다시 말하면 이러한 책들을 통해 '부처님의 빛'이 얼마나 더 밝아졌느냐를 물어야 하는 것이다. 우리의 원효학은 아직도 본 궤도에 올랐다는 평을 듣지 못하고 있는 실정이다. 부처님의 빛을 제대로 밝히지 못하고 있는 셈이다.

대학에서 한국불교를 가르치고 있는 관계로 원효를 공부하고 싶으니 책을 소개해 달라는 부탁을 많이 받는다. 그들 중에는 학생들과 비교종교학을 연구한다는 타종교의 학자뿐만 아니라 일반 사회인들도 많이 있다. 물론 나는 앞에 소개한 책들을 위주로 하여 기존의 책들을 두루 소개해 준다. 그러면 얼마 안 가서 또 전화가 온다. 학생들과 학자들조차 아무리 읽어보아도 잘 모르겠다는 말들을 한다. 거기서 '부처님의 빛'을 찾지 못한다는 말이다. 원효에 관한 번역서와 연구서들이 이렇게 많지만 학생들과 학자들마저 읽고 이해할 수 있는 책이 없는 셈이니 이것은 심각한 문제가 아닐 수 없다. 만일 '내각 총사퇴' 같은 제도가 학계나 출판계에도 적용될 수 있다면 이것은 틀림없이 '학자 총사퇴' 또는 '문필가 총사퇴'감이 아닐 수 없다. 책을 출판하는 것은 사람들이 그 책을 읽어 주길 바라기 때문이며 사람들이 책을 읽는 것은 그 내용을 알기 위한 것이다. 그런데 읽어도 그 내용을 알 수 없는 책을 만든다면 이는 모두 헛농사를 짓고 있는 셈이다. 왜 요즘엔 남들이 못 알아듣는 말들을 그렇게 자주 하며, 남들이 이해하지 못하는 글들을 자주 쓰는 것일까? 도대체 왜 그런가.

첫 단추를 잘못 끼우면 그 밑의 단추들은 모두 다 잘못 끼워지게 되듯이, 불교계에도 그런 현상들이 많이 일어나고 있는 것 같다. 오늘날의 기신론 연구들도 이런 잘못을 저지르고 있는 것 같아 염려스럽다. 『대승기신론』이란 책이 아무리 훌륭하다 하지만 그것을 곧이곧대로 보아서는 안 된다. 불교사의 역사적인 맥락 속에서 『대승기신론』을 비판적으로 보아야 오히려 제대로 볼 수 있다. 이 책이 처음 쓰였을 때는 꼭 그렇게 쓰지 않을 수 없을 당시의 사정이 있었을 것이다. 그러나 오늘날, 우리의 사정에는 『대승기신론』의 원저자나 그 뒤의 주석가들의 사정과는 다른 점들이 많다. 많은 원효 번역서와 연구서들이 이 차이점에 주의하지 않는 데에 문제가 있는 것 같다. 또 이 문제가 이토록 보편화된 것은 최초의 한 사람이 이 점을 소홀히 하자 이하동문식으로 그 다음 사람들이 모두 이를 소홀히 하여 마침내 이 잘못된 풍조가 마치 무슨 전통이나 된 듯 계승되어 이제는 '필자는 필자대로, 독자는 독자대로' 따로 노는 것이 당연한 일처럼 여겨져 버린 데 있다.

요즘 불교학자들 가운데 독자들이 자기가 쓴 글을 이해하지 못하는 것에 괴로워하는 사람이 몇이나 될까? 엉뚱한 단추 구멍을 찾아든 첫째 단추를 맹목적으로 뒤따라가는 그 다음의 단추들처럼, 독자들의 의식을 찾아가지 않고 기존 학자들을 맹목적으로 좇는 안일한 태도와 고답적이고 상아탑적인 학풍이 끝없이 계속되고 있다. 나만큼 공부를 안했으면 내 글을 못 알아듣는 것이 오히려 당연하다는 식의 교만한 학풍은 적어도 불교계에서는 사라져야 할 것이다. 그런 태도로는 '부처님의 빛'을 세상에 전할 수 없을 것이다. 우리 불교인들은 '세상 돌아가는 것'을 좀 알아야겠다. 그리고 '세상 사람들의 문제'가 무엇인 줄을 알아야겠다. 그러면 우리는 그들에게서 많은 것을 배울 수 있을 것이다. 가까운 예로 세상을 바로잡아 보겠다는 젊은 사람들의 글이나 기독교인들의 글을 읽어 보면 배울 점이 많다. 첫째, 그들의 글은 쉽다. 그리고 우리들이 함께 풀어야 할 문제들을 예리하게 분석하고 있다. 일본에서 나온 불교서적들도 그렇다. 다루고 있는 문제들이 매우 시의적절하고 문장이 쉽다. 고통을 참으며 깊이 생각하고 온 정성을 다하여 쓴 글임이 분명하다. 이제 창간 21주년을 맞는 『불광』은 앞으로 거기서 부처님의 빛이 나오는 그런 책이 되어주기를 바란다.

1995년 10월 15일

한국 바로 알기 세미나
사상적인 측면에서

시 간_ 1993년 6월 18일 오후 7시
장 소_ 플러싱(Flushing), 초원식당
주 최_ 스토니부룩 한국학회
연 사_ 박성배 (스토니부룩 뉴욕주립대학교 비교학과 불교학교수, 동교 한국학과장)

'한국을 바로 알자'는 운동은 여러 가지 측면에서 시작할 수 있을 줄 압니다. 조선조 말엽부터 우리 민족은 계속되는 수난에 정신을 못 차리다가 마침내는 6·25전쟁이라는 동족상잔의 비극을 맛보았고 남과 북은 다같이 폐허가 되기에 이르렀습니다. 그러나 우리는 다시 일어나 이제는 모두 통일의 길을 향해 열심히 뛰고 있습니다. 오늘 제가 다루고자 하는 문제는 바로 이런 관점에서 출발하고 있습니다. '내리막길로 곤두박질을 치던 우리 민족이 어떻게 하면 그 방향을 바꾸어 다시 오르막길로 갈 수 있는가?' 이것이 오늘 제 강연의 초점입니다.

제 친구 중에 미국을 매우 좋아하는 사람이 하나 있습니다. 미국 것이면 무엇이나 좋아한다고 말해도 과언이 아닐 정도입니다. 성이 민씨라서 '민 선생'으로 불리는 그는 입만 열었다 하면 미국 칭찬입니다. 그런데 그 긴 미국 칭찬의 마지막 결론은 항상 엉뚱하였습니다. '무엇이

거나 미국 것이 좋은데, 사람은 한국 사람이 더 좋단 말이야!' 분명히 앞뒤가 안 맞는 말인데도 아무도 그걸 가지고 따지는 사람도 없고 으레 지당한 말씀을 들은 것처럼 모두 고개를 끄덕입니다. 이러기를 10년이 지나고 20년이 되어 가건만 민 선생의 논조가 변했다는 말은 듣지 못했습니다.

'사람은 한국 사람이 좋다.' 민 선생이 한국 사람이 아니라 다른 나라 사람이었더라면 이런 말이 더 설득력을 가질 텐데! 하는 아쉬움은 있지만 그 점은 차치하고 여기서는 '사람은 한국 사람이 좋다'는 말 뒤에 숨은 뜻이 무엇인가를 한 번 생각해 보고 싶습니다.

미국은 아쉬운 것이 없는 나라라고 합니다. 그렇지만 미국은 문제가 많은 나라입니다. 우리는 지금 그것을 몸으로 경험하고 있습니다. 뭔가 잘못된 것이 있습니다. 미국도 분명히 아쉬운 게 있는 것입니다. 우리 민 선생은 분명히 그 점을 이야기하고 있는 것 같습니다. 미국서 가장 아쉬운 것이 무엇이냐고 묻는다면 아마 '사람'이라고 답변할 분이 많을 것입니다. 미국을 일본과 비교할 때, 미국이 일본에 뒤질 까닭이 없는데도 자동차 판매를 비롯하여 여러 분야에서 지금 미국이 일본에 뒤떨어져 가고 있습니다. 땅덩어리도 더 크고, 인구도 더 많고, 자원도 더 풍부하고, 기술도 더 앞서 있고……. 무엇을 가지고 비교해도 미국은 일본보다 훨씬 더 앞서 있음에도 불구하고 상황이 그러하니 미국으로서는 기가 막힐 노릇일 겁니다. 이에 대한 해답은 '오직 사람'입니다. 민 선생의 말과 똑같습니다. 하나는 푸념처럼 내뱉은 말이고 하나는 앞뒤를 맞추어서 하는 말일 뿐입니다. 미국의 인구는 엄청나게 많지만 실상 쓸 만한 사람은 아주 적다는 말입니다.

스토니부룩 뉴욕 주립대 한국학회 주최의 한국학강연회에서. 사진 왼쪽은 인디애나 주립대에서 비교영문학을
전공했고, 스토니부룩 뉴욕 주립대 한국학과 최초의 교수였던 최익환 교수

　지금 미국의 교육은 인간교육을 소홀히 하고 있습니다. 한 마디로 기술교육 위주로 되어 있습니다. 문학도 가르치고, 철학도 가르치고, 예술도 가르치고, 남들이 가르치는 것은 하나도 빠짐없이 다 가르치지만 이 모두가 기술 본위입니다. 올바른 사람을 만드는 데 중요한 가치관이 빠져 있습니다. 다시 말하면 문학하는 기술자, 철학하는 기술자, 예술하는 기술자를 만들 뿐이지 문학하는 사람, 철학하는 사람, 예술하는 사람을 만드는 데 신경을 쓰지 않습니다. 철학하는 기술자와 철학하는 사람 사이에는 커다란 차이가 있습니다. 철학하는 기술자는 철학에 대해 별별 지식을 다 가지고 있지만 역시 기술자는 기술자일 뿐입니다. 그 말은 그 사람이 가지고 있는 철학에 대한 지식이 그 사람의 '사람됨'이

랄지 '사람노릇' 하는 데는 아무런 영향력도 행사하지 못한다는 뜻입니다. 철학하는 사람은 그렇지 않습니다. 철학은 지식이 아니고 사람으로 하여금 사람되게 하는 원동력 같은 것입니다. 그러므로 이 경우엔 철학에 관한 지식의 많고 적음은 문제되지 않습니다. 아무리 지식이 많더라도 사람이 못 되어 있으면 그것은 기술자입니다. 이렇게 생각하면 미국의 교육치고 기술교육 아닌 것이 없습니다. 미국은 그동안 이렇게 기술자만을 양성해 냈을 뿐 사람다운 사람을 만드는 교육은 하지 않았던 것입니다. 거대한 전승국 미국이 왜소한 패전국 일본에 뒤떨어진다는 것은 미국이 그동안 인간교육을 소홀히 한 대가를 치르고 있는 것이라고 할 수 있을 것입니다.

'사람은 한국 사람이 좋다'는 민 선생의 말씀은 참인지 거짓인지를 굳이 따질 문제는 아닙니다. 그러나 한 가지 분명한 것이 있습니다. 한국은 아직도 인간교육을 소홀히 하지 않는다는 사실입니다. 한국의 전통사상은 교육을 가장 중요한 인생의 사업으로 삼았고, 그 교육의 핵심은 올바른 사람을 만들어 내는 데 있었습니다. 이런 전통은 아직도 한국 사람들의 마음 속에 깊숙이 박혀 있으며 한국의 부모치고 아들 딸 가르칠 때 이런 생각을 갖고 있지 않는 사람은 거의 없을 것입니다. 교육하는 사람들이 이런 정신을 가지고 있으면 교육받는 사람 역시 그 영향을 받기 마련입니다.

천하에 별 것을 다 가지고 있어도 사람이 덜 되면 아무 소용이 없습니다. 한국 제일의 재벌이라 할지라도 그 그룹을 운영하는 사람이 덜 되어 있으면 문제가 많은 법이며 한국 제일의 권력자라도 그 권력을 계승하는 사람이 덜 되어 있으면 그 말로는 뻔합니다. 무엇으로 보나 세계 제일이라고 뽐내던 미국이 지금 사람이 없어 쩔쩔 매는 것을 보면 사람다운 사람을 만들어 내는 일이야말로 모든 인간사의 사활을 결정하는 것이라고 해도 좋을 줄 압니다. 돈, 권력, 기술, 지식 같은 것들은 사람들이 누구나 다 갖고 싶어하는 것이지만 그렇다고 이것들이 사람보다 우위에 설 수는 없습니다. 이런 것들은 모두 사람의 감독 하에 사람 밑에서 사람에 의해서 사용되어야 할 물질에 불과합니다. 만일 이런 것들이 사람 위에서 사람을 부리게 되면 개인이든 단체든, 가정이든 국가든 반드시 망하게 되어 있습니다. 아랫가치, 즉 가치가 덜한 것이 웃가치 즉 가치가 더한 것을 뒤엎고 억누르는 가치의 전도는 크건 작건 그 사회를 혼란에 빠뜨리고 그 속에 사는 사람들의 혼을 잃게 만들기 때문입니다. 사람들이 가치를 전도하는 현상을 일으킬 때 이미 그들은 넋이 나가고 혼이 빠진 것입니다.

전쟁에 지고 물질적으로 가난한 약소국가가 다시 일어나고 전쟁에 이기고, 물질적으로 풍요로운 강대국가가 망하는 경우는 인류의 역사 속에서 흔히 보는 일입니다. 왜 이런 현상이 일어날까요? 혼이 나가면 망하는 법이요, 정신을 차리면 다시 일어나는 법입니다. 혼이 나갔느냐 아니면 정신을 차렸느냐 하는 문제는 그 사람의 가치관과 밀접한 관계를 가지며 가치관은 생명이 있는 인간을 무엇보다도 더 소중히 여기느냐 아니면 생명없는 돈이나 권력이나 기술이나 지식 같은 것을 인간보다 더 소중히 여기느냐는 갈림길에서 정신을 바짝 차리고 인간을 무엇보다 소중히 여기는 쪽으로 바싹 다가서는 데서 확립되는 것이라고 생각합니다.

한국의 전통이 교육을 중요시했다는 사실을 여기서 새삼스럽게 증명

할 필요는 없을 줄 압니다. 그것은 너무나도 자명하기 때문입니다. 그러나 지금 한국 사람들이 모두 기술교육보다는 인간교육을 더 소중하게 여기고 있는가 하는 질문에 대해서는 고개를 내저을 사람이 많을 줄로 믿습니다. 그러나 상대적으로 말해서 한국 사람들은 미국 사람들보다는 사람을 두려워하고 사람을 소중히 여긴다고 해도 큰 어폐는 없을 줄 압니다. 이는 한국 사람들의 가정생활과 미국 사람들의 가정생활을 비교해 보고 양자의 언어생활을 비교해 보면 쉽게 알 수 있습니다. 한국 사람들은 시비가 벌어져 상대방을 비판할 때는 항상 '사람이 덜 되어 먹었다'느니 또는 '인간이 틀렸다'느니 하는 말들을 많이 합니다. 그리고 칭찬할 때도 역시 '사람이 되었더라'라고 말합니다. 그리고 무슨 일을 하려 하다가도 사람들이 뭐라고 말할까에 대해서 적지 않은 신경을 씁니다. 이 얼마나 사람을 두려워하고 사람을 소중히 여기는 전통입니까? 한국 문화 속에서 '사람' 또는 '인간'이란 말은 그 말이 있어야 할 자리를 찾았고 지금도 그 자리를 지키고 있는 것입니다. 여기에 비하면 미국 말에서는 '사람'이라는 말이 항상 나쁜 것의 대명사인 경우가 많습니다. 가령 누가 잘못을 저지르면 흔히 하는 말이 '그도 사람이니까!'라고 합니다.

그러므로 우리는 한국 문화 속의 인간존중사상에 대해 크게 주목해야 할 줄 압니다. 거기에 '한국의 재발견'이 있고, 거기에 '우리의 갈 길'이 보이기 시작할 줄 믿습니다. 동양에서는 '사람'이라는 말을 하나의 관계 개념으로 봅니다. 그래서 사람의 한자말인 '인간'에는 관계라는 뜻의 사이 간間자가 들어가 있다고 합니다. 공자가 가르친 유교는 이 점을 가족관계를 중심으로 설명했습니다. 가족간의 인간관계를 제대로 유지할 줄 알면 밖에 나가 다른 사람들과의 관계도 제대로 할 줄 안다는 것입니다. 그리고 인간은 그러한 능력을 원래 가지고 있다는 것입니다. 이런 원래의 능력을 발견하고 개발하여 완성하려고 애쓰는 사람이 군자요 그 대표자가 성인이라는 것입니다. 유교교육의 궁극적인 목표는 모든 사람을 성인으로 만드는 데 있다고 합니다. 노자에서 비롯되었다고 하는 도교는 인간과 자연의 자연스런 조화를 중요시했습니다. 그래서 인간의 본질을 텅 비어 아무것도 없는 '허虛'와 '무無'에서 찾았습니다. 본래 텅 비어 있으니 밖의 어떤 상황도 포용 못할 것이 없다는 이론입니다. 도교의 허무를 종래엔 너무 부정적으로만 본 잘못이 없지 않습니다만 그것은 모두 교파대립의 산물이 아닌가 생각합니다. 석가모니에서 비롯한 불교는 사람을 자기와 생명있는 모든 것과의 관계에서 파악합니다. 일체중생(모든 생명 있는 것)이 모두 부처님이랄지 또는 일체중생을 부처님으로 받들라는 말이 이러한 그들의 인간관을 잘 말해주고 있습니다.

한 마디로 한국의 전통사상은 인간을 긍정적으로 보았고 적극적인 존재로 보았습니다. 이러한 사상적인 전통이 우리들의 어딘가에 아직도 살아 있다면 우리 민 선생의 말씀이 터무니없는 거짓말은 아닐 것이라는 생각이 듭니다. 그리고 동양의 여러 나라들이 견디기 어려운 역경을 딛고 넘어설 수 있었던 것도 역시 그들의 마음속 저 깊은 곳에 이러한 인간관이 튼튼하게 자리잡고 있었기 때문이 아닌가 생각합니다. 내리막길로 곤두박질치던 민족이 다시 오르막길로 올라갈 수 있는 원동력은 어디서 나올 수 있을까? 한 마디로 답하기에는 너무 크고 복잡한 문제입니다만 역시 중요한 것은 제 정신을 차리는 일이라고 생각합니다. 그리고 이러한 제 정신 차리는 일의 핵심은 자기가 자기를 똑바로 아는 '깨침'에 있지 않는가 하는 생각이 듭니다. '호랑이에게 물려가도 정신만 차리면 산다'는 우리의 속담이 문제의 핵심을 잘 찌르고 있는 것 같습니다. 호랑이에게 물리지도 않았는데 정신을 잃고 죽어 가는 사람이 되어서는 안 되겠습니다. 감사합니다.

변하는 것과 변하지 않는 것

불경에 나오는 보배구슬[摩尼寶珠]의 비유는 우리에게 많은 것을 가르쳐 준다. 보배구슬은 마치 '밝은 거울'처럼 그 주변의 모든 것을 그 모습 그대로 잘 비추어 준다고 한다. 붉은 것은 붉게, 검은 것은 검게, 모난 것은 모나게, 둥근 것은 둥글게 정확히 비추어 준다. 사람의 마음도 보배구슬처럼 그렇게 되어야 한다는 것이 불경의 메시지다.

보배구슬처럼 사람의 마음도 두 가지 면을 가지고 있다. 주변의 모든 것을 온전히 잘 비추어 그 모습 그대로 '변하는 면'과 어떠한 경우에도 주변의 사물을 온전히 비추어 주는 일을 '변함없이 계속 행하는 면'이다. 밝은 거울처럼 사람의 마음은 원래 자기 고유의 모습이나 빛깔을 가지고 있지 않다. 불경은 이것을 '텅 비었다'고 표현한다. 그리고 이러한 비어 있는 성격 때문에 사람의 마음은 주어진 현실에서 창조적으로 활동할 수 있는 것이다.

대승불교운동이란 이러한 '비어 있음'의 진리를 지금 당장 이 자리에서 누구나 다 실천할 수 있도록 하자는 것이었다. 이 얼마나 적극적인 사상인가! 그래서 그들은 사람의 마음이나 거울만이 그렇게 텅 비어 있는 것이 아니고 이 세상 모든 것이 다 그렇게 비어 있다는 이론을 펴게 된다. 이러한 사상적인 특징 때문에 불교의 역사는 주위 사람들이 놀랄 정도로 시대와 사회의 요청에 따라 과감한 자기 변신을 감행해 왔다. 대승불교가 소승불교의 모든 것을 뒤집어엎고 심지어 경전까지 다시 편찬하는 일대 혁신을 감행할 수 있었던 것도 알고 보면 이러한 '비어 있음'의 사상을 밑바탕에 깔고 있었기 때문이다.

그런데 요즘 한국 불교 조계종에서 전개되고 있는 개혁운동은 어딘지 석연치 않은 데가 있다. 한 마디로 말해서 변해서는 안 될 것은 변하고, 변해야 할 것은 변하지 않고 있는 것처럼 보일 때가 있다. 다시 말하면 변함없이 항상 간직해야 할 '마음 비움'의 진리는 내던져 버리고, 그 대신 과거의 특정한 시대나 특정한 지역이 가지고 있었던 문화적 특수성 때문에 생긴 변해야 할 것들은 집요하게 붙들고 있는 듯한 인상을 준다. 이왕 말이 나왔으니 좀더 솔직하게 이야기하자. 왜 신도들이 종무행정에 참여하는 길을 제한하는가? 왜 비구니 스님들의 선거권과 피선거권을 제한하려 하는가? 개혁회의는 이에 대하여 이론적인 답변을 해야할 것이다. 지금 우리의 현실은 급박한 처지에 놓여 있다고 할 수밖에 없을 것이다. 비구·비구니·우바새·우바이라는 사부대중설四部大衆說을 팔부대중설八部大衆說로 바꿔서라도 온 종도들이 다 참여하여 기어코개혁의 꿈을 성취해야 할 것이다. 그런데 우바새와 우바이는 신도니까안 되고 비구니는 스님이지만 여자니까 안 되고 그러면 결국 어쩌자는 것인가? 비구 스님네들끼리만 무엇을 하시겠다는 말인가?

'신분이야 어떻든 신심만 있으면 된다. 경험 많고 지혜 있는 사람들이여, 모두 모여라. 우리 모두 함께 힘을 모아 종단을 재건하자!' 좀 이렇게나올 수는 없을까? 보배구슬의 비유는 우리들에게 이렇게 자유로울 수 있는 길을 가르쳐 주었건만 환자가 의사의 말을 들으려 하지 않으니 이 일을 어찌하면 좋단 말인가? 한국에서 가장 큰 기독교 교파인 장로교는 지난 9월에 여자도 목사가 되는 길을 열어놓았다. 미국 장로교는 자유롭기로 유명한데 이미 오래 전부터 여자를 차별하는 법을 폐지하여 그동안 교단행정의 최고 책임을 맡은 여걸들이 여러 명 나왔다. 물론 여자 때문에 기독교가 망했다는 말은 들은 적이 없다. 미국의 천주교는 지금 성차별의 벽을 깨려고 몸부림치고 있다. 악법폐지는 시간문제일 뿐이라고 한다.

우리 불교계도 이젠 과감하게 바뀌어야 할 때가 된 것 같다. 부처님은 일체중생이 모두 부처라고 가르치셨는데 우리 개혁회의는 무엇을 근거로 사람을 차별하려 하는지 모르겠다. 혹시 변해야 할 것이 변하지 않고 있는 경우는 아닌지 그것도 아니라면 이미 변해버린 것을 변하지 않은 것으로 착각하고 여전히 붙들고 있는 경우는 아닐지 모르겠다. 우리 모두 밝은 거울처럼 텅 빈 본래의 마음자리로 돌아가자!

『법보신문』 시평(2), 1994년 10월 24일

불교인의 윤리의식

퍽 오래된 일이다. 아마 강원도 어느 절에서 살인사건이 났던 바로 뒤의 일이었을 것이다. 한때 『불교신문』의 주필을 지낸 적이 있는 친구가 어떤 모임에서 이런 말을 했다. "스님들의 세계는 이해할 수가 없다. 보통사람들 같으면 치고받고 싸워야 할 판에 아무일도 없었던 것처럼 웃어넘겨 버리는가 하면 어떨 때는 대수롭지도 않은 일인데 살인이 나기도 하니 매우 혼란스럽다"고. 그의 발언은 좌중의 호응을 받는 것 같았다. 그러나 그 친구의 논리에는 숨길 수 없는 허구가 있었다. 싸울 일도 웃어넘기는 스님과 대수롭지 않은 일에 살인까지 하는 스님은 분명히 딴 스님일 터인데 어찌 모든 스님들이 다 그러는 것처럼 말할 수 있을 것인가? 아무튼 내 등에서는 식은땀이 났다. 그리고 속으로 혀를 찼다. 왜 저런 사람에게 불교신문의 주필 자리를 맡겼을까? 불교에 대한 믿음도 없고 불교를 공부한 적도 없는 사람을 사회적인 명사라는 이유 하나로 주필 자리를 맡기니까 결국 저런 소리나 하고 다니는 것 아닌가. 보조 스님의 계초심학인문誡初心學人文이 생각났다. "집안 일을 밖에 나가 말하지 말며……."

그런데 얼마 전에 나는 어느 학회에서 불교를 비판하는 말을 다시

들었다. 미국의 어느 대학에서 윤리학을 가르친다는 재미 한국인 교수가 '불교인의 윤리의식'을 문제삼고 나섰다. 그분의 주장은 두 가지로 요약할 수 있다.

첫째, 불교인에게는 해야 할 일과 해서는 안 될 일이 불분명하기 때문에 이들은 항상 오류를 범하기 쉽다.

둘째, 불교인들은 자기에게 이해관계가 없으면 해야 할 일도 안하고, 이해가 걸려 있으면 해서는 안 될 일도 태연히 할 수 있다.

그 윤리학 교수의 태도와 논조는 마치 준엄한 검사와도 같았다. 그러면서 그는 자기의 주장을 밑받침하는 증거로 현재 한국의 불교인들이 사회적인 차원의 민중·민족운동에 아주 미온적이라는 사실과 그 반대로 주지직 쟁탈전에는 살인극까지 벌인 사실을 들었다. 그의 결론은 불교인에게 윤리의식이 결여되어 있다는 것이었다. 옳든 그르든 한국의 불교인들이 남들의 눈에 윤리의식이 결여된 것으로 보였다는 것은 불행한 일이다.

불교인에게 윤리의식이 없다니? 말도 안 된다. 불경에 해야 할 일과 안 해야 할 일의 구별이 결여되었던가? 오히려 그 반대였다. 그렇다면 문제는 그 교수가 말하는 불교 윤리의식의 결여가 도대체 무엇인가를 밝히는 데 있을 것이다. 그의 논리적인 근거는 다음과 같았다.

불교인들은 입만 열면 '번뇌에 싸인 중생이 그대로 지혜로운 부처님'이라고 주장하니 그게 바로 없애야 할 악과 있어야 할 선의 구별이 없는 것 아니냐고. '번뇌가 곧 보리,' '예토가 곧 정토'니 하는 대승불교 특유의 '불이不二의 논리'를 '해야 할 일과 해서는 안 될 일의 구별을 무시하는 것'으로 그는 오해하고 있었다. 불이사상不二思想에 대한 사회

일반의 오해 또는 왜곡은 오늘날 한국 불교가 다루어야 할 큰 문제라고 생각한다.

1969년 미국으로 건너와서 내가 처음 들어간 학교는 댈러스 텍사스에 있는 남감리교 신학대학이었다. 나는 거기서 구약을 공부했다. 구약의 밑바닥에 깔린 무서운 비판정신을 보고 나는 나의 유교적인 윤리의식을 반성하지 않을 수 없었다. "집안 일을 밖에 나가 말하지 말라"는 계초심학인문의 분위기와 창조자의 입장에서 자기 집안의 모든 비행을 낱낱이 고발하는 구약의 분위기는 매우 대조적이었다. 자기 자신의 악에 대해서는 피눈물로 참회하는지 모르지만 사회 전체의 악에 대해서는 함구무언하는 소위 동양적인 풍토는 마침내 사회악을 방조하는 결과를 가져오게 했다는 것이 요즘 사회운동 하는 사람들의 공통된 주장이다. 불교인의 윤리의식이 개인적이고 관념적인 차원뿐만 아니라 사회적이고 행동적인 차원까지 포괄할 때 불교인들은 비로소 비불교인들의 오해와 비난을 면할 수 있을 것이다.

『법보신문』 시평(3), 1994년 11월 8일

불교인의 논리

"불교인에게 사회적인 차원의 윤리의식이 있느냐"는 질문이 제기될 때 항상 거론되는 문제가 있다. "과연 불교인의 논리는 어떤 것이냐?" 하는 것이다. 윤리와 논리는 서로 떨어질 수 없는 것이기 때문이다. 여기서 말하는 논리는 불교학자들이 전공하는 인도의 인명논리학이나 대승불교에서 말하는 불이不二의 논리를 말하는 것이 아니다. 일반 불교 신도들이 일상생활에서 쓰고 있는 논리다. 사람들은 불교인들의 논리가 여물지 못한 것을 못마땅하게 생각하고 있는 것이다. 혹자는 불교인들은 입만 열었다 하면 거창한 말들을 많이 하고 때로는 남들이 잘 알아들을 수 없는 말을 태연히 말한다고 한다. "마음은 허공과 같고, 일체중생이 나와 한 몸이며, 삶과 죽음은 둘이 아니고 깨끗한 것도 없고 더러운 것도 없다."

듣기만 해도 시원한 말일 것이다. 모든 차별이 다 사라진 경지를 추구하는 불교인들을 나무랄 사람은 없다. 그러나 문제는 그렇게 말하는 불교인들이 현실적으로 어떻게 살고 있느냐에 있다.

서양 사람들의 논리는 '은행창구의 논리'라는 말이 있다. 그들이 금전 앞에서 너무 무섭게 구는 것을 비꼬아 하는 말일 것이다. 은행창구에서는 항상 남의 것과 내 것의 구별이 분명하고, 얼마 주고 얼마 받는 것이 분명해야 한다. 이 점이 불분명하면 은행과 거래할 수 없다. 만일 불교인들이 은행창구에 가서 너와 나는 구별이 없고 주는 것이 곧 받는 것이고 받는 것이 곧 주는 것이라고 말하면 어떻게 될까? 다행히 우리는 그런 불교인이 있다는 말을 듣지 못했다.

그러나 '은행창구의 논리'가 불교인들의 기본적인 삶의 논리는 아니다. 불교인의 기본논리는 너와 나의 구별을 없애는 것이다. 그리고 불교인들은 무차별의 이상을 현실세계에서 행동으로 실천해 보여 주어야 한다. 만일 입으로는 무차별의 세계를 추구하면서 몸으로는 항상 차별만을 연출한다면 문제는 심각하다. 어느 종교에서나 제일 무서운 병이 겉 다르고 속 다른 병이다. 자기와 이해관계가 없을 때는 거창한 말들을 나열하여 초연한 자세를 취하고, 일단 이해관계가 맞서면 못할 짓이 없는 그 이중성이 종교를 세속의 논리보다 못한 위선의 덩어리로 만든다. '윤리의식의 결여와 논리의 부재'는 분명히 이러한 이중성을 비판하고 있다. 다시 말하면 겉 다르고 속 다른 이중성을 극복하기 위해서는 날카로운 윤리의식과 차돌처럼 단단한 논리가 선행되어야 한다는 것이다.

대승불교의 보살행이란 차별의 세계를 통해 무차별의 세계를 보여주는 좋은 본보기라고 할 수 있을 것이다. 우리의 과제는 이러한 보살행을 오늘의 현실에 구체화시킬 수 있는 논리를 개발하는 일이다. 불제자들은 부처님의 가르침 가운데 어느 하나도 뒤로 미룰 수 없지만, 그런 가운데에서도 구체적인 현실에서는 보다 더 급한 일이 없을 수 없다. 그러한 의미에서 '불교인들이 자신들의 논리부재를 극복하는 일'은 화급을 다투는 일이라고 말하지 않을 수 없다. 이랬다 저랬다 하는 '도깨비 논리'를 버리고 누구나 납득할 수 있는 '야무진 논리'를 다지는 일이 시급하다는 말이다. 흔히들 논리를 따지면 그것은 학자들이나 하는 일이고 큰 스님들은 안하는 일로 생각한다. 신도들도 따라서 논리를 문제 삼지 않게 된다. 그러나 석가모니 부처님에게 논리가 없었던가? 역사상 큰 일 하신 큰 스님들에게 논리가 없었던가? 모두가 한결같이 차돌 같은 논리를 전개하셨던 분들이라는 사실을 되새겨 보아야 할 것이다.

해야 할 일과 해서는 안 될 일의 구별이 불분명하고 옳은 일과 옳지 못한 일을 구별하는 기준이 모호할 때 그런 사회는 항상 부패와 타락의 길로 치달았다. 오늘날 불교인들이 윤리의식을 문제삼지 않고 논리의 부재를 한탄하지 않는 것은 잘못된 풍조다. 우리는 그런 잘못된 풍조가 가져올 결과에 대하여 진정 두려워할 줄 알아야 한다.

『법보신문』 시평(4), 1994년 11월 22일

교황의 불교이해

　지난 1월 22일, 미국의 주요 일간지인 『뉴욕 타임스』지는 가톨릭 교황이 스리랑카의 불교도들에게 망신을 당했다고 크게 보도했다. 세계의 평화를 위해 그리고 종교 간의 대화를 위해 올해 73세의 교황은 스리랑카를 방문, 불교계 지도자들과의 면담을 요청했다. 그러나 현지의 불교 지도자들은 이 회의 참석을 거부했다. 지난 1월 21일의 일이었다.

　스리랑카의 불교계 지도자들은 얼마 전에도 교황의 불교이해에 대해서 큰 우려를 표명한 적이 있었다. 교황은 지난해에 자신의 믿음과 소망을 밝힌 한 권의 책을 출판하였다. *Crossing the Threshold of Hope*(소망의 실천)란 제목으로 영역된 이 책은 지금 미국에서 베스트셀러다. 이 책에서 교황은 '불교가 이 세상을 악으로 보고 있으며, 불교인들의 궁극적인 수행목표인 열반은 이 세상에 대해서 완전 무관심 (perfect indifference)의 상태로 되는 것'이라고 말했다. 일체중생을 맹세코 제도하겠다고 서원한 불교인들이 세계적인 종교지도자로부터 이런 오해를 받고도 가만히 있었다면 그게 오히려 이상한 일일 것이다. 더구나 항상 사회와 함께 사는 남방의 불교승려들에게 교황의 발언은 일종의 모독이었음에 틀림없다.

그의 불교론은 요즘 서구 기독교인들 가운데에 불교를 좋아하는 사람들이 의외로 많다는 사실에 대한 교황으로서의 심각한 우려에서 출발하고 있다. 따라서 그는 이 책에서 불교와 기독교를 비교하면서 결국 양자는 크게 다르다는 것을 소리 높여 강조하고 있다. 교황이 자신의 신앙을 솔직하게 피력한 것까지는 좋았다. 그리고 자기가 믿는 종교의 진정한 가치를 드러내려고 애쓴 것도 이해할 수 있다. 그러나 문제는 교황이 불교와 기독교를 비교하는 과정에서 생겨났다. 무슨 비교든 비교를 하려면 두 가지를 똑같이 잘 알아야 한다는 것은 유치원 아이들도 잘 아는 원칙이다. 그런데 교황은 이 원칙을 깜박 잊어버렸던 것 같다. 한 마디로 교황의 불교이해는 수준 이하였다.

교황은 불교에 대해서 잘 모르고 불교 공부도 전혀 안한 것이 분명하다. 준비도 안 된 상태에서 그는 불교를 자기의 종교와 비교하고 또 성급한 결론을 내린 것 같다. 일종의 연구방법론상의 오류를 범한 셈이다. 이러한 오류의 결과는 오해와 왜곡으로 이어지기 마련이다. 인간관계에서 오해만큼 고약한 것도 없다. 오해하는 사람과 오해받는 사람의 관계는 항상 나쁘기 마련이다. 오해는 종종 사람들을 살육의 수라장으로 몰고 간다. 그런데 항상 인류의 평화를 갈망하고 종교 간의 대화를 위해 애쓴다는 교황이 불교를 이렇게까지 오해하고 있었다는 사실은 정말 믿기도 힘들고 이해하기도 힘든 일이다.

교황이 정말 종교 간의 대화를 갈망했다면 자기 종교에 대한 이해를 심화시킨 만큼 타 종교에 대한 이해도 심화시켰어야 했다. 아쇼카 왕 때의 인도 문화, 중국의 당 문화, 한국의 신라 문화, 일본의 나라 문화는 각각 그 나라에서 가장 찬란한 문화였다. 그리고 이런 문화들은 모두가 한결같이 불교문화였다. 만일 교황의 불교 공부가 이 정도로까지만 심화되었더라면 그는 불교에 대해서 그렇게 말할 수 없었을 것이다. 혹시 그것을 알고도 그렇게 말했다면 그 저의를 의심해 보지 않을 수 없다. 불교는 항상 사바세계가 곧 극락세계요 일체중생이 모두 부처님이라고 가르치면서 이 세상에서 중생을 위해 봉사하고 이 세상에 극락정토를 구현하라고 했다. 오늘날 불교인들이 과연 그렇게 살고 있는가의 문제는 따로 다루어야 한다. 교황이 만일 이러한 사정을 잘 알고 있었다면 결코 그렇게 말하지 않았을 것이다.

교황은 지금까지 세상의 존경을 받아 왔다. 그의 한마디 한마디는 사람들에게 커다란 영향을 미쳤다. 그를 평화의 사도로 믿었기 때문이다. 그러나 이제 교황 한 사람의 잘못된 불교 이해 때문에 이 세상의 많은 사람들이 불교를 오해하게 된다면 이 잘못은 누가 바로잡을 것인가? 우선 교황 자신부터 바로 잡는다면 가장 이상적일 것이다. 문제는 어떻게 하는가에 있다. 스리랑카 정부의 문화와 종교를 관장하는 장관은 불교 지도자들의 무례를 나무랐다고 전하지만 그것은 국가 간의 외교적인 차원에서 하는 말일 것이다. 우리는 교황이 진정 평화의 사도 노릇을 계속해 주기를 바라는 의미에서도 그의 반성과 자각을 촉구하며 즉각적인 시정을 요구하고 나서야 할 것이다.

1995년 2월 2일

세계화의 과제

세계화의 바람이 거세게 불어오고 있다. 민족이나 국가를 앞세울 때보다 뭔가 앞서 가는 것 같아서 흐뭇한 느낌도 들지만 동시에 어쩐지 불안한 느낌이 드는 것도 사실이다.

첫째, 세계화의 주역이 누구인지 불분명하다. 세계화는 누가 가져다 주는 것이 아니고 국민들이 애써서 만들어 가야 하는 것임에도 불구하고 이런 작업의 주인공인 우리 국민들이 세계화가 무슨 말인지도 잘 모른다는 사실은 우리를 불안하게 만든다.

둘째, 세계화의 원리와 방법이 뚜렷이 제시되어 있지 않다. 그 한 예를 지역종교에서 당당한 세계종교로 성장한 불교에서 보자. 불교는 세계종교가 될 수 있는 원리를 가지고 있었다. 무아無我(나 없음)의 진리를 깨닫고 무소유無所有(아무것도 가지지 않음)를 실천하는 것이 그것이었다.

지금 한국에서 일어나고 있는 세계화 바람은 관官이 주도하는 바람이다. 관은 항상 국가를 전제로 하며, 국가는 철두철미 이익을 추구하는 집단이다. 간혹 국가라는 이름으로 잔인하고 무도한 짓이 주저없이 자행되는 것도 국가가 지니는 이러한 이익추구집단적인 성격에서 비롯된 것이다. 그래서 국가를 악의 상징처럼 매도하는 사람들도 있다. 그런데 그런 관(官)이 세계화를 부르짖고 나왔다. 국가이익 추구의 구호로 오해받을 수 있다.

세계화라는 말이 나쁜 말이 아니라는 것은 누구나 인정할 것이다. 막힌 말이 아니라 트인 말이고, 어두운 말이 아니라 밝은 말이며, 소극적이거나 파괴적인 말이 아니라 적극적이고 건설적인 말이라는 것을 부정할 사람은 없다. 사실 세계화란 말은 사람들의 꿈나무 노릇을 충분히 할 수 있는 말이다. 그래서인지 우리 국민들은 지금 세계화가 무엇인지도 잘 모르면서 세계화를 지지하고 있는 것 같다. 그러나 우리의 세계화가 실현되려면 먼저 몇 가지 짚고 넘어가야 할 것이 있다.

첫째, 국민이 깨어나야겠다. 세계화가 된다 하여 갑자기 뭐가 크게 변한다고 생각해서는 안 된다. 어렸을 때부터 영어를 배우는 것이 세계화라면 영어권 사람들은 이미 다 세계화되어 있다는 말인가? 웃기는 이야기다. 둘째, 국민이 깨어나기까지 관이 앞장서지 않을 수 없다면 우리의 관은 종래의 관이 아님을 만천하에 밝혀야 할 것이다. 다시 말하면 관은 자국의 이익을 추구하기 위해 타국의 이익을 침해하는 종래의 관이어서는 안 된다. 그러므로 이웃나라들과 화목하게 함께 사는 이론을 개발하는 일이 시급하다. 경제제일주의에 입각하여, 무한경쟁 운운하면서 세계화를 내세우면 그런 세계화는 구태의연한 침략주의의 한 변형으로밖엔 보이지 않는다. 그런 세계화는 개념의 자기모순 때문에 성공할 수 없다.

마지막으로 우리의 세계화가 정치 또는 경제 일변도의 세계화가 아니라 문화적인 세계화이기를 바란다. 세계 각국의 다른 문화들을 모두

다 잘 받아들여 소화하면서 우리의 문화를 세계 각국에 잘 소개하는 일은 세계화의 백미라고 말해도 좋을 것이다. 이리하여 상호간의 차이를 인정하고 서로 서로 존중하면서 여러 나라들이 화목하게 함께 사는 것이 세계화의 참다운 모습이 아닐까 생각한다. 세계의 여러 나라들과 함께 잘 살자는 세계화를 바랄 뿐, 다른 나라야 망하든 말든 우리나라만 잘 되면 그만이라는 식의 세계화를 바라지 않는다. 솔직히 부끄럽게도 우리나라는 이제까지 피를 나눈 동포하고도 함께 살지 못하고 있다. 남북이 함께 잘 사는 길을 모색하는 일은 세계화 작업의 첫 시험이 될 수도 있다. 우리는 지난날의 잘잘못을 따지지 말고 세계화를 지향하는 시민답게 어려운 문제를 하나하나 풀어 나가야 할 것이다.

1995년 3월 8일

생명

몇 해 전에 서울대학병원에서 일어났던 일이라고 한다. 신장이 나쁜 아버지에게 자기의 신장 하나를 떼어주기 위해 딸이 입원을 했다. 그런데 그 딸이 수술을 앞두고 밤중 내내 울더라는 것이다. 그리고 지나가는 간호사나 의사를 붙들고 하소연을 했다. '정말 괜찮겠느냐?'고. 신장 하나를 떼어준 다음에도 자기가 과연 무사할지 불안했던 것이다.

나는 이 이야기를 듣는 순간, 뒤통수를 한 대 얻어맞은 것 같은 충격을 받았다. 그동안 아름다운 이야기를 너무나 많이 들은 탓인지 이젠 아무리 좋은 이야기를 들어도 별 감동을 받지 않는다. 일종의 미담불감증美談不感症에 걸린 것 같다. 그런데 어찌된 일인지 이번에 들은 이 딸의 이야기가 오히려 나를 뒤흔들어 놓았다. 그리고 이제까지 남을 위해 자기의 장기를 기증한 그 수많은 아름다운 이야기들은 오히려 이 숨김없는 이야기 앞에 빛을 잃고 마는 것 같았다.

왜 이 이야기가 나를 이토록 엄숙하게 만드는가? 그 이유는 간단하다. 그동안 신문에 보도된 아름다운 이야기보다도 이 딸의 이야기가 '인생의 솔직한 모습'을 더 잘 보여주었고 나로 하여금 '생명이 무엇인가'를 더 깊이 생각하게 해주었기 때문이다. 생명은 물건이 아니다. 생명이란 주고 싶다고 선뜻 내줄 수 있는 물건이 아니라는 말이다. 그렇거늘 왜 요즘 자기의 생명을 선선히 내주는 사람들이 그리도 많은가. 과연 성자의 시대가 도래했는가? 아니면, 이야기를 전하는 사람들이 과장을 했는가? 그것도 아니라면, 모두들 종교적인 최면에 걸렸기 때문인가? 최면 상태에서 하는 일이란 아무리 잘한 일이라도 진정한 의미의 좋은 일은 아닐 것이다. 설사 좋은 일을 못하더라도 또렷또렷한 자기 정신으로 인생을 살아야 거기에 희망이 있다고 생각한다. 제 정신으로 살다가 실수도 하고, 넘어지고, 깨지고, 얻어터지고, 고민하고, 몸부림치다가 마침내 사람은 깨치게 되는 것이리라 믿는다. 어떤 형태로든 제 정신 놓고 하는 짓에 우리는 큰 박수를 보낼 수 없다. 거기에는 고민이 없고 깨침이 없기 때문이다.

종교인들은 일반적으로 좋은 말도 잘하고 좋은 일도 많이 한다. 그러나 그 좋은 일들을 하기까지의 과정이 신장을 떼어내 주는 딸만큼 충실했는지는 의심스럽다. 은행에 돈도 넣어놓지 않고서 마구 수표를 끊어주는 것 같은 불안감이라 할까, 마치 수학문제를 풀 때 답은 맞았는데 그 답이 나오기까지의 수식이 틀려 있는 것 같은 불안감을 떨쳐 버릴 수가 없다. 쓰기 어려운 말들을 너무 쉽게 쓰는 종교인들, 하기 어려운 일들을 너무 쉽게 잘하는 종교인들에게 이 딸은 큰 법문을 한 것 같다.

자기의 장기를 내주기 전에 온 밤을 울음으로 지샜다는 이 딸의 이야기가 더 큰 감동으로 다가오는 것은 그 딸의 효행 과정에 조작이 없고 속임수가 없기 때문일 것이다. 얼핏 보기에 수준 높은 가짜들이 하지 못하는 일들을 평범한 보통 사람들이 해내는 경우를 우리는 종종 볼 수 있다. 애써서 번 돈을 은행에다 넣어놓고 수표를 한장 한장 조심스럽게 쓰는 보통 사람들처럼, 종교인들도 말을 한마디 한마디 조심스럽게 해야 할 것 같다. 수학문제를 푸는 학생들이 먼저 문제가 무엇인지를 똑바로 이해하고 차근차근 수식을 풀어가는 것처럼 우리 종교인들도 그렇게 차분하고 진실하게 인생을 살아가야겠다. 밤중 내내 우는 딸을 보고 누가 감히 이러쿵저러쿵 입을 열 수 있을까? 누가 감히 이 딸을 불효자식이라 욕할 수 있을까? 나는 이 딸이 마침내 자기의 장기로 아버지를 살려냈으리라 믿는다.

사랑도 희생도 용서도 인욕도 모두 생명이 하는 일이지 지식이 하는 일은 아니다. 지식으로 그런 일을 하는 사람이 없지 않지만 그것은 생명이 하는 것보다 값이 덜 나갈 것 같다. 잘 나가다가 중도에 그만두기 일쑤일 것 같고 겉다르고 속다른 위선이나 술수이기가 쉬울 것 같다.

나는 근 40년을 교단에 서서 남에게서 배운 좋은 말들을 너무도 쉽게 써 왔다. 마치 그 말이 모두 내 말인 것처럼……. 가끔 학생들이 묻는다. "선생님도 깨치셨습니까?" 곤혹스런 질문이었다. 나는 그 질문을 구경각究竟覺을 성취했느냐는 말로 받아들여 "그렇지 못하다"고 답했다. 지금 생각해 보니 그것은 동문서답이었던 것 같다. 학생들의 질문은 좀더 현실적이고 그런 의미에서 더 날카로웠던 것 같다. 선생님이 자비를 말씀하시고 희생을 말씀하시는데 선생님은 과연 정말로 남을 위해 자기 자신을 희생해 본 경험이 있느냐는 물음이었음에 틀림 없다. 자기의 장기를 내주기로 결심한 다음 생명에 대한 불안 때문에 밤중 내내 울어 본 일이 있느냐고 묻는 것은 그 어떤 질문보다 더 현실적이고 또한 예리한 질문이라고 생각한다.

1995년 3월 25일

강 박사님에게

　원효소元曉疏를 영역英譯하다가 문득 강 박사님 생각이 나서 펜을 들었습니다. 사람으로 하여금 사람노릇 못 하게끔 강요하고 있는 이 각박한 자본주의적 비인간화(산업사회적 기계화)의 거센 물결 속에서 내가 인간임을 자각하고 이 거센 물결을 인간적인 물결로 승화(전환)해야 할 불교인의 사명은 실로 중차대하다고 생각됩니다. 우리 함께 이 중차대한 사명의 완수에 총력을 기울입시다. 그러하면 우리는 결코 외롭지 않을 것이고, 마침내 우리는 승리할 것입니다. 그리고 반드시 승리해야 합니다. 만일 우리들이 승리를 포기한다면, 우리는 역사의 죄인이 되고 맙니다. 헐벗고 굶주리면서 계속 비극적 수난만을 꼼짝없이 마치 소낙비 맞듯 일방적으로 당해 온 중생들을 외면한다면 우리는 이미 불교인도 아니고 인간도 아닙니다. 우리들이 여기서 승리를 다짐하는 것은 불교도들의 최대 최상급의 대서원인 중생무변서원도衆生無邊誓願度를 역사적 현장에서 다시 다짐하는 것 밖에 아무것도 아닙니다.

　원효소를 뒤적이면서 계속 생각합니다. 내가 지금 하고 있는 이 원효소 영역과 내가 이 지상에 살아 있는 동안 해야 할 역사적 사명의 완수와 무슨 상관관계가 있는가 하고……. 마명馬鳴과 원효는 불교적 이상을 제시한 설계자들이었습니다. 지금 우리는 그들의 설계도가 잘 되어 있음을 알고 감탄하고 있습니다. 그러나 감탄만으로 그쳐서는 안 될 것 같습니다. 설계도의 궁극적인 목표는 그것에 의한 건축물이 실지로 건축되는 데 있다고 생각합니다. 그리하여 그 속에서 일체중생이 재미있게 살고 있는 것을 볼 때 비로소 원효는 미소지을 것입니다. 그러므로 원효가 청사진을 그린 설계자라면 우리는 이를 실지로 건립하는 건축가가 되어야 합니다. 우리는 모두 선배들의 꿈[靑寫眞, 設計圖]을 실현하는 건축가이면서, 건축물의 이용자이면서, 또한 동시에 앞으로 우리의 후배들이 실현해야 할 꿈의 설계자여야 합니다. 하나의 설계도(가령 원효소)가 영원히 하나의 설계도로서만 도서관이나 학자들의 책장 속에 갇혀 사장되어 버린다면, 그런 설계도는 실패작에 불과합니다.

　이제까지 원효의 해동소는 이름만 유명했지 실지는 사장되어 온 거나 다름이 없습니다. 성락훈成樂熏 씨 번역이나 이기영 씨의 번역도 그 사장될 운명을 단지 조금 연장시키는 데에 공헌했을 뿐입니다. 그런 설계도로 어느 누가 건물을 지을 수 있겠습니까? 아예 공사를 시작할 수도 없습니다. 그들이 원효의 설계도를 제대로 그려내지 못했기 때문입니다. 나는 골똘히 원효의 설계도에 따라 건물을 짓기 위해 공사를 시작할 계획을 세워 보았습니다. 그 때 당면한 첫째 문제가 설계도를 다시 그려야 한다는 것이었습니다. 원효의 설계도는 이제까지의 동양적인 스타일이 모두 그렇듯이 너무나 생략 부분이 많고, 때로는 중복 부분도 있어서 실지로 공사를 시작할 사람에게는 미완성의 면, 조루粗漏한 면이 하나둘이 아니었습니다. 원효의 설계도가 천 몇 백 년이 넘도록 특수한 사람들(승려나 학자들)의 전유물로 사장될 수밖에 없었던 결정적인 결

1980년대 서울에서의 필자

함은 원효소 자체 속에 있었습니다. 그것은 자기 설계도가 실지로 쓰일 때의 (다시 말하면 자기의 설계도에 따라 실지로 공사가 시작되려 할 때의) 구체적인 문제들에 대한 배려가 전혀 되어 있지 않았습니다. 가령, 어느 곳에다 지을 것인가? 건물이 완성된 다음 어떤 사람들이 어떻게 살 것인가? 하는 등등의 역사적, 사회적인 배려가 전혀 되어 있지 않습니다. 원효의 꿈은 이상세계, 이상사회의 건설입니다. 그러므로 정치와 경제까지 포함한 역사와 사회에 대한 투철한 안목이 더해지지 않는 한, 원효의 설계도에 의거한 건물을 건립할 시공 장소는 찾을 수 없습니다. 설계도는 훌륭한 것 같은데 불분명한 곳이 너무 많고 우선 시공 장소를 찾을 수 없었다는 것이 원효의 설계도가 사장될 수밖에 없었던 근본 원인이었다고 하겠습니다.

그러므로 우리 원효 전공자들은 그의 소疏 가운데의 생략 부분을 보충해 넣고, 중복 부분을 빼내고, 미완성한 면, 조루한 부분을 보충하고 빠져 있는 역사적 사회적인 면을 보충해야 할 것입니다. 설계상의 이러한 단점들은 시정하지 않은 채 그대로 두는 것은 원효의 꿈을 우리가 살고 있는 현실에 실현시키는 데에는 관심이 없는 사람들에게서 항상 발견되는 공통된 병폐입니다. 여지껏 그들의 관심사는 설계도만 소중하게 오래 오래 간직하는 데 있었습니다. 그래도 그런 사람들 덕택에 우리가 설계도를 만날 수도 있었으니까 전혀 무의미한 일은 아니지요. 그러나 거기에 그쳐서는 안 됩니다. 그러면 원효에게 너무 미안하고 죄송스럽지 않겠습니까? 그리고 더 큰 미안과 죄송은 중생을 외면했다는 데에 있습니다. 중생 덕에 살아와 놓고 중생을 외면한다는 것은 배신이요 배반입니다. 강 박사님의 의중을 알고 싶습니다. 동지를 그리워하면서.

1986년 1월 30일
박 성 배 올림

민도

2004년 11월 2일에 치른 미국의 대통령 선거는 우리들로 하여금 많은 것을 생각하게 해주었다. 전쟁을 싫어하는 사람들은 부시 대통령의 재선을 바라지 않았다. '부시 당선'이라는 선거 결과를 보고 그들은 미국 국민의 민도民度를 한탄했다. 민도가 낮으면 옳고 그름도 문제되지 않고 참과 거짓도 드러나지 않는다고 질타했다. 그릇된 것을 옳은 것처럼 꾸미고 거짓을 참인 것처럼 꾸며도 아무런 분노가 없는 사람들, 이들에게 문제되는 것은 자기의 이익뿐이다. 민도가 낮은 것이다. 민도가 낮으면 아무리 고함을 쳐도 소용이 없다. 신문·잡지·TV·라디오를 통해서 선거에 관한 여러 가지 분석 기사들이 봇물 터지듯 끝없이 흘러나오지만 이들은 그런 것에 귀를 기울이지 않는다. 설사 귀를 기울인다 해도 그리고 그 뜻까지도 잘 알아듣는다 해도 마지막엔 못된 소리에 맞장구를 친다. 도대체 왜 그럴까? 양쪽 말을 글자 하나 틀리지 않게 공정하게 다 옮기면서도 마지막엔 못된 쪽에 편을 드는 것은 '자기 이익'을 위하는 것이 최고의 가치이기 때문이리라.

자기 이익만을 노리면 이기주의로 몰린다. 이기주의는 동서고금을 막론하고 인간 사회를 파괴하는 인류 공동의 적으로 낙인 찍혀 왔다.

그러므로 이기주의자일수록 사회를 위해 자기를 희생하는 사람처럼 꾸민다. 나를 희생하고 남을 위해 일하는 사람들을 성자라 한다. 그래서 종교마다 성인전聖人傳을 많이 내놓았다. 우리 종교야말로 남을 위해 일하는 진정한 종교임을 증명하기 위해서다. 그러나 성인전(Hagio-graphy)을 연구하는 학자들의 보고를 따르면 어느 종교의 성인전을 막론하고 그 속에는 유령 성인들이 수두룩하다는 것이다. 일종의 이기주의 병균이 거기까지 침범해 들어간 것이다. 한때 비판적인 젊은 신학자들은 자기 교회만을 위하는 이기적인 현상을 바로잡기 위해서 '개교회주의'라는 비판적인 말을 썼다. 이러한 자가비판적인 풍조는 곧 유대교·회교·불교 등 다른 종교로 전파하여 '개사원주의個寺院主義라는 말이 등장했다. 이기利己의 기己를 교회나 사원으로 바꾼 것이다. 현대의 이기주의는 집단화 되어 있다는 데에 그 특징이 있는 것 같다. 앞이 보이지 않는 이라크 전쟁과 중동 사태를 볼 때마다 자기의 종교를 위하고 자기의 국가와 민족을 위한다는 말의 이면을 보는 것 같다.

어떻게 해야 인류사회에서 이기주의를 발본색원할 수 있을까? 어떻게 해야 한 나라의 민도를 높일 수 있을까? 다시 한 번 '사람'을 문제 삼아야 할 것 같다. '사람됨'의 문제는 인류의 영원한 화두가 아닌가 싶다. 어떻게 되어야 올바로 된 사람일까. 가령 어떤 사람이 아는 것도 많고 행동거지도 얌전하여 주위의 존경을 한 몸에 받는다고 치자. 그런데 가만히 보면 그런 사람이 마지막엔 사람 살리는 일에는 동참하지 않고 사람 죽이는 일에 동참하는 경우를 본다. 세계 제2차 대전 때 독일의 유명한 철학자인 하이데거는 독재자 히틀러를 도왔고, 일본의 경우, 많은 학자들이 일제의 침략정책을 지지했다. 그 비슷한 사람들은 지금 우리의 주변에도 많다. 그런 사람들의 입에서는 동서고금의 좋은 말들이 항상 쏟아져 나온다. 예수님 말씀, 부처님 말씀이 수시로 인용된다. 그래서 사람들은 그런 사람들을 존경한다. 그런데 세상의 존경을 받는 바로 그 사람들이 마지막엔 사람들을 살리는 편에 서지 않고 사람들을 죽이는 편에 선다. 어찌된 일일까? 이런 것을 보면 오늘날의 교육을 다시 한 번 문제 삼지 않을 수 없다. 세상에 좋은 책은 모두 다 읽었고, 그래서 온갖 좋은 지식을 다 가지고 있다 한들 무엇에 쓰랴. 사람됨이 잘못되어 있으면 아무짝에도 소용없는 게 아닌가 하는 생각이 든다. 나라의 민도가 낮은 것은 사람들이 가난하기 때문도 아니요, 고등교육을 받지 못했기 때문도 아닐 것이다. 결국 자기 이익밖엔 챙길 줄 모르는 '소인 근성'을 가진 사람들이 날뛰는 세상, 이것이 문제인 것 같다.

사람의 죽음

"사람은 죽을 때 그 값이 매겨진다"고 한다. 일생을 깨끗하게 살았던 사람도 마지막에 추하게 죽으면 그 사람은 추한 사람이 되어 버리고, 반대로 일생을 더럽게 살다가도 마지막에 살신성인殺身成仁의 선행을 하면 역사에 길이 남는다. 그러나 평생 나쁜 짓만 하다가 죽음을 앞두고 선인을 가장하는 경우나, 주변의 가까운 사람들이 망자를 돋보이게 하기 위해서 사실을 과장 또는 왜곡하는 경우는 커다란 폐단이 아닐 수 없다. 불행히도 종교계는 양의 동서를 막론하고 이러한 비난에서 자유롭지 못하다. 가령 자기들이 신봉하는 종교의 지도자가 죽을 때 아무런 기적도 나타내지 않고 죽어버릴까 봐 어쩔 줄 모르는 현상이라든지, 하다못해 유골에서 사리舍利라도 나와야 도인이라고 생각하는 일부 불교인들의 사리소동 등은 사실 종교의 본질과는 거리가 먼 일들이다. 그러나 일단 이러한 잘못된 사고방식에 물들면 그 파장은 의외로 심각하다. 자기들의 스승을 성자로 만들기 위해서라면 없었던 일도 태연히 조작해 내는 집단이기주의적 탐심이 밉다. 이것도 일종의 역사 왜곡이다.

지난 해 6월 초에 미국의 대통령을 지낸 로널드 레이건(1911~2004)

이 죽었다. 오랫동안 치매를 앓다가 세상을 떠났다. 부시 대통령은 국비를 아까워하지 않고 군주시대의 국장을 방불케 하는 거창한 장례식을 거행하도록 했다. 레이건이야말로 워싱턴이나 링컨과 같은 위대한 대통령이었다고 부시는 찬사를 아끼지 않았다. 그러나 비판적인 지성인들의 눈길은 차가웠다. 극우적 신보수주의를 표방하는 레이거니즘(Reaganism)을 널리 퍼뜨려 자기의 재선을 획책하고 있다고 꼬집는 사람도 있었다. 이러나저러나 죽은 자의 운명은 항상 산 자의 손에 달려 있다. 진정 죽음이 무엇인가는 죽은 자만이 안다. 그러나 죽은 자는 말이 없다. 오직 산 자들만이 잔꾀를 부리고 있다. 무슨 영문인지도 모르고 덩달아 춤을 추는 우중愚衆이 불쌍하다.

대학생 시절, 나는 오대산 월정사에서 탄허 큰 스님의 법문을 듣고 큰 감동을 받았다. 큰 스님은 보조국사 지눌知訥(1158~1210) 스님의 열반이야말로 생사자재生死自在의 가장 멋진 장면이라고 말씀하셨다. "보조국사는 열반하시던 날 아침, 목욕재계하고 사내 대중을 모두 모이게 한 다음, 생을 마감하는 최후의 법문을 하셨다. 법문을 마치신 스님은 그 자리에서 앉은 자세로 숨을 거두셨다." 장내는 엄숙해지고 청중은 모두 감격과 환희에 차있었다. "나도 그렇게 죽어야지" 하는 충동이 저절로 우러나왔었다.

『현대불교신문』 2005년

몸과 몸짓의 논리

　제2차 세계대전 전에 베이징 대학에서 활약했던 탕융퉁(T'ang Yung-t'ung) 교수는 '체용논리体用論理'의 중요성을 강조하면서, "동양 철학에 일관된 논리가 있다면 그것은 다름 아닌 체용의 논리"라고 말하였다. 그의 발언은 그 당시에 많은 동양학자들의 주목을 끌었다. 그러나 그 후, 일본 교토 대학의 시마타 겐지島田虔次 교수는 체용의 논리를 '순환 논리'에 불과하다며 호되게 비판했다. 동양이 서양에 뒤떨어진 것도 체용의 논리 때문이라고 그는 열을 올렸다. 이름난 학자의 이러한 비판은 체용 연구의 열기를 냉각시키는데 크게 한몫 했다. 1980년대의 일이었던가, 나는 우연히 미국 스탠퍼드 대학에서 불교를 가르치는 칼 빌라펠트 교수에게 "당신은 체용의 논리를 어떻게 가르치느냐"고 물어 보았다. "나는 학생들에게 체용을 가르치지 않는다"고 했다. 체용의 논리는 학생들에게 또 하나의 혼란을 안겨주는 것 이외의 아무것도 아니기 때문이란다. 이들은 왜 체용을 이렇듯 깎아 내렸을까? 그들은 혹시 체용의 '체體' 즉 '몸'을 잘못 이해하고 있었는지 모르겠다. 체용을 말할 때 '체'를 어떻게 이해하느냐에 따라 체용 논리의 내용과 방향은 천양지판으로 달라진다.

몸이 없는 사람은 없다. 사람이면 누구나 가지고 있는 '몸'이건만 이 '몸'을 제대로 이해하고 있는 사람은 의외로 드물다. 몸을 잘 알고 있다고 자처하는 사람들도 몸에 대한 말만 알고 있을 뿐, 대개는 몸을 하나의 몸짓 정도로 이해하는 경우가 많다. 이것이 다름 아닌 '몸짓을 몸으로 착각하는 오류'다. 불교의 '몸 이해'는 『반야심경』에 잘 나타나 있다. "색즉시공色卽是空 공즉시색空卽是色"이라는 반야심경의 말씀 이상으로 우리의 몸을 제대로 짚은 글도 드물 것이다. 그래서 『금강경』은 눈과 귀로 부처님을 보려 하면 사도邪道에 빠진다고 질타했다. 우리는 여기서 무엇이 질타의 대상인가를 똑바로 보아야 한다. 한 마디로 우리의 눈과 귀가 만든 감옥 속에 불법을 가두지 말라는 거다. 우리는 자기가 만든 이 감옥을 부수고 감옥살이를 청산해야 한다. 감옥살이란 몸짓으로 몸을 규정하는 알음알이의 장난질이다. 몸을 바로 보는 것이 여래를 보는 것이다.

왜 사람들은 자기의 몸 하나도 제대로 못 보는가? 보고 듣는 것에 집착하기 때문이다. 약은 『반야심경』의 공空 도리를 바로 아는 일이다.

'공'은 곧 연기緣起니까 문제는 우리들이 '몸의 연기성'을 똑바로 보는 데 있다. 연기성이란 무자성無自性을 의미한다. 무자성의 세계는 순간순간 무한히 변화하고 있는 것이기 때문에 거기서는 모든 것이 '하나'면서 동시에 '모두'라는 일즉일체一卽一切의 구조를 이룬다. 그래서 몸은 곧 마음이라고 말한다. 그러나 마음은 곧잘 임금이 되고 싶어하지만 몸은 그 따위 천박한 짓을 하지 않는다. 그동안 불교는 마음 찬양 일변도로 흘러가 버렸다. 그래서 몸의 중요성을 간과했고 결국 몸과 마음에 대한 가지가지의 오해와 왜곡을 불러일으켰다.

1960년대에 봉은사 구도부 학생들과 도선사에서. 중앙이 필자, 오른쪽은 서경수 교수

내가 '체용의 논리'를 처음 만난 것은 6·25전쟁 때, 시골로 내려가 유교서당에서 주자朱子의 사서집주四書集註를 공부할 때였다. 그러나 그땐 "서자서 아자아"書自書我自我(글은 글대로 나는 나대로) 시절이라 주자의 체용의 논리가 마음에 와 닿지 않았다. 그러다가 동국대학교의 불전 강의시간에 "요즘엔 체용을 바로 땔[打] 줄 아는 사람이 드물다"는 김영수金英遂 선생님의 한탄에 귀가 번쩍 뜨였다. "체용을 바로 땔 줄 안다"는 게 뭘까? 체용의 구조가 새삼스럽게 궁금해지기 시작했다. 1960년대에 들어서서 뚝섬 봉은사에 대학생수도원을 만들고 학생들 10여 명과 함께 살 때, 내 일생 최초의 뜨거운 맛을 보았다. 주경야독처럼, 낮에는 대학 생활, 밤에는 사원 생활이라는 두 가지 생활을 한 몸으로 여법하게 한다는 것이 예상외로 어려웠다. 만신창이가 되어 문경 김용사로 성철 스님을 찾아갔다. 우리의 어려움을 다 들으신 큰 스님의 진단은 간단했다. "관심이 용用에 쏠려 있구나!" 아침저녁으로 보현행원품을 독송하고 보현행을 한다고 야단이지만 진

작 중요한 보현보살이 될 생각은 없고 보현보살의 몸짓만 흉내 내고 있으니 어렵지 않겠느냐는 것이었다. 여기서 내 관심은 다시 몸짓보다는 몸을 찾는 데로 돌아서게 되었다. 이리하여 나는 몸의 소중함을 강조하게 되었고, 몸이 무엇인지도 모르고 몸짓에 넋빠진 세태를 비판하게 되었다. "체용을 제대로 따질 줄 아는 사람이 드물다"는 김영수 선생님의 한탄이 날이 갈수록 새삼스러워진다.

미국의 대학생들은 희한한 질문을 곧잘 한다. 『금강경』을 강의하는 시간에 '뗏목의 비유'筏喩를 공부하고 나서 한다는 말이 이렇다. "뗏목을 버리면 안 되지요. 요 다음에 다른 사람이 쓰도록 보관해야지요." 이 말에 진지한 표정으로 고개를 끄덕이는 학생들도 없지 않다. 『금강경』이 가르치는 '버림'捨의 참뜻을 왜 이다지도 못 잡을까? 이른바 '말의 낙처落處'를 못 본 것이다. '몸과 몸짓의 논리'를 가르치면서도 비슷한 어려움을 겪는다. 몸과 몸짓이란 말은 일종의 비유譬喩다. 『대승기신론』에 나오는 '물과 물결의 비유'水波之喩와 그 성격이 비슷하다. 동서를 막론하고 종교문헌에 자주 나오는 비유의 상징적인 성격을 바로 볼 줄 모르면 대화는 하나마나다.

종교의 현장은 우리 삶 자체다. 삶은 유연하고 미묘하다. 그리고 광대무변하다. 그러나 말은 그렇질 못하다. 너무나도 커다란 '삶'을 극히 작은 '말'의 틀에다 억지로 구겨넣으려 하면 무리가 생긴다. 장삿속이 앞선 은행의 창구나 법정의 공판장에서라면 몰라도 사랑과 보살핌이 앞선 가까운 사람들끼리는 항상 말보다는 삶이 앞선다. 그래서 우리는 가까운 사람들과 함께 있고 싶어한다. '삶의 논리'가 '은행창구의 논리'와 다를 수밖에 없는 이유가 여기에 있다. 종교의 궁극적인 목적은

사사키 佐佐木 일본 조동종 스님(앞줄 왼쪽에서 네 번째)과 1995년 뉴멕시코의 절에서 뉴멕시코 대학과 공동으로 개최한 불교알기 여름학교에서(뒷줄 왼쪽에서 네 번째가 필자)

우리의 삶을 삶답게 하는 데 있다. 그러므로 종교의 논리는 삶의 논리라고 말할 수 있다. '몸과 몸짓의 논리'도 다름 아닌 '삶의 논리'다. 삶을 삶답지 못하게 하는 모든 장애물들을 제거해 보려고 애쓰는 데서 몸과 몸짓의 논리가 등장한 것이다. 그래서 몸과 몸짓의 논리는 항상 이원론을 때린다. 모든 것을 둘로 나누는 이원론은 생명을 질식시키기 때문이다. '둘 나눔'이 판을 치면 삶은 위축되기 마련이다. 몸과 몸짓의 논리가 노리는 것은 불이不二 즉 '둘 아님'의 실현이다. '둘 아님'은 삶을 가장 잘 드러내기 때문이다.

문제는 우리의 관심사다. 나의 진짜 관심사는 뭘까. 출세? 치부? 명예? 사람들의 관심사는 다양하다. 부처님이 왕자로 태어나 성 안에 갇혀 살 때 그의 어린 시절은 행복하지 못했다. 그의 관심사는 아버지

정반왕의 그것과 달랐다. 왕위를 마다하고 성벽을 뛰어넘어 산으로 들어간 그의 관심사는 무엇이었을까? 생사해탈, 말하자면 이원론의 극복이다. '몸과 몸짓의 논리'는 출가의 논리요 해탈의 논리다. 커다란 삶을 삶답게 할 때, 서로 싸우기만 하는 작은 것들이 싸움질을 그만둔다. 이것이 평화다. '삶의 논리'는 '둘 나눔'[二元]을 때리고 '둘 아님'[不二]을 초미의 급선무로 삼는다. 몸과 몸짓의 논리 같은 '둘 아님의 논리'가 죽은 논리로 전락하느냐 아니면 삶의 현장에서 일하는 논리로 살아나느냐는 우리 자신에게 달려 있다. 우리의 관심이 무엇에 쏠려 있느냐에 매어 있다는 말이다.

왜 요즘 사람들은 체용을 제대로 따질 줄 모를까? 어떻게 따져야 제대로 따지는 것일까? 체가 드러나야 한다. 그것은 보편적이고 영원하고 그러면서 신령하다. 신령하다는 말은 언제나 어디서나 항상 모두와 함께 일한다는 말이다. 『화엄경』의 사사무애事事無碍란 말이 그 말이다. 『임제록』의 수처작주隨處作主란 말이 그 말이다. 가장 특수하면서 동시에 그것은 전 우주를 포함한다는 전체적인 성격을 띤다. 이러한 삶의 구조를 똑바로 파악해야 체용의 논리의 체, 즉 몸이 뚜렷이 드러난다. 한 티끌 속에 시방세계 전 우주가 다 들어 있다고 말하지 않던가. 몸과 몸짓의 논리에서 말하는 몸이란 우리들이 보통 말하는 마음보다 훨씬 더 크고 동시에 가장 작은 것보다 훨씬 더 작은 것이다. 이것이 생명의 본래 모습이다.

철학사를 전공하는 학자들의 보고를 따르면 "동서고금의 어느 철학자를 막론하고 소위 위대한 철학적인 공헌을 했다는 사람치고 자기가 살던 시대와 사회와 역사의 밖에 있었던 사람은 없었다"고 한다. 지금 우리가 살고 있는 세상은 급격하게 변하고 있다. 근원적인 몸은 뒤로 밀려나고 지엽적인 몸짓만이 각광을 받고 있다. 그래서 몸 문화는 빛을 잃고 그 대신 몸짓 문화가 판을 치고 있다. 그러니 우리는 이러한 몸짓 문화가 앞으로 우리에게 무엇을 가져다줄 것인가를 예견해야 한다. 그리고 거기에 대한 뚜렷한 대책을 강구해야 한다. 겉과 속이 다르고 앞과 뒤가 다르면 인간 사회는 깨지고 만다. 모든 것을 승부로 판가름하는 세상은 싸움판 세상이다. 그것은 부처님이 그리는 세상이 아니다. 몸과 몸짓의 논리는 이러한 문제를 다루는 것이다.

불교의 신행관

인간의 본성

'모든 사람이 다 부처님'이라는 말은 분명히 우리의 상식에 어긋나는 말이다. 모든 사람이라는 말은 일체 중생이라는 말이며, 중생은 아직 번뇌와 망상을 여의지 못한 어리석은 사람들임에 비해 부처님은 지혜와 자비로 가득찬 밝은 존재이기 때문이다. 그러나 상식과 어긋나는 모순적인 이 표현 속에 불교의 인간관이 함축적으로 표현되어 있다. 모든 사람이 다 부처님이라는 말은 어두운 번뇌, 망상 속에도 밝은 지혜와 자비가 들어 있으며, 밝은 지혜와 자비는 어두운 번뇌와 망상을 떠나 따로 있는 것이 아님을 표현하고 있다. 중생과 부처님, 어둠과 밝음, 번뇌망상과 지혜자비는 항상 함께 있는 것이다.

부처님의 눈에 비친 인간의 모습을 이해할 때 인간 속에 이러한 두 가지의 상반된 것들이 함께 있음[共存]을 확인하는 것은 매우 중요하다. 불교도들은 이것이 사람들이 사람의 본성이 무엇임을 깨닫고 가장 사람답게 사는 비결이라고 주장한다.

단견斷見과 상견常見

불교적 인간관의 특징은 이처럼 인간을 모순이 공존하는 존재로 보았다는 데 있다. 이러한 모순의 공존 현상을 언표言表한 '모든 사람이 다 부처님'이라는 말은 원래 부처님의 대각의 내용을 언표한 것이었으며, 깨치지 못한 사람이 이 말을 복창할 때에는 거기에 일종의 신앙고백의 성격이 있었다.

그런데 부처님의 깨침과 중생의 믿음이 한 자리에서 만나고 있음을 표현하고 있는 '모든 사람이 다 부처님이다'라는 말은 종래에 많은 오해를 받아 왔다. 이러한 오해들은 모두 앞서 말한 함께 있음[共存]의 구조에 대한 오해에서 비롯되었다. 이러한 오해들은 크게 둘로 분류할 수 있다.

하나는 모든 사람이 다 부처님이라는 말을 중생과 부처님이 둘이 아닌 하나라는 말로 해석하여 양자 간의 차이를 인정하지 않는 것이다. 이렇게 되면 결국 부처님이 되기 위한 수행이 무의미한 노력으로 되어버려 불교를 비종교화하게 된다.

또 하나의 오해는 '모든 사람이 다 부처님이다'라는 말을 당위적인 언표로만 보고 실제에서는 중생과 부처님이 완전히 별개로 존재하는 것처럼 생각하는 것이다. 이러한 견해는 중생을 부정시하고 부처님은 신성시하는 수도주의로 발전해 나갔다. 여기서는 모든 사람이 다 부처님이라는 말 자체가 그 빛을 잃고 사람들의 기억 속에서 사라져 갔다.

부처님과 중생의 공존 구조를 제대로 파악하지 못한 이유는 여러 가지로 지적될 수 있겠지만 가장 근본적인 원인은 상견과 단견이라는 두 가지의 치우친 견해, 즉 편견에 사로잡혀 실상을 실상대로 바로 보지 못한 데에 있다고 말할 수 있다. 부처님의 무상無常과 무아無我의 가르침을 바로 알지 못한 사람들은 곧잘 이 세상에 영원한 것이 있다고 주장하는 상견에 빠지거나 그런 것은 절대로 없다는 단견에 떨어진다. 이러한 집착이 사람들로 하여금 실상을 실상대로 바로 보지 못하게 한다. 불교에서는 이런 사람들을 한 쪽으로 치우친 사람이라 부른다.

'모든 사람이 다 부처님'이라는 깨친 이의 증언을 해석할 때 중생과 부처님을 동일물로 처리하는 것은 상견적 오류요, 중생과 부처님을 완전히 다른 것으로 떼어놓는 것은 단견적 오류다. 그렇다면 이러한 치우친 견해를 극복한 올바른 견해는 어떻게 해야 가질 수 있을까?

화엄사상의 생명구조

대승불교의 한 정화라고도 말할 수 있는 화엄사상은 인간 속에 보이는 여러 가지 이질적인 것들의 공존 현상을 그들의 독특한 생명 철학을 가지고 설명하였다. 화엄의 생명사상은 생명현상을 두 가지의 전혀 다른 성격의 '일一'과 '다多'가 각자 고유한 개별성을 엄격히 유지하며 그러면서도 일 없는 다도 없고 다 없이는 일도 없는 상호의존적인 인연생기적因緣生起的 관계 속에 있는 가장 유동적인 상태로 보고 있다.

소위 화엄철학의 무진연기설無盡緣起説, 사법계관四法界觀, 육상원융설六相圓融説 등이 모두 생명의 신비적 구조를 말로 설명해 보려고 한 데서 이루어졌다고 말할 수 있다. 생명의 구조, 인간의 구조가 이와 같이 생겨 있기 때문에 『화엄경』은 사람이 처음 구도심을 일으킬 때에 바로 구경의 정각을 성취하는 것, '초발심시변성정각初發心時便成正覺'이라고 대담하게 말할 수 있었다.

그러나 여기에도 주의해야 할 것이 있다. 화엄사상은 언어의 엄격한 논리적 구사를 바탕으로 한 철학적인 이론체계가 아니라 생명에 대한 신비적 직관을 바탕으로 삼고 있으며 독자에게도 이러한 명상적 실수實修를 통해서 화엄의 진리를 체험해줄 것을 호소하고 있다. 이것이 유명한 화엄의 광명각관光明覺觀(Light Meditation)이다.

화엄의 세계에서는 생명이 곧 광명이 된다. 이는 생명을 보통의 물질과는 다르게 보는 입장이다. 보통의 물질은 연장적인 것이고 따라서 시공상時空上에 위치를 점유하지 않을 수 없다. 그러나 화엄에서는 생명을 단순한 제한자로밖에는 보지 못한 것을 인간정신이 순화되지 못한 데서 나오는 한 집착현상이라고 본다. 그러므로 우리는 먼저 우리들이 광명각관을 통해서 광명 그 자체가 되어야 한다고 화엄사상가들은 주장한다.

화엄사상의 전개와 선禪

중국의 화엄사상을 현수법장賢首法藏 계통과 이통현李通玄 계통으로 나눌 수 있는데, 법장(643~721)은 이론발전에 기여하였고, 이통현(635~730)은 실천수행에 치중하였다. 한국에서는 원효(614~686) 대사와 의상(625~702) 대사가 모두 실천을 더 중요시하였고, 고려의 지눌(1158~1210) 대사 역시 이통현을 가장 높이 평가함으로써 한국의 화엄사상은 완전히 실천수행의 방향으로 기울어져, 마침내는 불교종파 가운데서 가장 실천수행의 중요성을 절박하게 강조하는 화두선話頭禪 안으로 흡수되고 말았다.

화엄이 선禪으로 흡수되었다는 말은 선의 수행체계가 화엄의 사상체계 위에 서 있다는 말도 될 수 있다. 지눌 대사의 선을 화엄선이라고 하는 이유도 여기에 있다. 그러나 한국 불교사상의 발전 방향이 선이 화엄으로 흡수되지 아니하고 그 반대방향으로 나아갔다고 하는 사실은 한국 불교인들의 인간이해의 방향을 결정하는 데 매우 중요한 역할을 하였다.

중국에서 화엄사상의 주류는 역시 이론중심의 법장계통이었다. 화엄 사상을 이론적으로만 받아들일 때 가장 문제가 되는 것은 차이에 대한 설명이며, 특히 그 가운데서도 개개인의 수행도상에서 나타나는 내적인 성장을 설명하는 일이다.

다시 화엄적 표현을 빌리면, 모든 것이 원융무애하다는 원융문圓融門 쪽의 설명은 통쾌하리만큼 시원스러우나, 실지 수행생활상의 발전원리 나 성장과정을 설명하는 행포문行布門 쪽은 그렇게 시원스럽지 못하다. 이는 화엄의 사상적 결함이라기보다는 이론의 한계라 말할 수 있다.

한국의 화엄사상가들은 처음부터 이러한 이론의 한계를 간파하고 있었다. 그래서 지눌대사는 불교인들이 무엇을 믿을 것인가를 밝히는데 있어서는 화엄의 원융문을 십분 원용했지만 어떻게 닦아 나갈 것인가를 이야기하는 마당에서는 화엄의 행포문에 의지하지 아니하고 화두선의 경절문經截門을 내세웠다. 이것이 화엄이 선으로 흡수되어 가는 대목이 다. 그리고 바로 이 대목 때문에 한국 불교인들은 그들의 인간 이해에서 화엄적 차원을 넘어 선적 차원을 갖게 되는 것이다.

불교의 거의 모든 종파들이 원융문적인 본각사상에 입각하여 그들의 교리를 구성하고 수행해 나가고 있다. 유일하게 화두를 들고 공부하는 것이 화두선이다. 화두선은 행포문적인 문제의식에 입각한 일종의 시각 사상이라 말할 수 있다.

선가禪家의 신앙고백

다시 모든 사람이 다 부처님이라는 선가의 신앙고백으로 돌아가서 생각해 본다면 이 때에 선가의 문제는 중생과 부처님의 함께 있음[共存]을 설명하는 것이 아니고 자기 속에 있는 부처님으로 하여금 부처님 노릇을 하게 하는 것이다. 다시 말하면 모든 사람이 다 부처님이라는 객관적 일반 서술에 만족하지 않고 보다 구체적인 '나는 부처님이다'라는 자기의 신앙고백으로 발전한다.

이 때의 신앙고백은 '나도 부처님이 될 수 있다'는 가능성을 말하는 것도 아니고 '나도 부처님이 되고 싶다'는 희망사항도 아니다. 모든 사람이 다 부처님이라는 말은 화엄의 원융사상에 의해서 이미 자명해졌다. 화엄의 이러한 가르침을 받아들임으로써 내가 부처님임은 이미 나의 신앙이 되었다.

선의 혁명적 충격

그럼에도 불구하고 안타까운 것은 현실의 내가 내 신앙을 거부하고 있는 것이다. 다시 말하면 이론상으로 볼 때 내가 부처님임이 틀림없는데 실지의 나는 부처님답지 않다는 사실이다. 결국 화엄적 신앙의 수준에 편안히 머물러 앉아 있을 수 없는 데서 선의 차원으로 발전할 수밖에 없는 원인이 있는 것이다.

모든 이론적인 교육을 무의미한 것으로 만들면서 완강히 버티고 있는 기존의 질서에 선은 혁명적인 충격을 가하는 것이다. 그러므로 선에는 분명히 화룡점정畵龍點睛적인 성격이 있다고 말할 수 있으며, 이 점이 바로 선은 화엄을 배제하지 않고 있다고 주장하는 까닭이다.

선을 혁명적인 충격이란 일시적인 것이 아니고 삼매적인 것이다. 일시적인 충격으로는 기존의 질서를 근본적으로 바꾸어 놓는 혁명이 완수될 수 없다. 오직 삼매의 관문을 통과할 때만 이러한 혁명이 완수된다. 깨어 있는 상태와 꿈꾸는 상태와 꿈도 없이 깊이 잠들어 있는 상태에서 참선자는 오직 화두의 의단疑團(의심덩어리)만으로 가득 차 있고, 이러한 의단이 외부적 또는 내부적인 어떤 일에 의해서도 방해받지 않을 때 이를 삼매라 한다. 이러한 삼매 없이는 어떠한 사람도 대각을 이룰 수 없다고 선가禪家는 주장하며 이러한 삼매를 성취할 때 대각은 바로 거기에 있다고 장담한다.

이러한 자기들의 주장을 논리적으로 뒷받침하기 위해서 선가는 또 화엄의 쌍차쌍조雙遮雙照와 차조동시遮照同時의 이론을 원용한다. 그래서 선가 역시 화엄교가華嚴敎家들과 마찬가지로 중생 속에 부처님이 있고 부처님 속에 중생이 있다고 말한다. 그러나 선가가 화엄교가와 다른 점은 중생 속에 부처님이 있는 경우와 부처님 속에 중생이 있는 경우를 구별하여 양자 간의 차이를 인정했다는 점이다. 모두가 그 말이 그 말같이 들리는 알쏭달쏭한 속에서 천양지차의 차이를 발견한 것이다.

중생과 부처님이 서로 영향을 주면서 함께 있는 것은 사실이지만, 중생 속에 모든 것이 있는 것과, 부처님 속에 모든 것이 있는 것과의 차이는 간과할 수 없다. 부처님이 주동이냐, 중생이 주동이냐에 따라서 역사의 방향은 완전히 달라진다. 원융무애를 이론적으로 체계화하는 데 골몰한 화엄에서는 이 점을 소홀히 하였다. 화엄에서는 역사에 대해 무감각했다. 잘못된 역사의 방향에 대한 개개인의 윤리적 책임이 없었다. 역사의 방향을 바꾸는 윤리적 결단이 문제될 수 없었다. 원융 간에서

1974년 미국을 방문한 현호 스님과 함께

보면 불佛이 중생이고 중생이 불佛이니 여기에 차별을 두는 것은 미망일 뿐이다.

그러나 선은 달랐다. 부처님 속에 중생이 있는 것은 오悟의 세계지만 중생 속에 부처님이 있는 것은 미迷의 세계다. 오와 미의 차이는 하늘과 땅의 차이다. 양자는 완전 융통이나 미오라는 기준에서 보면 큰 차이가 있다. 그러므로 우리는 중생 속에 부처님이 있는 미의 세계에서 부처님 속에 중생이 있는 오의 세계로 혁명적 전환을 해야 한다.

중생 속에 부처님이 있는 미의 세계에서는 중생이 부처님을 제멋대로 채색해 버린다. 이런 부처님은 중생화된 부처님이다. 여기서의 부처님 은 중생에 의하여 과장되고, 오해되고, 왜곡되고, 악용 당하는 부처님이 다. 반대로 부처님 속에 중생이 있는 오悟의 세계에서는 중생 때문에 부처님은 더욱 할 일이 많아지고 더욱 지혜로워지며 더욱 자비스러워진다. 그러므로 우리는 화엄원융관에서 말하는 '중생 속에 부처님 있고 부처님 속에 중생 있다'는 중성적인 인식에서 한 발 더 나아가 중생 속에 부처님이 있는 경지를 벗어나 부처님 속에 중생이 있는 구조로 바꾸어 나가야 한다. 이는 어떻게 가능한가?

우리는 '내가 부처님'이라는 선가의 신앙고백 속에서 이를 가능케 하는 근거를 발견할 수 있다. 내가 비록 중생이지만 내 속에 부처님이 있다는 평범한 출발이 나로 하여금 내 속에 있는 중생 편을 들지 않게 하고 부처님 편을 들게 한다. '나는 부처님' '나는 부처님' 이러한 계속적인 확인이 중생으로 하여금 부처님이 되게 하는 것이며 부처님 속에 모든 중생을 있게 하는 것이다. 이것이 미迷가 오悟로 전환하는 모습이다.

'나는 부처님'이라는 구호는 부처님을 위한 구호가 아니라 중생을 위한 구호다. 중생을 위한 이러한 구호에는 일종의 종교적 결단이 들어 있다. 이미 내 속에 부처님이 있기 때문에 앞으로는 부처님답게 살겠다는 맹세가 들어 있다. 사홍서원과 보살의 모든 서원이 그 속에 다 들어 있다. 이 구호에는 팔만 장경의 선지식들의 팔만 법문과 보살의 팔만 세행細行을 모두 다 포괄하는 진언적 성격이 있다. 그러므로 이는 단순한 구호가 아니라 무상의 축문이요, 입정의 만다라요, 인간혁명의 탄트라(tantra)다.

모든 사람이 다 부처님이다. 나는 부처님이다. 이러한 말에서 우리는 얼마든지 지적 의미를 찾아낼 수 있다. 그러나 이러한 말이 단순한 지적 서술에 그치지 아니하고 하나의 믿음으로 될 때 이 말은 즉시

갈등을 유발한다. 그리고 이 모순이 발화제가 되고 기폭제가 되어 무서운 힘을 일으킨다. 오랫동안 움직이지 않던 자동차에 다시 발동이 걸리는 격이라고 할까. 고목에 다시 꽃이 피고, 죽은 생명이 다시 살아난 것에 비교할 수 있는 큰 사건이 일어난다. 다시 말하면 '나는 부처님'이라는 말을 하나의 지적 서술로 받아들였을 때에는 나에게 아무런 변화가 없더니 이를 정말 하나의 사실이라 믿으니 바로 그 순간 '이제까지의 질서 속에 있었던, 묵은 나'는 갈 곳을 잃게 된다.

당장 지금의 내가 부처님이라면, 지금 내 속에 있는 중생적인 경향들이 있을 곳을 잃고 발광을 할 것임에 틀림없고, 이제까지 내가 미워했던 모든 사람들이 모두 부처님이니 이 일을 어떻게 할 것이며, 지금 내가 싫어하는 모든 사람을 앞으로 모두 부처님으로 모셔야 할 것이니 이것도 큰일이다. '나는 부처님'이라는 믿음을 계기로 미의 질서가 깨지고, 오의 질서가 새로 세워지려는 일대변동의 소용돌이가 일어나는 것이다.

올바른 믿음과 수행

지금 불교계 일부에서 깨치지도 못한 사람이 부처님이라고 주장하면 사상적인 혼란이 온다고 비판하는 것은 '나는 부처님'이라는 말을 지적으로만 다루고 한 번도 이를 믿음으로 받아들여 본 적이 없는 사람들의 관념적인 기우에 불과하다. 이런 걱정은 수행적 실험을 해보지 못한 관념적인 지적 계산에서 나온 것이며 이런 관념체계는 항상 무너져야 할 구질서의 아성일 따름이다. 신앙과 수행의 동적 세계에서는 이러한 구질서야말로 제일 먼저 부서져야 할 것이다.

그리고 이러한 부서짐은 사람들이 '나는 부처님'이란 말을 믿음으로까지 심화시켜 받아들일 때 일어난다. 이러한 혁명적인 전환이 성공적으로 수행될 때 오히려 이제까지의 지리멸렬했던 파편 같은 지식들은 개개의 자상을 고집하지 않고 통일적인 조화를 이루면서 생명으로 살아 움직이게 된다. 이러한 의미에서 선의 깨침은 화엄의 체계에 활기를 불어넣었다고 말하는 것이다.

그러나 요즘의 한국 선풍禪風은 우리를 당황하게 한다. 그들은 개개인의 깨침을 얻기에 급급한 나머지 화엄을 극복했다는 것은 말뿐이요, 실지로는 화엄 이전으로 후퇴한 듯한 느낌을 주고 있다.

선이 개개인의 내적인 세계에서 미와 오의 구별을 분명히 해준 것은 백번 옳았으나, 사람들을 미인迷人과 오인悟人의 두 계층으로 분별하여 한국에 고승지상주의적인 폐풍을 조성하고 중생들을 외면하고 있는 것은 분명히 화엄 이전으로 후퇴했다는 세평을 면할 길이 없다. 그뿐만 아니다. 그들이 깨쳤다고 하는 경지도 고작 화엄에 머무르고 있는 듯 중성적인 불이不二의 강조에 머물러 있어 구체적으로 중생사회에 뛰어들어 중생의 말로 중생의 문제를 함께 푸는 윤리적 결단은 전혀 내리지 않고 있다.

오늘날 한국 불교도들의 상당수가 참선의 중요성을 강조하고 있다. 그러나 참선을 해본 많은 사람들이 참선이 잘 안 된다고 불평한다. 그들에겐 분명히 참선이 잘 안 되는 이유가 있다. 한 마디로 참선의 원동력인 믿음이 없기 때문이다. 내가 부처라는 지식만 가지고 있을 뿐, '나는 부처님'이라는 확신이 없다. 내가 부처라는 지식은 내 속의 구질서를 바꿀 힘이 없다.

그러나 '나는 부처님'이라는 믿음은 나를 충분히 바꾸어 놓고도 남는다. 왜 이런 믿음이 없는가? 나에게 그러한 진리를 가르쳐준 스승에 대한 존경이 없기 때문이다. 스승을 존경하지 않는 것은 나에게 스승을 갈구하는 요청이 없기 때문이다. 내 속에 이러한 요청이 없는 것은 내 속에 꼭 풀어야 할 문제가 없기 때문이다. 사실은 문제가 없는 게 아니고 문제를 간파해 낼 날카로운 양심과 정직성이 없는 것이다.

우리에겐 분명히 문제가 있다. 위대한 화엄의 교리를 다 배워놓고도 내가 이를 배신하고 있는 것이다. 이 엄연한 현실, 이런 현실이 눈에 띄었을 때 나를 고발하는 정직이 나와야 한다. 그리고 그 정직이 정직하면 할수록 진리를 갈구하게 되고 진리를 말해주는 스승을 존경하지 않을 수 없게 된다. 그리고 이러한 스승 존경이 극치에 이를수록 나는 더욱 정직해지지 않을 수 없다.

내가 중생이라는 엄연한 사실을 똑바로 보면 볼수록 '나는 부처님'이라는 스승의 가르침이 더욱 존귀해진다. 그리고 '나는 부처님'이라는 믿음이 극치에 이를수록 나의 중생성이 뚜렷이 드러난다. 그러므로 스승에 대한 존경과 자신에 대한 정직은 서로 양극에 위치하면서 서로 다른 편을 격발시키는 역할을 한다.

이와 같이 하여 스승에 대한 존경이 100%에 이르고 자기 정직이 100%에 이를 때 '종래의 나'는 깨어지지 않을 수 없게 된다. 그러나 스승 존경이 100%에 이르지 못한다면, 설사 그것이 99.99%의 존경이라 할지라도 그러한 존경은 큰일을 치를 수 없다. 0.01%의 불신 속에 종래의 아만我慢·아집我執·아견我見·이기利己 등의 구질서가 민들레의 뿌리처럼 연명延命, 마침내 이것 때문에 혁명이 가로막히게 된다. 99.99%의 정직도 마찬가지다. 0.01%의 부정직 속에 모든 악이 다 숨어

들게 된다.

　왜 요즘 불교인들은 자기 자신에 대한 정직도 없고 스승에 대한 존경도 없는가? 필자는 여기서 요즘 불교인들의 비현실성과 비인간적 경향을 지적하지 않을 수 없다. 불교인들의 발은 지금 허공에 떠있다. 대지에 발붙이지 아니한 현실은 관념적인 현실이다. 이러한 사람들의 톱니바퀴는 현실사회의 톱니바퀴에서 벗어나 있기 때문에 그들이 하는 모든 일은 해도 그만이고 안 해도 그만이다. 설사 열심히 한다 해도 헛바퀴만 돌 뿐이다.

　일부 고승들의 비현실성이 그들을 비인간화시켰다. 그들의 느낌, 생각, 행동, 모두가 해도 그만 안 해도 그만이라면 이는 불교계의 사활이 달린 문제가 되지 않을 수 없다. 이러한 판국에서는 자기 자신에 대한 정직도, 스승에 대한 존경도 있을 수 없기 때문이다.

　여기에 기사회생의 길은 없는가? 불교인 개개인이 그들의 화엄적 인간관을 자기의 믿음으로 받아들이고 거기에 선적수행禪的修行의 본래적 의미를 불어넣어 엄연한 현실세계에서 정직과 존경을 통해 부처님답게 느끼고, 생각하고 행동해 나가는 수밖에 없을 것이다.

발표_제3회 학술발표대회 「동서철학에 있어서 인간관」
1985년 4월 27일 대전 목원대학교(한국동서철학연구회 주최)
출전_『불교에서 본 인생과 세계』, 1988년 4월 25일

승랑의 사상

중국 불교사상사에서 승랑이 한 역할

승랑僧朗(450~530?)은 고구려 요동성 출신이었다. 5세기 말경 그가 중국에 갔을 때 당시 중국의 불교사상계는 남과 북으로 갈라져 대립하고 있었다. 하북지방에 널리 퍼져 있었던 소승불교 계통의 아비달마 학파에서는 무아無我는 체득했지만 체득한 무아라는 진리가 항상 존재하고 있는 것으로 잘못 알고 있었다[法有].

반면 강남에서 성행한 소승불교 계통의 성실론 사상은 아我도 없고 법法도 없다고 주장하였다[二空]. 그들은 그저 없다는 말만 자꾸 했지 이 세상이 무조건 없는 것만은 아닌 불공의 이치를 밝히지는 못하고 있었다.

이 때 승랑은 아비달마적 법유法有의 입장을 세속적인 진리로 보고 성실론적 이공의 입장을 궁극적 진리로 본 다음, 이 가운데서 어느 것이 옳은가를 논하는 이자택일적인 입장을 부정하고 이들 두 가지의 진리를 함께 밝혀야 부처님의 진리가 드러난다고 주장하였다. 이러한 주장은 세속적인 진리와 궁극적인 진리는 서로 협동하여 부처님께서 깨달으신 경지인 중도를 잘 드러낸다고 하는 이른바 '이제합명중도설二諦合明中道說'에서 잘 나타나고 있다.

그리하여 승랑은 당시 대립되어 있던 두 사상을 지양하고 새로운 사상사의 막을 열었다. 그의 영향력이 얼마나 컸던가는 후에 『삼종론』을 저술한 유명한 은사隱士인 주옹周顒이 그의 제자가 되었고, 열렬하게 불교를 육성했던 양무제가 그의 가르침을 받은 사실들에서 짐작하고도 남음이 있을 것이다.

두 가지 진리, 이제二諦에 대한 승랑의 견해

남과 북의 대립을 지양한 승랑 사상의 핵심은 그의 독특한 이제(속제와 진제)관에서 찾을 수 있다. 위에서 언급한 바와 같이 그러한 사상은 '이제 합명 중도설'이라 이르는데 이제부터 원문을 통하여 이 사상을 공부해 나가자.

> 二諦者 乃是表中道之妙敎 窮文言之極說也 道明有無 有無不乖其道
> 理 雖絶要二 因二以得理 是以開眞俗門 說二諦法 以化衆生

두 가지의 진리는 (모두), 부처님의 중도를 드러내기 위한 가르침의 묘한 방편들이며, 또한 이들(두 가지 진리)은 불교 경전의 참뜻을 궁극적으로 밝히는 뛰어난 학설들이다. 도는 유라는 주장과 무라는 주장을 모두 밝히는 것이다. (그렇게 되면) 유有라는 주장과 무無라는 주장은 둘다 그 도리를 벗어나 있는 것이 아니게 된다. 비록 두 가지의 대립된 상태로서의 진리는 극복되어야 할 것이지만, 이들 두 대립으로 말미암아 부처님의 도리가 드러나는 것이다. 그렇기 때문에 부처님께서는 진리의 길과 세속의 길을 둘다 열어 놓으시고, 궁극적인 진리와 세속적인 진리를 둘다 말씀하시어, (마침내) 모든 중생들을 (하나도 빠짐없이) 교화하신 것이다.

승랑은 또한 같은 주장을 다음과 같이 말했다.

道非有無 寄有無以顯道 理非一二 因一二以明理 故知二諦是敎也

도는 유有라는 주장도 아니고 무無라는 주장도 아니다. (그러나 부처님은) 유라는 주장과 무라는 주장을 빌려서 당신이 말씀하고자 하는 도를 드러내신다. 이치는 '하나'라는 개념도 아니고 '둘'이라는 개념도 아니다. (그러나 부처님은) '하나'나 '둘'이라는 개념들을 사용하셔서 이치를 밝히신다. 그러므로 우리들은 두 가지 진리들이 모두 부처님이 중생을 교화하는 방편임을 알 수 있다.

이상은 중국의 삼론종을 대성한 길장(549~623)의 『대승삼론약장大乘三論略章』과 『이제의二諦義』에서 뽑은 것들이다. 승랑의 저술이 남아 있지 않은 오늘날 이러한 작업들은 불가피하다. 그러나 다행히도 승랑의 가르침은 길장의 많은 저술 가운데에 상당히 많이 인용되고 있기 때문에 승랑의 사상을 파악하는 데 조금도 부족함이 없다.

그러면 앞에 인용한 승랑의 글들을 분석해 보자.

첫째, 우리는 승랑이 왜 '두 가지의 진리를 정의하여 부처님의 근본진리인 중도사상을 드러내기 위한 묘한 가르침'二諦者 乃是表中道之妙敎이라고 했는지 그 까닭을 알아야 하겠다. 비유해서 말하자면 승랑의 뜻은 두 가지의 진리란 속제건 진제건 모두 달을 가리키는 손가락에 불과하며 진정 우리들이 보아야 할 달은 중도임을 분명히 하는 데 있다. 다시 말하면 여기서 중도는 달이요, 묘교는 달을 가리키는 손가락이라는 말이다. 좀더 강조해서 말하면 이제는 중생교화의 방편에 불과하다는 말이다.

"달을 가리키는 손가락만 보지 말고 하늘에 높이 떠 있는 저 달을 보라"는 말은 후대의 선종 사람들이 즐겨 쓴 말이다. 아직 선종이 일어나기 전에 승랑은 이미 선종적인 지혜를 가지고 있었다고 말할 수 있다. 콜럼버스의 달걀처럼 승랑의 말도 남들이 모두 흔히 쓰고 있을 때엔 아무것도 아닌 것처럼 들릴지 모르지만 그런 말을 처음 할 때는 보통 날카로운 지혜를 가지고 있지 않고서는 할 수 없는 말이다.

승랑 당시에 이름난 고승으로 영향력이 대단했던 장엄사의 법운法雲 (467~529) 스님과 개선사의 지장智藏(458~552) 스님 등이 모두 두 가지의 진리를 절대적인 것인 양 잘못 가르치고 있었을 때에 이름 없는 한 외국사람이 나타나서 두 가지 진리는 달을 가리키는 손가락에 불과하다고 말한 것은 그 용기도 대단하지만 그런 용기가 나온 날카로운 지혜에 탄복하지 않을 수 없다. 승랑의 말은 단순한 선종의 선구에 그치지 않고 그 당시 그가 해야 할 역사적인 과업을 충분히 성취하고 있음을 알아야 하겠다.

위의 인용문에서 승랑은 중도를 도, 리, 또는 도리라는 말로 표현하고 속제와 진제를 각각 유와 무, 또는 이와 일로 표현하면서 중도와 이제의 관계를 분명히 하고 있다. 달을 가리키는 손가락이 절대로 달은 아니듯이 '이제二諦'가 그대로 중도는 아니지만 달을 가리키는 손가락 때문에 달의 위치가 드러나듯이 '이제'를 통해서 '중도'가 드러난다고 지적하였다.

이제는 교일 뿐이라고 거듭 강조하는 승랑에게서 우리는 후대의 선사의 모습을 보지만 그러나 승랑은 요즘 선사들이 흔히 범하는 오류를 시정해 주고 있다. 여기서 승랑은 요즘 선사처럼 무조건 '이제'를 무시하지 않고 이제설의 성격과 한계, 그리고 그 공덕과 가치를 중도와의 관계 속에서 분명히 해주고 있다. 뿐만 아니라 승랑은 속제와 진제의 관계까지 밝혀 주고 있다. 흔히들 생각하듯이 속제는 잘못된 것, 진제는 궁극적인 것, 그러니까 속제는 나쁜 병과 같은 것이고, 진제는 좋은 약과 같다는 그러한 양자택일적인 해석을 배격하고 승랑은 양자를 모두 불가분의 관계에 있는 상대적인 것으로 보았으며 양자는 서로 협동하여 중도를 밝히는 데 공헌한다고 보았다.

승랑의 이러한 발언은 시대 비판적인 날카로움을 가지고 있다. 승랑 당시에 북쪽의 소승적인 아비달마 학자들이 부처님께서 가르치신 공空을 실제로 있는 것처럼 주장한 데 반하여 남쪽의 성실론 학자들이 그러한 공마저도 없는 것이라고 가르치고 있을 때 많은 사람들은 성실론 사상이 옳다고 믿고 있었다. 따라서 그 당시 사람들은 성실론 사상과 대승불교의 나가르주나(150~250 A.D.)에게서 비롯한 삼론사상 사이에 아무런 차이가 없는 것으로 알고 있었다. 다시 말하면 그 당시엔 성실론 학자가 그대로 삼론 학자요 삼론 학자가 성실론 학자인 그러한 학적 혼돈 상태에 빠져 있었다. 이 때에 우리의 승랑은 아비달마 학자도 틀렸지만 성실론 학자도 틀렸다고 말하고 성실론이 대승이 아니라 소승임을 밝혀내었다. 이 때문에 당대의 이름난 학자로 손꼽히던 주옹, 승전僧詮, 양무제 등이 승랑을 따르게 되어 이른바 고삼론의 낡은 시대는 막을 내리고 승랑에서 비롯한 신삼론新三論의 새 시대가 열린 것이다.

승랑이 아비달마 학자들의 '공은 있다'空有는 주장을 속제로 보고, 성실론 학자들의 그러한 '공도 공했다'는 주장을 진제로 보았다는 말은 아비달마를 병으로 보고 성실론成實論을 약으로 보았다는 말이다. 그런데도 불구하고 그가 성실론도 틀렸다고 말한 근거는 다음과 같은 분명한 이유 때문이다.

성실론은 공에 빠져 있었다. 불교에서는 이를 체공이라 부르며 또 하나의 큰 병으로 알고 있다. 비유해서 말하자면 아비달마라는 병에 대해서 성실론은 분명히 훌륭한 약 노릇을 했지만 병이 나은 다음에는 병이 없어지듯 약도 없어져야 함에도 불구하고 계속 약을 붙들고 있는 것과 같은 그러한 오류를 성실론이 범했던 것이다. 병과 약과의 관계는 서로 떨어질 수 없는 관계다. 병 따라 약 준다는 말이 있듯이 병 없이는 약도 없는 법이다. 약 노릇을 훌륭히 한 성실론이지만 병이 나은 마당에 성실론은 할 일을 다 한 셈이다. 그럼에도 불구하고 성실론이 계속 자기들의 약이 누구에게나 통용되고 또한 무슨 불변의 가치가 있는 듯 행세함은 잘못이다. 성실론은 공에 빠졌다라든가 또는 체공의 병에 걸렸다고 말함은 이러한 이유 때문이다. 뿐만 아니라 병도 낫고 약도 안 쓰는 상태가 바로 사람의 가장 건강한 상태이듯이 속제인 아비달마도 진제인 성실론도 모두 부처님의 중도를 드러내는 데 그 근본목적이 있음을 잊어서는 안 된다. 승랑이 아비달마와 성실론을 각각 하나는 병, 하나는 약이라고 그 특징을 밝히면서 양자가 모두 중도에 이르기 위한 방편에 불과하다고 양자를 모두 때리면서 동시에 양자는 합동 협력하여 중도를 드러내는 데 공헌하고 있음을 밝힌 것은 여간 눈 밝은 사람이 아니고서는 감히 흉내내기 어려운 일이라 하겠다.

승랑 사상의 전개

세상 사람들은 성인聖人만 존경할 줄 알 뿐, 성인 아닌 보통 사람들을 존경할 줄 모른다. 이러한 경향은 더 나아가 성인의 가르침만을 높이 받들 줄 알 뿐, 보통 사람들의 주장은 귀담아 들으려고 하지 않는다. 그러나 성인의 가르침과 보통 사람들의 주장 사이엔 밀접한 관계가 있다. 성인의 가르침은 보통사람들의 주장에 대한 반응으로 나온 것이 다. 마치 병 따라 약이 나온 것과 같다. 병 없이는 약도 없다. 그러므로 보통 사람들의 주장을 잘 모르면 성인의 가르침도 잘 모른다는 결론이 나온다. 그럼에도 불구하고 세상엔 보통 사람들의 주장(병)도 잘 모르면 서 성인의 가르침(약)은 잘 안다고 뽐내는 사람들이 있다. 분명히 잘못 된 것이다. 병을 모르면서 어찌 약은 잘 안다고 뽐낼 수 있을까? 이는 병도 모르면서 함부로 약을 쓰는 엉터리 의사와 같다. 이런 의사는 의사 자신이 병들어 있는 셈이다. 따라서 불가피하게 이런 병든 의사를 고치는 또 하나의 다른 약이 더 필요하게 된다. 불교계에서 말하는 두 가지 진리에 대한 승랑의 견해는 바로 이런 것이었다.

불교의 전문용어인 속제(세속적인 진리)가 보통사람들의 주장이라면 진제(궁극적인 진리)는 성인들의 가르침이라 말할 수 있다. 진제는 속제 를 떠나 따로 있을 수 없다. 속제가 병이라면 진제는 약이다. 병과 약의 관계가 서로 떨어질 수 없는 관계이듯이 속제와 진제의 관계 또한 서로 떨어질 수 없는 관계다. 이러한 승랑의 가르침을 주의 깊게 잘 읽어보면 우리는 승랑의 의중을 알 수 있다. 분명히 승랑은 세상 사람들이 성인만을 존경하고 성인 아닌 보통사람들을 존경하지 않는 풍조를 비판하고 있으며 보통 사람들의 주장은 귀담아 들으려 하지 않고 성인들의 가르침만을 높이 떠받드는 잘못된 폐단을 시정하려 하고 있었다.

약은 병이 있기 때문에 소중한 것이다. 병이 없다면 약도 필요 없다. 병이 없는데 약을 쓰면 오히려 병이 생긴다. 그 병에 그 약을 쓰지 않으면 병은 악화되고 만다. 보통사람과 성인과의 관계나, 보통사람들의 주장과 성인의 가르침과의 관계나 또는 속제와 진제와의 관계도 병과 약과의 관계처럼 이해되어야 한다. 이를 한 마디로 요약하면 양자는 상대적이라는 말이다. 이러한 관계를 잘못 해석하여 병은 나쁘고 약은 좋은 것이라고 가르치는 것은 사람들을 오도하는 것이다.

승랑이 중국에 갔을 때에 당시의 사상계를 주름잡고 있던 장엄사의 고승인 법운과 개선사의 지장 등은 불교계에서 말하는 두 가지 진리를 절대적인 것으로 보고 있었다. 승랑은 이들을 비판한 것이다. 이와 같이 진제에 쏠려 있는 사람들의 눈길을 속제로 돌리고 속제가 절대적이 아니라면 진제 또한 절대적이 아님을 밝히면서 우리의 승랑은 진제가 절대적인 양 생각하는 진제병을 고치는 작업을 시작한 것이다. 다시 말하면 승랑은 병을 고치는 의사의 병을 고치려 한 것이다. 이리하여 승랑은 이제설에도 세 단계가 있다는 이른바 삼종이제설三種二諦說을 내놓았다.

삼종이제설(세 가지 이제설)

첫째 밝힘第一明
說有爲世諦 說無爲眞諦
(공이)있다고 주장하면 세속적인 진리가 되고
(공이)없다고 주장하면 궁극적인 진리가 된다.

둘째 밝힘
說有說無 二竝世諦
있다는 주장과 없다는 주장을 둘다 긍정하면 세속적인 진리가 되고
說非有非無不二眞諦
있는 것도 아니요 없는 것도 아니라 하여 둘다 부정하면 궁극적인
진리가 된다.

셋째 밝힘
有無二非有無不二
있다는 주장과 없다는 주장을 둘다 긍정하면 이원론이요, 있는 것도
아니요 없는 것도 아니라고 둘다 부정하면 불이론不二論인데
說二說不二爲世諦
여기서 이원론과 불이론을 둘다 긍정하면 세속적인 진리가 되고
說非二非不二爲眞諦
이원론도 불이론도 모두 부정하면 궁극적인 진리가 된다.
　　　　　　　　　　　　　　　　－『이제의二諦義』 권상에서 뽑음

　위의 인용문에서 첫째 밝힘은 아비달마의 '공은 있다'는 집착을 고쳐
주기 위한 것이요, 둘째 밝힘은 성실론의 '공에 빠져 있는'병을 고쳐

주기 위한 것이고, 셋째 밝힘은 대승불교의 불이사상에 빠져 있는 이른
바 유득보살有得菩薩의 병을 고쳐 주기 위한 것이다.

토론을 위한 문제제기

불교의 중도사상은 문자 그대로 받아들여져 중간론中間論으로 오해되
기도 했다.

이러한 오해는 대립되어 있는 현실의 어떤 문제에 직면했을 때 양
극단을 초월한다는 논리로서 도피적 경향을 조장시키기도 했음을 부인
할 수 없을 것이다. 이러한 경향을 보고 어떤 이들은 중도사상은 무기력
한 온건론이라고 비난하기도 한다. 그러나 중도의 참뜻은 사고의 한계
로서의 양 극단론적인 이원론을 뛰어넘어 가장 올바른 길을 실천하자는
원리를 제시할 뿐, 옳고 그름이 분명히 드러나는 어떤 현실적 상황마저
양 극단으로 몰아 중간론적인 입장을 취한다는 뜻은 아니다. 대립되어
있는 그 상황을 버려야 할 양 극단일 수도 물론 있고, 혹은 한쪽은
이미 중도에 합당한 올바른 길이며, 또 다른 한쪽은 옳지 않은 길일
수도 있다. 이런 현실적 상황을 올바르게 파악하여 중도의 원리를 적절
히 적용하는 것이 필요하다.

이러한 중도의 적용에 대한 비판과 아울러 중도가 의미하는 그 참뜻
이 우리 현실에 얼마나 절실히 필요한지 역시 토론되어야 할 것이다.
많은 현실적 문제들은 우리 마음의 이원론적 한계 때문에 일어난다.
예를 들어 나와 남을, 내 것과 남의 것을 가르는 사고방식은 이기심과
그로 인한 온갖 사악을 창출한다. 이럴 때 우리 마음이 이런 한계로부터
벗어나 중도가 가르치는 바로 그 자리를 볼 수 있다면 많은 문제를

해결할 수 있을 것이다.

발표_뉴욕 유학생 불교 연구회에서 강의함
출전_『월간 법회』제30호, 1987년 7월

민중에 뿌리를 내린 고려불교의 별들
의천과 지눌의 공헌

국교로서의 고려불교

고려왕조는 10세기에서 14세기에 그 막을 내릴 때까지 근 500년 동안 한 번도 불교를 탄압한 적이 없었다. 사원경제의 기형적인 비대화나 일부 승려들이 저지른 타락행위가 국가와 민족에게 준 피해가 적지 아니했음에도 불구하고 불교는 시종일관 왕조로부터 국교의 대우를 받았다. 그래서 인종 때(서기 1123년) 고려를 다녀간 북송의 서긍은 그의 여행기에서 고려를 '불교의 천국'으로 묘사하였을 정도다.

고려가 온통 불교 일색이었다는 사실은 여러 측면에서 이야기할 수 있다. 아들이 셋이면 그 가운데 한 사람을 승려로 만들었다든가, 팔관회나 연등회 등 갖가지의 불교적인 행사가 한 해 동안 그칠 날 없이 열렸다는 사실 등은 불교가 당시의 조야를 온통 사로잡고 있었다는 것을 잘 말해준다.

그러나 고려의 불교는 이제까지 우리나라 불교사학자들로부터 칭송을 받기는커녕 오히려 심한 지탄을 받아왔다. 그래서 과격론에 이르러서는 '생생했던 신라의 불교를 계승하지 못하고 타락해 버린 종교, 그리고 마침내는 조선조의 무대를 유교에 빼앗기고 만 무능한 불교'라는 혹평이 되는 경우가 많다. 이와 같이 무능한 후손, 부끄러운 조상이라는 불명예를 한 몸에 지닌 고려의 불교는 차라리 우리나라 역사에 없었더라면 더 좋았을 것이라는 비판을 받고 있다.

두말 할 것도 없이 집권자의 비호가 없어지면 일시에 사라져 버리는 종교는 분명히 뿌리 없는 나무처럼 생명이 없는 종교임에 틀림없다.

고려의 불교가 조선조에 내려와 불교 배척에 부딪히자 어떻게 되었던 가? 승려 특권의 상징이었던 왕사, 국사의 자리가 없어져 버린 것은 물론, 그 수많던 거국적 불교행사는 자취를 감춰버리고 사원들도 시중에서 그 모습을 감추었다. 사원의 문을 두드리던 양가집 자제들도 불교를 떠나 유교의 서당으로 몰려가 버렸다.

고려불교의 별들

그렇다고 불교가 우리나라에서 송두리째 사라져 버린 것은 아니다. 조선조의 배불정책이 당시의 불교인들에게 치명적인 타격을 준 것은 사실이지만, 오히려 불교의 생명으로 간주되는 수도의 면은 조선왕조 때에 이르러 더욱 강화된 느낌마저 준다.

불교의 수도는 간경看經과 참선參禪, 이 두 마디로 요약할 수 있다. 조선조 때 불교인들이 펴낸 불교의 끊임없는 출판과, 참선을 주로 하는 철저한 수도 풍조는 당시 유생들의 핍박 속에서도 그들이 가야 할 길을 꾸준히 걸어갔다는 것을 뜻한다.

겉으로 나타난 고려 불교에는 분명히 부패하고 타락한 면들이 많았지만, 우리들의 눈에 잘 띄지 않는 그 어딘가에 앞으로 닥쳐올 수난을 내다보며 당시의 속류를 외롭게 거슬러 올라가면서 '진리의 등불'을 지켜갈 숨은 별들이 있었기에 조선조 때 와서 그와 같은 공적을 쌓을 수 있었다고 본다. 그 별들은 다름 아닌 의천義天(1055~1101)과 지눌知訥(1158~1210)이었다. 이 두 사람이 고려 불교에 끼친 공헌은 현재 여러 측면에서 이야기되고 있지만 그 가운데서도 가장 중요한 것은 고려 사람들의 눈길을 간경과 참선으로 돌리는 데에 평생을 바쳤다는 점이다.

의천과 지눌, 이들은 결코 '숨은 별'은 아니었다. 고려 불교를 대표하는 국사급 고승들이었기 때문이다. 그리고 불교계의 지도자치고 어느 시대에나 간경과, 그것이 참선이든 염불이든 간에 정진을 강조하지 아니한 사람도 없었다. 그런데도 이 두 스님을 구태여 숨은 별이라 일컬으면서 다른 불교지도자들과 구별 짓는 까닭은 무엇인가?

그리스의 소크라테스가 항상 아테네의 시장바닥에 나와서 자신의 주장을 역설하였기 때문에 그를 아는 사람들은 많았지만 정작 그의 뜻을 아는 이는 적었듯이, 의천과 지눌을 따르던 사람들은 많았지만 그들의 뜻을 아는 이는 극히 드물었다고 할 수 있다.

의천이 남긴 것

(1) 천태종 개종

의천의 업적은 두 가지로 요약된다. 하나는 천태종天台宗이라는 새로운 불교종파를 열었다는 점이요, 다른 하나는 당시 중국, 요, 고려, 일본의 불교인들이 저술한 주석책들을 수집하여 속장경續藏經이라는 이름으로 출판하였다는 점이다. 의천의 천태종 개종은 고려불교가 신라불교의 연장에 지나지 않았던 데서 벗어나 '고려인을 위한 불교'로 탈바꿈시킨 조치였다고 말할 수 있다. 의천 이전의 고려불교는 다섯 개의 교종계통 불교와 아홉 개의 산에 버티고 있던 선종계통 불교로 나누어져 팽팽히 맞서 있었다. 이러한 현상은 통일신라 말엽부터 나타난 모습이었다. 참선을 중요시하던 선종과 간경을 중요시하던 교종 사이에 벌어지고 있던 반목을 어떻게 없애느냐가 의천이 스스로 깨달은 자신의 사명이었다.

의천에게는 천태종에서 말하는 교관쌍수敎觀雙修의 교리야말로 그의 오랜 숙제를 풀어주는 가장 훌륭한 지도체계로 생각되었다.

그래서 의천은 1099년(숙종 4)에 천태종을 열지만 불행히도 천태종의 기틀이 채 잡히기 전인 1101년에 47세의 젊은 나이로 이 세상을 떠나고 말았다.

의천이 떠난 뒤, 천태종은 당초의 개종 목적과는 다른 방향으로 흘러가게 되었다. 김부식이 지은 영통사靈通寺 대각국사 비명이 의천을 화엄종사華嚴宗師로만 적고 있는 것을 보더라도 의천이 떠난 뒤의 천태종의 운명을 짐작할 수 있다. 그를 천태시조天台始祖라고 밝힌 것은 임존林存이 지은 선봉사 대각국사비인데, 이 비는 영통사 비가 세워진 지 7년 뒤인 1232년에 영통사 비문에 자극받은 천태종 승려들의 손으로 세워진 것이다.

(2) 『고려속장경』 편찬

의천은 『신편제종교장총록新編諸宗教藏總錄』이라는 세 권의 불교도서 목록을 지었다. 이것을 흔히 『의천록義天錄』이라고 하는데 불교 역사상 중요한 의미를 갖는 책이다. 의천은 종래의 불교인들이 인도에서 펴낸 불교 전적만을 삼장이라는 이름으로 떠받들고, 북방 아시아인들의 저술은 소홀히 하는 풍조를 늘 유감스럽게 여겼다.

'모든 중생이 그대로 다 부처님'이라는 불교의 근본교리에서 볼 때, 의천의 불만은 백 번 마땅한 것이었지만, 의천 이전에는 아무도 이를 문제삼은 사람이 없었다. 그래서 의천은 왕실의 반대에도 불구하고 속복을 입고 고려를 탈출하여 송나라로 건너가 1년 만에 중국인들이 쓴 3천여 권의 불교서적을 수집하여 돌아왔다. 이러한 그의 노력으로 『의천록』이 이루어졌으며 이 책은 다시 『고려속장경』이라는 이름으로 출판되었다.

그 당시 중국에서는 지승의 『개원석교록開元釋敎錄』에 의하여 『대장경』 출판사업이 이루어지고 있었다. 『개원석교록』은 분명히 경록으로서는 가장 훌륭한 것이었지만 전기류를 제외하고는 중국인의 저술을 포함시키지 아니하였다. 의천의 속경은 바로 지승이 넘지 못한 선을 넘어서자는 데 그 초점이 있었다.

이와 관련하여 오늘날 우리가 쓰고 있는 대장경이란 말을 누가 처음 만들었는가도 밝혀야 할 줄 안다. 대장경이란 말은 인도에서는 없었고, 의천이 살던 때의 중국인들도 삼경이란 말을 쓰고 있었을 뿐이다. 그런데 의천 뒤에 펴낸 『재조再雕 고려대장경』에서부터 우리나라 불교인들이 이 말을 즐겨 쓰고 있는 것을 보면 『삼경』을 『대장경』으로 확대시킨 사람은 바로 의천이 아니었던가 하는 생각이 든다. 아무튼 의천은 대장경 비신화화의 선구자였으며 지역적 또는 시대적인 권위주의에 대한 도전자였다고 할 수 있겠다.

지눌이 남긴 것

의천은 원래 선종을 탐탁하게 여기지 않았는데도 그의 뜻은 선종 승려인 지눌에 의하여 계승되었다. 지눌로서도 그의 일생을 통한 가장 큰 관심사는 선과 교를 어떻게 합일하느냐 하는 데 있었다. 다만 의천과 지눌이 다른 점이 있다면 전자는 교종의 입장에서 이것을 추구하고, 후자는 선종의 입장에서 그랬다는 것뿐이다. 이 점에서 두 사람은 서로 훌륭한 지기며 도반인 셈이다.

지눌은 의천이 세상을 떠난 지 약 반세기 뒤에 태어난 사람이다. 그는 여러 선배들의 영향을 골고루 받은 사람이었다. 선종에 속해 있었지만, 교종의 책을 두루 읽었으며 그러면서도 일생 동안 참선을 철저히 해나간 사람이었다.

의천의 선교합일은 천태종의 '교관쌍수'를 통해서 추구되었으나 지눌의 그것은 정혜쌍수定慧雙修를 바탕으로 삼은 것이었다. 정혜쌍수는 당시 세상을 풍미하던 『육조단경六祖壇經』의 기본사상이었다. 그러나 지눌의 정혜쌍수가 육조의 그것과 다른 것은 그 당시 6조의 정통파들이 금기로 여겼던 규봉 종밀圭峰宗密 계통의 돈오점수설을 오히려 필수불가결한 안목으로서 정혜쌍수설과 병행시켰다는 점이다.

육조의 정통파들은 항상 오悟만을 문제 삼으면서 수修를 논하지 아니하였으며 따라서 정혜쌍수의 수를 오와 관련시켜서 생각하였기 때문에 정도 혜도 모두 오悟의 경지에서는 모순되지 아니한 것으로 설명하고 있었다.

그러나 지눌은 오히려 수를 더 강조하였다. 그래서 그는 정혜쌍수를 습정균혜習定均慧라는 말로 바꾸어 쓰기를 즐겼으며, 돈오점수라는 말도 곧잘 선오후수先悟後修라는 말로 바꾸어 사용하였다. 습정은 분명히 선종 승려들의 참선을, 균혜는 교종 승려들의 간경을 뜻하고 있다. 이렇게 볼 때, 참선과 간경 이 둘을 함께해야 한다는 의천의 주장이 지눌에게서 다시 살아나 있음을 본다.

지눌의 사상체계에는 여러 가지 밝혀져야 할 의문점이 있다. 이것은 어느 시대를 막론하고 두 가지 극단의 지양을 체계적으로 수행하려는 종교철학 역사 위의 거물들에게 공통적으로 발견되는 문제점이라 하겠다. 다만 여기에서 밝히고자 하는 것은 지눌이 참선을 위주로 하는 선종의 체계 속에 교종의 간경이 지니고 있는 위치와 뜻을 분명히 했다는 점이다. 이 점에서 지눌은 의천을 계승하면서도 그의 뜻을 더욱 발전시켰다고 말할 수 있다. 그러나 지눌 역시 의천처럼 불행을 겪게 되었다. 지눌의 수제자였던 혜심慧諶(1178~1234)이 지은『선문염송禪門拈頌』 30권과『진각국사어록眞覺國師語錄』을 보면 이 사정을 잘 알 수 있다. 한 마디로 이 책에는 지눌의 한평생 관심사가 단 한 마디도 언급되지 않고 있는 것이다. 오직 발견되는 것은 송나라의 임제종 계통 선사들이 즐기던 선문답들뿐이다.

맺는 말

아무튼 고려 불교는 의천과 지눌의 뜻을 알아보지 못했다는 점에서 비판의 대상이 되어 마땅하다고 생각된다. 그러나 이러한 현상은 고려 시대에만 있었고 또 불교계에만 생겼던 일인가? 의천과 지눌의 경우를 거울삼아 오늘의 우리를 스스로 다시 한 번 살펴봄직하다.

의천과 지눌, 이 두 고려 불교의 숨은 별들은 조선조 오백 년을 이어가면서 유교의 온갖 박해 속에서도 우리나라의 불교가 민중 속에 뿌리 내리게 하는 데 크게 이바지하였다.

의천과 지눌은 그들이 살고 있었던 당시에 국사로 대우 받았으며 죽은 뒤에도 비석이 세워지고 역대 역사가들에 의하여 기억되고 있다. 그러나 그것으로 만족할까? 자기네 뜻을 모르는 사람들의 칭송이 설사 하늘을 찌른들 거기에 무슨 의미가 있겠는가…….

삶, 학문, 종교

질문 : 박 교수님은 1969년에 도미, 처음엔 텍사스 댈러스에 있는 Southern Methodist University(남감리교)의 신학부에서 약 3년간 기독교신학을 공부하신 것으로 알고 있습니다. 1962년부터 1969년까지 7년간 동국대학교 불교대학에서 인도철학과 불교학을 가르치신 불교학 교수가 어찌하여 미국으로 건너와 다시 신학생이 되신 겁니까? 무슨 특별한 사연이라도?

박 교수 : 사연은 무슨 사연, 세상이 좁아지니 이제는 남도 남이 아니라는 생각이 들어 결단을 내린 거죠. 불교학을 전공하는 사람으로서 세계에 진출하려면 서양 종교를 좀 알아야겠다 싶어서 겁도 없이 뛰어든 것입니다. 속 이야기를 좀 내비치자면 도미 직전까지 해인사에 살면서 성철 스님의 지도하에 참선 세계를 좀 맛보았습니다. 환희심이 나서 이를 어떻게 해야 서양 사람들에게 제대로 알릴 수 있을까 하고 궁리하던 나머지 그러기 위해선 무엇보다도 먼저 기독교를 본격적으로 공부해야겠다고 생각한 거지요.

질문 : 기독교 공부를 어떻게 하셨습니까?

박 교수 : 성경 공부를 주로 했습니다. 구약개론, 신약개론, 요한신학,

1970년 텍사스 댈러스의 남감리교 신학대 동창생들과(뒷줄 맨 오른쪽이 필자)

바울신학 등등 재미있게 공부했습니다. 신약성서를 희랍어로도 공부
했고 1970년 겨울엔 텍사스, 오클라호마, 아칸소 주에 있는 각종
기독교 수도원을 방문, 함께 숙식을 하면서 그들이 어떻게 도를 닦고
있는지 알아보려고 노력했습니다. 시간이 너무 짧아 아쉬웠지만 배운
바가 많았습니다. 제 일생 중 실수도 많이 했지만 생각할수록 잘했다
고 생각되는 것도 없지 않는데 그 가운데 하나가 신학교에 들어가
기독교 신학을 공부한 것이라고 생각합니다. 전혀 예상하지도 못했고
상상도 못할 일들을 많이 보고 듣고 배웠습니다.

질문 : 그 가운데서 가장 좋았던 것은?

박 교수 : '신神의 발견'이라고나 할까요. 기독교 신학을 공부하기 전에는
신이 그런 것인 줄 몰랐어요. 다시 말하면 저는 그동안 기독교의

신을 오해하고 있었다는 것을 깨달았지요. 제가 신을 오해하고 있었을 때 그런 신은 서양의 기독교에만 있는 것으로 알았는데, 알고 보니 기독교의 신은 기독교가 동양에 들어오기 전에 이미 동양에도 있었고 불교에도 나 자신에게도 있었다는 것을 깨달았지요. 좀더 구체적으로 말해 볼까요. 내가 만난 기독교인들의 말투, 행동방식, 또는 여러 가지 기독교적인 문화의 특징 가운데는 지금도 받아들이기 거북한 것들이 많은 것은 사실입니다. 그럼에도 불구하고 기독교 신학이 밝혀 보려고 애쓰고 있는 신은 그 이름이야 어떻게 붙이든 우리 불교 철학자들이 밝히려고 애쓰고 있는 것과 상통한다는 사실을 확인했다고 할까요, 그런 겁니다. 그래서 그런지 요즘은 기독교인들이 아무리 듣기 거북한 이야기를 해도 저 사람들이 왜 저렇게 이야기하는지를 이해할 것 같은 기분입니다. '이순耳順'이라 말하면 외람되지만 덤덤하게 듣고 있을 수 있는 인내심 같은 것은 생긴 것 같아요.

질문 : 박 교수님은 1971년부터 1977년까지 버클리 대학에서 불교학 박사학위 과정을 밟으셨습니다. 왜 기독교신학 공부를 더 계속하지 않았는지 그리고 그 많은 대학 중에 하필 미국의 버클리 대학으로 불교 공부를 하러 가셨는지 궁금합니다.

박 교수 : 공부는 결국 양의 문제가 아니고 질의 문제임을 재확인했다고나 할까요. 아무튼 우물을 파도 한 우물을 파야겠다는 생각이 들어서 미국 대학에서 다시 불교 공부를 시작하기로 결심한 것이지요. 깊이가 없는 박학다식은 자기에게도 남에게도 도움이 되지 않습니다. 제가 자주 받는 질문 가운데 하나가 "왜 불교 공부를 서양에 와서 하느냐"는 것입니다. 그러나 그것은 불교학계의 사정을 잘 몰라서 하는 질문인

1970년대 후반 버클리 대학에서 지도교수 루이스 랭카스터 교수와 함께 해인사 팔만대장경의 영문해설집 *The Korea Buddhist Canon*을 간행 작업하였다.

것 같아요. 오늘날 대학에서 불교학을 공부한다는 것은 한 마디로 말해서 '생각하는 훈련'을 받는 것이라고 말할 수 있습니다. 무엇이든 제대로 생각하기 위해서는 몇 가지 필요한 요건들이 갖추어져 있어야 합니다. 첫째는 '생각거리'가 분명해야 되고, 그 다음은 생각한 것을 입증하는 '분명한 자료'가 있어야 하고, 그리고 공부하는 사람이 스스로 생각하는 능력을 날카롭게 다듬어야 합니다. 첫째의 '생각거리'는 밤낮없이 생각해서 풀지 않고는 못 배기는 일종의 화두 같은 것이지요. 불교인들은 대개 이를 부처님이나 선지식들의 말씀에서 얻습니다. 둘째의 '자료 문제'는 이러한 말씀들이 적혀있는 책을 의미하며, 셋째의 '생각하는 능력'은 언어와 논리를 토대로 글을 쓰고 따지는 과정에서 발달합니다. 지금 서양의 대학에서 불교학을 한다 하면 제일 먼저 시키는 것이 언어 훈련입니다. 무엇보다도 먼저 불경을 제대로 읽을 줄 알아야 한다는 거죠. 그래서 인도의 범어 원전 공부나 중국의 한문 불경 공부를 철저히 시키는 것입니다. 그리고 자기가 지금 공부하고 있는 불경이 진짜냐 가짜냐를 따지는 불교문헌학의 문제나 이를 따지는 과정에서 그런 문헌이 만들어진 역사적, 사회적인 배경을 연구하는 불교의 역사적 연구 또는 넓은 의미에서 불교의 사회적 연구가 문제되는 것이지요. 이러한 여러 가지 문제들을 함께 생각해 볼 때 미국 대학에서의 불교 공부도 제대로만 하면 나쁘지 않다고 생각했습니다.

그러나 두고두고 문제되는 것은 공부하는 사람의 '마음자리' 문제인 듯합니다. 별 지식을 다 갖추고 있다 할지라도 마음자리가 바로 되어 있지 않으면 도적놈에게 원자탄을 맡기는 꼴이 되고 맙니다. 제가 아까 생각거리니 사고능력이니 하고 여러 말을 했지만 그렇게 말하는 저 밑바닥 깊은 속을 들여다보면 결국 마음자리 바로잡자는 말이지요. 그러므로 우리의 문제는 결국 철학과 종교의 궁극적인 문제로 되돌아가는 것이라고 생각합니다. 따라서 모든 인간이 평등하고 평화로우며 궁극적인 의미에서 자유롭다는 게 뭔가 하는 종교의 본질 문제와 씨름하지 않을 수 없게 되지요. 버클리 대학은 이러한 훈련을 받는 데 좋은 조건을 갖추고 있다고 말할 수 있을 것입니다.

질문 : 신앙적인 수행과 이지적인 학문을 겸비한다는 게 쉽지 않은 것으로 알고 있습니다만 박 교수님은 미국에 오셔서 언제부터 불교의 포교를 시작하셨습니까?

박 교수 : 절에는 꾸준히 다녔지만 나서서 포교를 했다는 말을 들을 정도

1975년 이한상 선생 가족과 함께 애리조나 그랜드 캐넌을 여행하며.
이한상 선생은 『불교신문』을 창설했으며 1969~1972년까지 대학생
불교연합회 총재를 맡는 등 불교 발전에 공헌하였다.

는 못 됩니다. 버클리
에 있을 때, 그러니까
1973년의 일이던가
기억이 희미합니다만
옛날 서울서부터 알고
지냈던 이한상李漢相
(1917~1984) 거사님
이 카멜의 삼보사三寶
寺에 수도원을 만들고
저에게 부원장 직을
맡기면서 한 달에 한
번씩 설법을 해 달라
해서 시작한 것이 그

후 뉴욕으로 이사온 뒤까지 한참 그렇게 했습니다.

질문 : 그동안 30여 년간 미국 속에 한국 불교를 어떻게 소개하였는지
알고 싶습니다.

박 교수 : 이 질문은 둘로 나누어 답변해야 할 것 같습니다. 하나는 좁게,
하나는 넓게 말입니다. 좁게는 버클리 대학에 제출한 저의 박사학위논
문이 「원효 연구」이며 요즘도 원효전서 영역 프로젝트 때문에 고통
받고 있으니까 이런 것을 두고 한국 불교를 서양에 소개하고 있다고
말할 수 있겠지요. 뿐만 아니라, 1980년대에 들어서면서 해인사의
성철 스님이 제기한 돈오점수와 돈오돈수의 논쟁에 뛰어들어 많은
글들을 발표한 것을 두고도 한국 불교를 서양에 소개했다고 말할

수 있을 것입니다. 그러나 넓게는 일체 중생과 함께 사는 순간순간이 바로 한국 불교의 선양이 아닌가 하는 생각이 드네요. 이것은 한국과 미국의 관계만은 아닐 것입니다. 너무 말이 거창한 것 같기는 합니다만, 전 우주를 향해서 전 우주적인 발언을 하는 것이 바로 한국 불교를 미국 사회에 소개하는 것이라고 할 수 있을 줄 압니다. 사람들이 중국 불교가 어떻고, 일본 불교가 어떻고 하면서 야단들이니까 우리도 뒤질세라 한국 불교를 내세워야 한다고 생각하는 것은 잘못입니다. 이 세상엔 뒤진 것 같은데 사실은 앞선 경우가 있습니다. 특히 종교의 세계가 바로 그런 것이라고 생각합니다. 남의 흉내내기에 급급해하지 말고 불교의 본래 모습을 보여주고 사람들이 '아하, 저것이 불교로구나!'라고 깨닫는다면 그것이야말로 한국 불교를 미국에 제대로 알리는 길이라고 생각합니다. 종교가 해야 할 일은 잘못된 자기를 죽여버리는 것이 아닌가 생각합니다. 출세지상주의, 금권지상주의에 빠지면 사람이 상합니다. 자기만 상하는 데에 그치지 않고 남들까지 상하게 합니다. 돈 많고 권력 많고 유명해져서 많은 사람들이 그 앞에 엎드려 절한다 할지라도 그 사람의 마음속 저 깊은 곳엔 항상 장삿속 계산기가 그칠 사이 없이 바삐 돌아가고 있습니다. 한 마디로 그런 짓을 종교인이 해서는 안 됩니다. 더더구나 불교인이 그래서는 안 되지요.

한국 사람이 한국 잘되는 것을 싫어할 사람이 어디에 있겠습니까? 한국이 잘되면 한국 사람은 누구나 다 덕을 보는데, 한국 사람이면 응당 한국이 잘 되도록 함께 노력해야지요. 그러나 지금 자기가 하고 있는 일이 지구촌의 어느 누군가를 괴롭히고 있다면, 그리고 마침내는 그것이 전쟁으로 이어진다면, 그런 짓은 자기의 조국과 싸우는 한이 있더라도 해서는 안 되지요.

일본 불교, 티베트 불교, 중국 불교 등 어느 나라 불교든지 다 불교이기 때문에 나쁠 것이 어디 있겠습니까? 그렇지만 일본 불교 이기주의, 티베트 불교 이기주의 또는 한국 불교 이기주의에 빠져 있으면 안 되지요. 천하가 두 조각 나는 한이 있다 하더라도 그런 풍조와는 싸워야 한다고 생각합니다. 지금 지구촌에는 가지가지 형태의 이기주의가 있습니다. 이런 것들과 결연히 싸울 힘을 제공하는 것이 종교입니다. 저는 종교의 본질이 거기에 있다고 생각합니다. 2,500년 전에 부처님이 세상에 나와 한 일이 무엇입니까? 그 당시 바라문교에는 문제가 많았습니다. 부처님은 거기에 저항하신 분입니다. 그리하여 역사의 물줄기를 바꿔놓으셨습니다. 마치 흘러가는 큰 강물의 방향을 바꿔놓듯이 말입니다. 그것이 다름아닌 부처님의 무아사상입니다. '내가 제일'이라는 생각이 없어졌을 때, 우리 인류는 다 평안하다는 것입니다. 그 뒤 500년 후에 예수님이 나타나 유대사회에 변화를 일으켰는데 그 때 어디에서 변화가 나타났습니까? 십자가 사건 후에 새바람이 불기 시작했습니다. 그가 살아 있을 때는 각광을 받지 못했습니다. 죽음으로써 대항하고 자기의 출세주의라든가 이기주의, 어느 특정 국가, 특정 민족, 특정 종교 등등 이런 것에 대한 계산이 없었습니다. 계산이 있었다면 새바람을 일으킬 수 없지요. 그런 것은 종교가 아니기 때문입니다.

그러면 우리 한국 불교가 미국에 상륙하여 그 역할을 하고 있습니까? 그 역할을 담당해야 합니다. 오늘 아침에 불교신문을 보니까 개신교는 얼마나 커지고 있는데 우리는 어쩌고 하는 기사가 크게 났던데 문제가 많습니다. 왜 그러는지 모르겠어요. 종교의 본질에 입각하여 남이 알아주든 말든 소신대로 살아야 합니다. 겉으로는 미미한 것처럼 보여도 그렇게 해야 거기에서 뿌리가 내리고 씨앗을 맺습니다. 한국 불교에 자랑할 것이 있다면 그것은 자기 출세에 급급해하지 않고 열심히 도 닦는 전통을 가지고 있다는 것입니다. 이것은 말없이 잘못된 사회풍조와 싸우는 전통이라고 생각합니다. 당당한 전통이지요. 이기주의를 바탕으로 하는 자본주의 국가인 미국에서 한국의 불교인들은 신선한 새 바람을 일으킬 수 있다고 생각합니다. 제발 너무 물량적인 성공 여부만을 따지지 말았으면 합니다.

질문 : 스토니부룩의 뉴욕주립대학교와 서울의 동국대학교가 힘을 합하여 지금 원효전서를 영역하고 있다는 말을 들었습니다. 언제쯤 책이 나올 수 있겠습니까?

박 교수 : 한국과 미국의 불교학자들만 아니라 중국과 일본에서 활약하는 학자들까지 포함한 국제적인 작업이기 때문에 예상보다는 시일이 많이 걸리는군요. 모두 20여 명의 학자들이 함께 하는 작업입니다. 지금 번역은 거의 다 끝났습니다. 그러나 아직도 할 일은 많이 남아 있습니다. 원효는 100여 종 200여 권의 책을 썼다고 전해지는데 지금 남아 있는 것은 약 23종입니다. 우리는 각 책마다 해설을 달아야 하고 각주와 용어집 작성 등등 산 넘어 또 산 같은 느낌입니다. 2006년, 동국대학교 개교 100주년에 맞추어 완간을 하려고 노력하고 있습니다.

질문 : 몇 년 전에 박 교수님은 미국종교학회에서 한국 불교의 '돈점논쟁頓漸論爭'을 가지고 세미나를 하신 적이 있었습니다. 미국 사람들도

1988년 미국 뉴욕 주립대의 케니 총장이 한국학과에서 주최한 '뉴욕 한국의 밤'에서 연설하는 모습

'돈점논쟁'에 관심이 많습니까?

박 교수 : 많다고 할 수는 없지만 관심은 있는 것 같습니다. 하와이대학교
출판사 불교학 시리즈에도 들어 있을 정도니깐요. 그런데 이 문제를
보는 시각이 각양각색입니다. 일반적으로 말해서 요즘 학자들은 사상
적인 문제에 대해서 그렇게 큰 관심이 없어 보입니다. 너무 논리실증
주의에 쏠려 문헌과 논리에 집착해 있습니다. 그리하여 어느 문헌에
뭐라 되어 있고, 어느 문헌에는 어떻게 쓰여 있고 하는 식으로 문헌에
쓰여 있는 것만을 나열하여 대중의 구미에 맞도록 해설하는 것으로
만족하고 있습니다. 문헌에 어떻게 기술되어있든지 간에 '이러면,
안 되지!' 하고 가는 방향을 바로잡으려는 기백이 없습니다. 홍수가
나서 한강이 범람했다고 칩시다. 이러한 경우, 우리들이 해야 할 일은
무엇입니까. 제멋대로 흘러가고 있는 홍수의 방향을 바꾸는 일입니

다. 안타깝게도 요즘 사람들은 안일주의에 빠져 있습니다. 물 흐름의 방향을 바꾸는 혁명적인 일을 하려고 하지 않습니다. 그저 이제까지 했던 것을 그대로, 마치 신문기자가 목표물을 사진 찍어 그대로 보도하는 식으로, 책에 있는 것을 그대로 소개하는 것으로 소임을 다했다고 생각하는 것 같습니다. 불행한 일입니다.

질문 : 미국의 불교학 발전에 박 교수님은 어떠한 기여를 했다고 생각하십니까?

박 교수 : 글쎄요, 쉬지 않고 열심히 뛴 것 같은데 어떠한 기여를 했는지 잘 모르겠습니다. 서양의 불교학에는 몇 가지 특징이 있습니다. 그 특징 중의 하나가 아까도 말씀드렸듯이 문헌을 중시하는 것입니다. 그런데 불교 문헌들은 미국 사람들에겐 외국어 문헌입니다. 한문, 팔리어, 산스크리트가 모두 외국어입니다. 불교 문헌은 크게 나누어 인도권 범어 문헌과 중국적 한문 문헌으로 나눌 수 있습니다. 미국 사람들은 한국의 석굴암, 일본의 나라 문화, 중국의 돈황 등 문화적으로는 동아시아(중국·한국·일본)에 매료되어 있습니다. 그런데 이 사람들은 문헌이 항상 문제가 되니까, 이에 관한 연구를 하려면 한문을 공부해야 하는데 이게 쉽지 않습니다. 한문도 단순한 한문이 아니고 옛날 원어와 옛날 문헌을 읽어야 하는데 그게 잘 되지 않습니다. 여기에 비하면 인도권 범어문헌은 의외로 자기들과 잘 통합니다. 언어학적으로 볼 때 범어와 희랍어는 형제간입니다. 희랍어에서 라틴어, 불어, 독일어, 영어 등 유럽 언어가 나왔습니다. 이들은 범어와 언어학적으로 형제간입니다. 언젠가 영국에서 불교학자 대회가 있었습니다. 내가 버클리대학교에서 공부하고 있을 때의 일입니다. 그

때 지도교수가 거기에 다녀와서 했던 말이 생각납니다. "세계 각지에서 약 300여 명의 불교학자들이 참석했는데 절대 다수가 범어, 팔리어 등 인도권 불교문헌 전공자들이었고 한문을 다루는 학자의 수는 극소수에 불과하더라." 한문이 어렵기 때문이지요. 한문 공부는 10년을 해도 별 효과가 없습니다. 그러나 범어는 문법이 서로 통하기 때문에 당장에 효과가 난다고 좋아하는 모습을 많이 보았습니다.

뿐만 아니라, 표의문자와 표음문자의 차이도 무시 못할 커다란 차이입니다. 한문은 표의문자여서 단어 하나하나, 문자 하나하나가 그대로 상징입니다. 그래서 강연장에서 아무런 말없이 "산山"이라고 외마디 소리만 내도 청중은 빙그레 웃습니다. 그러나 미국 대학 강의실에서 잡담 제하고 "Mountain"이라고만 발음하면 모두가 눈을 둥그렇게 뜹니다. 이 경우, 미국 학생들에게는 떠오르는 게 아무 것도 없습니다. 표음문자권 사람들은 문장이 되어야 의미가 통하고 웃기 시작합니다. 표의문자권 사람들은 문장이 안 만들어진 상태로 문자 하나만 가지고도 웃을 수가 있습니다. 웃는 이유가 다 다릅니다만 산山이라는 글자 하나만 가지고도 통합니다. 그런데 서양인들은 구체적인 문장이 있어야 합니다. 한국 사람들은 일상적인 대화에서도 예를 들어 회의하다 누가 일어나면 "가?" 하고 묻습니다. 그러면 응 "가!" 하고 대답합니다. 훌륭한 대화입니다. 그런데 서양사람들 사이에는 "가"를 Go라고 번역하여 "Go" 하면 아무도 알아듣지 못합니다. 이를 "Are you going now?" 이렇게 문장을 만들어주어야 대화가 됩니다.

어떤 서양의 불교학자들은 한문으로 된 불전은 아무리 읽어도 잘 모르겠다고 불평을 합니다. 그런데 인도의 산스크리트 문헌은 아주 명쾌하다는 것입니다. 요즘 일부 범어 학자들이 이러한 현상을 놓고 인도의 범어는 과학적이고 명석하고 그래서 위대한 사상이 나올 수 있었다고 말합니다. 이러한 발언에는 조심해야 할 과장이 있습니다. 문제는 언어의 차이입니다. 그래서 이러한 풍조에 휩쓸린 사람들은 선종의 불입문자 사상이 들어간 문헌들, 둘 아님을 강조하는 대승 불교 경전들을 번역하는 데 죽을 쑤고 있습니다. 그리고 다 그런 것은 아니지만 오역(mistranslation)과 오독(misreading)이 허다합니다. 오역과 오독은 왜곡(distortion)으로 이어집니다. 이런 짓들을 지금 불교학자들이 앞장서서 하고 있습니다. 그래서 저는 오랫동안 '이런 짓 그만 하자'는 운동을 전개해 왔는데 여전히 외롭습니다. 저는 처음에 박사학위만 받고 곧 귀국할 생각이었습니다. 그러다가 미국 온 지 8년 만에 박사학위를 따놓고 보니까 미국에 대해서 아는 것이 하나도 없는 것 같이 느껴졌어요. 그래서 미국대학에서 좀 가르쳐 보고 돌아가자고 마음을 바꿨지요. 다행히 소원대로 스토니부룩에 취직이 되어 몇 년을 가르치다가 또 마음이 바뀌었어요. 한국으로 돌아가도 할 일은 많지만 미국서 할 일이 더 많다는 것을 깨달았지요. 그게 뭘 것 같습니까? 거창하게 말하자면 파사현정破邪顯正인데, 학자들의 불교 이해라 할까 불교 해석이 너무 엉뚱해서, "이거 안 되겠다. 바로잡아야지!" 하는 생각이 들어서 오늘까지 이렇게 여기서 살고 있습니다.

질문 : 겪으신 외로움의 성격을 좀더 구체적으로 말씀해 주시지요.

박 교수 : 문제는 남을 정확히 이해한다는 게 쉽지 않다는 데에 있습니다. 엄격하게 말하자면 인간의 한계라고 말해야 되겠지요. 요즘 포스트

모더니즘이라고 하여 탈현대주의가 유행입니다. 1870년, 영국의 산업혁명으로 영국이 세계를 제패하였습니다. 이것은 물량적 가치관에 힘을 실어 주었습니다. 이러한 물량사회의 등장으로 이성주의가 판을 치게 됩니다. 나 홀로 미소 짓는 높은 경지 따위는 모두 구세대의 유물, 아니면 모종의 신비주의에 빠진 것으로 타기唾棄되고 있습니다. 그러나 이성주의는 이성 뒤에 숨어 있는 인간의 오만을 고발하지 못했습니다. 무명과 어리석음을 집어내지 못했고 말만 그럴싸하게 해 놓으면 환영받는 세상이 되었습니다. 가만히 생각해 봅시다. 지금 세상을 어지럽게 한 자가 누굽니까. 중세에 신을 앞세우듯 이성을 앞세운 자들입니다. 훌륭한 말 뒤에 숨어 있는 사람의 못됨, 어두움, 어리석음 등등에 대해서 이성주의는 속수무책이었습니다. 이성주의가 판 친 20세기에 무엇이 나왔습니까? 많은 사람들이 떼죽음을 당하는 세계대전이 두 번이나 일어나지 않았습니까. 그 밖에 각지의 크고 작은 전쟁을 모두 합하면 20세기는 전쟁의 세기라고 해도 과언이 아닐 것입니다. 핵무기, 수소폭탄 등의 대량살상 무기의 등장과 그 결과로 생긴 핵 보유국의 횡포는 불가형언입니다. 약한 무기를 가진 자는 종이 되었고, 강력한 무기를 가진 자는 옛날의 임금님 같은 대접을 받았습니다. 한 마디로 악마가 날뛰는 세상입니다. 그러니까 현대 큰일 났다, 현대에서 벗어나야겠다고 하는 것입니다. 이것이 탈현대주의고 탈이성주의라고 할 수 있을 것입니다. 그러나 여기에도 또 문제가 있습니다. 탈이성주의에 빠진 사람들은 말 되는 것에는 무조건 질색합니다. 활에 놀란 새가 활 비슷한 것만 보고도 질겁하는 현상이라 할까요. 아무튼 또 하나의 극단이지요. 나한테 좋으면 말이 안 되어도 좋다는 식이 되어 버렸으니깐요. 그래서 불경을 읽을 때도

"이렇게 읽으면 옳고, 저렇게 읽으면 틀리다"는 식의 원칙을 내세우면 질색합니다. 어떠한 가치판단의 기준도 용납하지 않겠다는 것이지요. 내가 이렇게 읽어서 좋으면 그렇게 한다는 것입니다. 이러한 포스트 모더니즘의 풍조가 지금 세상에 널리 퍼져 있습니다. 게으른 놈이 살기 좋은 세상이 되어 버린 거지요. 공부하는 사람은 항상 자기 자신에게 먼저 회의의 화살을 꽂고 힘들어 쌓아올린 공든 탑을 스스로 무너뜨리고 밤잠 못 자며 고통 받는 나날을 보내야 되는 것 아닙니까. 오역도 정역이라 말하면서 제멋대로 살려면 무엇 때문에 공부합니까? 출세하려고요? 그러면 안 되지요. 깨달은 사람과 깨닫지 못한 사람과의 차이는 드러나야 합니다. 길을 아는 사람과 길을 모르는 사람의 차이가 드러나지 않는 사회는 올바른 사회가 아닙니다. 지금 우리들이 해야 할 일은 쉽지 않습니다. 길을 갈 때, 누가 따라온다고 가고 따라오지 않는다고 가지 않을 수는 없지 않습니까? 사람들이 뒤따라오는 것이 그렇게도 그리우면 월스트리트로 가십시오. 거기 가서 증권거래 하고 어서어서 큰 부자 되십시오. 무엇 때문에 아무도 알아주지 않는 이 외로운 길을 걸으려고 합니까.

질문 : 박 교수님께서 미국 불교학계에 몸 담기 전부터 문헌학이 강세였는데 미국 불교학계에서의 변화는 문헌학의 경우 30여 년 전에 비해 더 심화되고 있다고 볼 수 있나요?

박 교수 : 솔직히 말해서 저는 문헌학자가 아니기 때문에 최근 문헌학계의 변화에 대해서는 잘 모릅니다. 옆에서 보자니까, '변해야 한다'는 목소리만 여기저기서 나올 뿐, 아직 이렇다 할 변화는 없어 보입니다. 문제는 광야의 외침 같은 '변해야 한다!'는 주장의 내용이 무엇이냐를

따지는 데에 있다고 봅니다. 종교계에서 제일 무서운 것이 '가치관의 변화'인데 요즘의 가치란 무엇이든 돈으로 환산해서 돈이 많으면 좋다는 것입니다. 물량적 가치관입니다. 돈은 많을수록 좋기 때문입니다. 이것이 그대로 종교계와 학계에 침투해 들어오고 있습니다. 종교란 원래 그런 것이 아니지 않습니까. 질적인 것이라야 겨울을 만나면 겨울을 이겨내고 봄에 싹을 내고 열매를 맺습니다. 양적인 것은 겨울을 만나면 자취도 없이 사라지고 맙니다. 그러므로 미국 불교학계에서 바라는 변화는 양적인 것이 아니라 질적인 것입니다. 그런데 이런 것은 지금 학자들의 관심사라기보다는 오히려 사회를 걱정하고 중생의 삶에 관심이 있는 종교적인 수행자들의 관심사인 듯합니다. 그런데 대학에서는 신앙과 학문을 딱 구별해 버립니다. 대학은 신앙의 장소가 아니라는 것입니다. 구세기 이성주의 독제시대의 유물이지요. 종교와 학문의 분리는 일리는 있으나 거기에도 함정이 있다는 것을 인정해야 할 것입니다.

불교학에는 여러 분야가 있습니다. 역사, 철학, 문학, 예술, 고고학, 정치경제 등등 불교가 2,500년 전 인도에서 나와 전 세계를 휘감고 있는데 무엇인들 불교와 관련 없는 것이 있겠습니까? 그러나 어떤 분야로 나아가든지 '불교'라는 말이 붙어있는 한, '불(佛)'의 의미가 문제가 되지 않을 수 없습니다. '불'은 무엇입니까? 그것은 깨달음입니다. 깨침입니다. 깨침이 문제되지 않는 불교학은 '수박 겉핥기 불교학'이지요. 그런데도 요즘의 불교학계는 깨침의 의미를 심각하게 문제삼지 않습니다. 종교와 학문을 분리해 놓았기 때문에 요즘 대학은 학자들을 고민하지 않고 편하게 잘 먹고 잘 살게 해주었습니다. 아이러니입니다. 앞으로 공학이 더 발달하여 로봇을 잘 개발하면 로봇으로도 할 수 있는 학문을 학문이라고 뽐내는 사람들이 많습니다. 남들에게 피해를 끼치는 잘못을 저지르고 어쩔 줄을 모르는, 살아 있는 사람의 학문이 나와야 합니다. 종교는 기계가 하는 것이 아닙니다. 그런데 이게 문제가 되지 않는다니 희한한 세상입니다.

질문 : 성철 스님의 돈오돈수 사상을 지지하는 불교학자가 미국에도 있습니까?

박 교수 : 없다고 말할 수는 없습니다. 그러나 '돈오돈수頓悟頓修'라는 말이 무슨 말인 줄도 모르고 기염을 토하는 논문에 대해서 큰 크레딧을 줄 수는 없습니다. 돈점을 직선적인 시간 선상의 길고 짧은 것의 차이라고 생각하는 학자들이 허다합니다. 한심스럽지요. 한국에서도 이 문제를 성철 스님처럼 생사를 걸고 따진 사람은 없었습니다. 성철 스님 평가는 앞으로 한국 선종사상사에서 본격적으로 다루어야 할 줄 압니다.

질문 : 미국의 불교학자들도 돈점사상이나 여래장사상 같은 선의 이론적 배경에 관심이 많은지요?

박 교수 : 학자들은 대학이 있기 때문에 생활할 수 있습니다. 그런데 요즘 대학에 해괴한 바람이 불고 있습니다. 명색이 대학이란 간판을 걸어놓고도 돈벌이 안 되는 학과들을 없애 버리는 풍조가 생겼습니다. 한국은 미국보다 더 심하더군요. 돈벌이 안 되는 학과에는 학생들이 오지 않는다고 하지 않습니까. 큰일입니다. 그러니까 일반적으로 철학과 종교에 관심이 없는 거지요. 그러나 생명을 다 죽일 것 같은 혹독한 추위를 이겨내려면 철학이 아니고서는 안 됩니다. 일부 학자들 사이에

철학적 관심이 없는 것은 아닌데 웬일인지 새로운 바람은 학계에 불지 않고 있습니다. 그런데 재미있게도 이러한 신선한 바람이 민중들 사이에서 일어나고 있습니다. 그래서 저는 앞으로 대학보다는 사찰이 중요한 역할을 해야 한다고 생각합니다. 신앙과 수행을 문제 삼고 민중과 고락을 함께하려는 보현행자들이 탄생해야 합니다. 그런데 신앙생활의 진원이고 요람인 교회나 사원들에 상업주의가 침투하고 신자들이 이기주의에 빠지는 경향이 있다는 말을 듣고 경악을 금치 못합니다. 그렇게 되면 신도수가 많은들 무엇 하며 건물이 아무리 거룩해 보인들 무엇 합니까. 수입 많은 것이 주가 되면 앞날은 암담합니다.

질문 : 불교학 박사들이 대학에서 자리 잡기 힘들다는 말을 들었는데 사실입니까?

박 교수 : 일자리가 많지 않은 것은 사실입니다. 불교학 과목들을 많이 신설하고 불교학과들이 많이 생겨야 하는데 그렇질 못합니다. 수요와 공급의 관계를 놓고 볼 때, 수요가 높아가고 있는 것은 사실인데 여전히 일자리는 없다 하면 뭔가 잘못된 거지요. 철저한 조사연구가 있어야 할 줄 압니다. 불교를 공부한 다음, 졸업 후에 대학으로 가든지 아니면 사찰로 가든지 그래야 하는데 이게 잘 안 되고 있지 않나 싶습니다.

질문 : 박 교수님은 미국 불교학계에 몸담으신 지 근 40년이 되어 갑니다. 앞으로 어떤 점에 주력하시겠습니까?

박 교수 : 저의 불교학은 참선에서 출발했다고 말할 수 있을 줄 압니다.

인천 용화사의 송담 스님과는 초등학교 시절부터 아는 사이입니다. 그래서 전강 스님도 알게 되었고 결국엔 동국대학교 불교대학에 가게 되었습니다. 동국대학교에 몸 담고 있을 때 성철 스님을 만나게 되었고 이러한 인연으로 저의 평생 관심사는 "선적 세계가 어떻게 가능한가"로 쏠리게 되었습니다. 선을 요즘엔 종파적으로 생각하는 경향이 있는데 말도 안 되는 소리입니다. 선은 어디에나 있는 것입니다. 어찌하여 선이 어떤 종파에 갇힐 수 있단 말입니까. "어디에나 있다"는 말은 무서운 말입니다. 이 말은 인간의 본질과 직결되는 것입니다. "공기는 어디에나 있다. 햇볕은 어디에나 있다." 어디에나 있다는 것은 언제든지 있는 것입니다. 이 말은 또 누구에게나 있다는 것입니다. 종교도 어디에나 있는 곳에서 나오는 것입니다. 여기에 종파란 있을 수 없습니다. 종파란 대개 일종의 집단이기주의에서 나온 것입니다. 처음에 시작한 사람은 잘못된 이기주의를 때리기 위해 시작하였지만 그 뒤를 따른 사람이 종파를 키워나갈 때는 자기 종파를 위해서 남의 종파와 경쟁하는 구조를 만듭니다. 이것은 자기모순입니다. 요즘 조사선은 잘 안 되는데 남방의 위빠사나를 하니까 잘된다고들 하는데 선이 무슨 체조란 말입니까. 잘 되니 안 되니 하고 말이 많으니까 하는 말입니다. 선이 무엇인 줄이나 알고 저런 말을 태연히 하나 하는 생각이 듭니다. 선문어록 중에 중요한 것이 『임제록』입니다. 임제록을 한 번이라고 제대로 읽어 보았다면 그런 소리는 못할 것입니다. 우리나라에서는 역사적으로 말해서 선에 대해서 커다란 문제제기를 한 책은 보조국사 지눌(1158~1210)의 『간화결의론看話決疑論』입니다. 그런데 사람들은 심지어 지눌을 전공하는 사람들까지 『간화결의론』에 대해 별로 관심이 없습니다. 뿐만 아니라 전문가들은 이 책의 중요한 대목에서 심각한 오역을 범하고 있습니다. 나는 이러한 오역에 대해서 저의 영문 저서인 *Buddhist Faith and Sudden Enlightenment*의 한국 말 번역, 『깨침과 깨달음』(윤원철 교수 번역, 서울 : 예문서원, 2002년 간행)의 한국어판 서문에서 상당히 자세하게 언급했습니다. 특히 『간화결의론』의 결론이라고 할 수 있는 마지막 문장은 선禪에 대한 지눌의 문제의식을 웅변으로 말해 주고 있습니다. 그러나 불행히도 이제까지의 번역들을 보면 마치 지눌이 참의문參意門 사구死句를 선양한 것처럼 만들어 놓고 있습니다. 사실, 지눌은 그런 짓일랑 절대로 해서는 안 된다고 강력하게 경고하고 있으며, 죽는 한이 있어도 참구문參句門 활구活句 참선하자고 눈물이 나도록 간절하게 호소하고 있는데 말입니다. 그래서 앞으로 시간이 있으면 '경전의 오독誤讀'을 바로잡는 작업을 해보고 싶습니다.

1945년, 8·15를 전후하여 한반도에서 서양이 힘을 쓰기 시작했습니다. 그리고 그 뒤 몇10년도 지나지 않아서 우리나라는 세계를 깜짝 놀라게 할 정도로 서양화가 되었습니다. 원정 출산이니 영어를 잘 하기 위해 갓난아이의 혀 수술을 하느니 등등 치욕적인 보도가 미국의 TV에 나옵니다. 나와 함께 봉직하는 이 곳 서양 교수들도 너무 놀라 곧잘 묻습니다. "어찌하여 한국은 그렇게도 빨리 서양화 되느냐?"고. 그렇게 물으면서 항상 고개를 갸우뚱할 때 저는 느낍니다. 말은 않지만 저들은 마음 속으로 '한국은 정녕 뿌리 없는 나라?'라고 의심하고 있을 것이 뻔합니다. 뿌리가 있는 민족이라면 있을 수 없는 일들이 너무 태연히 일어나고 있기 때문입니다. 이제 누구를 탓하겠습니까. 『임제록』이 있고 『간화결의론』이 있어도 이를 읽는 사람이 없으니, 이 지경에 이를 수밖에요. 미안합니다. 너무 하기 싫은 말을 많이 했습니다. 이제 그만합시다.

질문자 : 오랫동안 감사합니다.

「박성배 교수에게 듣는다」, 『미주현대불교』 2003
대담_김형근 기자

선의 혁명인가, 선의 변질인가?

숭산崇山 스님은 고봉 스님의 상좌였다. 그리고 고봉 스님은 충남 예산 수덕사에 오래 주석하셨던 송만공宋滿空(1871~1946) 스님의 도통을 이어받은 우리 시대의 대선사라고 한다. 걸출한 천품을 가졌던 것으로 알려진 만공 스님은 많은 일화를 남겼다.

1937년 3월 11일, 조선총독부 회의실에서 조선총독 미나미 지로南次郎에게 내린 추상 같은 불호령이 그 한 예다.

스님은 조선불교를 일본불교에 종속시키려는 조선총독부의 이른바 조선불교진흥책을 만든 자들을 아비지옥에 떨어질 놈들이라고 면전에 있는 총독을 질타하셨다. 한일합방 이후 일본 세력이 천하를 휩쓸 때, 조선총독부 청사에서 일본 총독을 이처럼 질타할 수 있는 힘은 어디서 나왔을까. 시세에 편승하여 이권을 노리는 장삿속 인생관을 가진 사이비 종교인들은 감히 생각도 못할 일이다.

시세時勢에 아부하지 않는 선禪의 정신이 그대로 드러난 것이다. 그러기에 민족 시인이기도 한 한용운(1879~1944) 선사는 만공 스님의 불호령을 '과연 사자후'라고 칭찬하였다.

만공 스님의 사자후 이후 60년이라는 짧지 않은 세월이 흘렀으며 세상은 많은 변화를 겪었다. 일본 총독부는 더 이상 천하를 휩쓰는 세력이 아니다. 동유럽 공산권이 무너지고 미국은 이제 세계의 초대강국이 됐다. 그럼 미국이 천하를 휩쓰는 힘이며 한국 불교를 억압하고 있는가? 그렇기도 하고 그렇지 않기도 하다. 미국인들이 한국 불교를 직접 억압하는 일은 없다. 오히려 그들은 달라이 라마를 지원함으로써 불교의 옹호자처럼 보인다. 그러나 미국은 또한 한국 불교의 억압자이며, 모든 억압적 가치관의 후원자이자 상징물이다. 이 땅에 상식을 부정하는 매우 공격적인 기독교인들을 후원한 것이 미국이며, 우리 민족에게 온갖 이기적이고 세속적인 가치관을 주입시킨 것이 또한 미국이다. 그리고 그 미국은 이미 우리 민족의 몸 속에 들어 온 미국이며, 오염된 우리 자신이다. 송만공 스님의 도통을 계승한 우리 숭산 스님은 지금 전 세계를 휩쓸고 있는 세속적 이기심에 어떻게 저항하고 계실까. 그것이 새삼스럽게 궁금해진다.

숭산 선사의 공안집이라고 일컬어지는 『온 세상은 한 송이의 꽃』을 한 번 살펴보자. "하루에 한 편씩 읽는 365일 선, 서구의 정신문화에 큰 충격을 불러일으킨 바로 그 책"이라는 출판사 현암사의 광고문이 제일 먼저 눈에 들어온다. 이 책에 실린 365일의 공안 가운데 어느 것 하나도 숭산 선사의 가르침 아닌 것이 없겠지만, 이 책의 맨 처음에 나오는 「머리 글」과 그 다음에 나오는 글, 「선禪의 가르침, 공안公案 수행 修行」은 숭산 선사가 직접 쓰셨다고 하므로 이 책을 이해하는 길잡이가 될 것이다. 이 두 글에 따르면 이 책의 핵심은 숭산 선사가 예전의 공안 수행을 비판하고 '선의 혁명'을 부르짖는 데에 있다.

"옛날엔 산속으로 들어가 바깥 세상과 인연을 끊고 여러 해 동안을 오직 공안 하나로 정진하는 것이 수행의 방법이었다.

그러나 오늘날 우리가 수행하는 방식은 공안을 일상 생활에 적용해서 올바르게 진리를 수용하는 방법을 배우는 것이다. 여러분이 무엇인가를 할 때는 그냥 그것만을 하라. 그냥 그것만을 할 때 아무 생각이 없게 되고 주체도 객체도 없어진다. 안과 밖이 하나가 된다. 이것이 바로 올바른 공안 수행이다. 매일의 찰나 찰나가 바로 우리의 공안이다. 이것이 우리의 선 혁명이다."(25~26쪽)

공안 하나로 정진하는 옛날의 수행 방법을 버리고 매일의 찰나 찰나가 우리의 공안임을 깨닫고 그 정신으로 세상을 사는 것이 결국 숭산 선사가 말씀하시는 선의 혁명이다. 매일의 찰나 찰나가 공안이라면 자연 일상 생활이 중요해진다. 산 속으로 들어가 바깥세상과 인연을 끊는 것이 아니라 오히려 이 세상에서 사람들과 함께 살면서 모든 사람들을 돕는 일이 중요한 의미를 가지게 된다.

그러나 문제는 어떻게 도울 것인가에 있다. 이에 대한 숭산 선사의 해법은 '오직 할 뿐' '그저 할 뿐' '그냥 그것만을 하라'는 것인데 여기에 대해 문제를 제기하지 않을 수 없다. 만공 스님이 조선총독부 회의실에서 일본인 총독을 불호령으로 꾸짖을 때, 거기에는 전국의 큰 절 주지스님들이 자리를 함께했었다. 큰 절 주지스님들은 침묵을 지켰고, 오직 만공 스님만이 불호령을 내렸다. 만일 우리들이 그 때 그 자리에 함께 있었더라면 어떻게 했어야 옳을까? 다시 말하면 오늘날 숭산 선사의 가르침을 따라 '오직 할 뿐, 그저 할 뿐'을 실천하는 것이, 큰 절 주지스님들처럼 침묵을 지키는 것이냐, 아니면 만공 스님처럼 일본인 총독에게 불호령을 내리는 것인지 결정해야 한다. 숭산 선사의 '오직 할 뿐'의 가르침에는 이런 대목이 밝혀져 있어야 옳을 것 같다. 지금 한반도 도처, 아니 세계 도처가 바로 '1937년 3월 11일의 조선총독부 회의실'이기 때문이다.

산중으로 도피하는 불교가 아니라 장바닥에 뛰어들어 사람들과 동고동락하는 불교, 개인의 특수 체험이 문제가 아니라 매일의 찰나 찰나가 공안이라는 숭산 선사의 혁명적인 외침은 외침만으로도 우리들의 정신을 크게 일깨워주는 위력을 가지고 있다. 그렇지만 숭산 선사의 외침 속에 자리잡고 있는 삶의 모습은 꼭 선사의 세계에만 있는 것이 아니다. 화엄종을 비롯한 교종 사람들이 강조하는 보살행 또한 비슷한 성격을 가지고 있다. 그러므로 숭산 선사가 주장하는 '선의 혁명'이 진정 '선의 혁명'이 되려면 거기에 어떤 선적인 면모가 있어야 할 것이다.

숭산 선사의 '오직 할 뿐'이라는 가르침이 '모를 뿐'이라는 말씀으로 나타날 때 스님 특유의 선적인 세계가 드러난다. 숭산 선사는 말씀하신다.

> "어떤 사람이 공안을 가장 잘 수행할 수 있는 방법이 무엇이냐고 묻자 한 선사가 '만 가지 물음이 모두 한 물음'이라고 말했다. 한 물음으로 수행하는 것은 '모를 뿐'인 마음으로 나아가는 일이다. 그저 할 뿐. 공안에만 집착하면 큰 문제가 생기는데 이것은 '선병禪病'이라는 큰 병이다. 공안은 달 가리키는 손가락이다. 손가락에만 집착하면 달을 보지 못한다. 가장 소중한 것은 목표이다. 목표가 바로 '모를 뿐'이다."(25쪽)

'오직 할 뿐'과 '모를 뿐'은 모두 단언적인 어법이다. 그리고 이들 둘은 동시에 실천되어야 할 성격을 지니고 있다. 그렇다면 우리는 어떻게 이들 둘을 함께 만족시킬 수 있단 말인가? 일상적인 삶 속에서 사람들을 도우면서 매일 매일 찰나 찰나 '오직 할 뿐'을 실천할 때, 어떻게 '모를 뿐'을 동시에 실천할 수 있을까.

  공안은 화두와 같은 말이다. 일본사람들은 공안이란 말을 선호하고 한국의 선승들은 공안과 화두라는 말을 함께 쓰되 일상적인 대화에서는 화두라는 말을 선호한다. 화두라는 말은 풀지 않고는 못 배기는 인생의 근본적인 질문처럼 참선할 때 풀지 않고서는 못 배기는 의문을 두고 하는 말이다. 화두의 근본적인 성격은 의문에 있다. 의문이 없다면 화두가 아니다. 계속되는 의문은 점점 자라서 의문 덩어리가 되어 마침내는 시공을 초월하여 항상 천지에 가득 차 있게 된다. 의문 덩어리는 의지의 산물도 아니고 지식의 산물도 아니다. 오히려 말 길이 끊어지고 마음 길이 끊어지고 뜻 길이 끊어지고 도리나 이치 등등의 길이 모두 다 끊어졌을 때, 스스로 나타난다. 배고픈 사람 밥 찾듯이, 목마른 사람 물 찾듯이, 어린 아이 어미 찾듯이 자연적 간절함으로 나타나는 것이다. 숭산 선사의 '모를 뿐' 참선이 화두의 이러한 치열한 의문 정신과 말 길과 마음 길이 다 끊어진 초월성을 모두 가지고 있지 않다면 이것은 만공 스님이 가르치신 활구 참선은 아닐 것이다. 이런 관점에서 숭산 선사의 공안집 출판과 함께 숭산선崇山禪이 과연 선의 혁명인가 아니면 선의 변질인가를 따지는 작업도 함께 진행되었으면 좋겠다.

  「숭산 선사 공안집(무심 편집, 현암사, 2001년) 『온 세상은 한 송이 꽃』의 서평」,
  『창작과 비평』 2001년 가을호에 수록

제2부

한국에서

보조지눌普照知訥, 정혜쌍수定慧雙修의 구현자

필연 속의 자유

전라남도 순천 송광사松廣寺는 한반도의 최남단에 자리한 조용한 거찰이다. 6·25전쟁의 참변으로 큰 법당이 불타고 자랑스럽던 장서각의 그 많은 책들이 한 줌의 재로 변하고 말았으나 주위에 감도는 아늑한 분위기는 여전히 이 곳을 찾는 사람들의 마음을 따뜻하게 해준다.

고려 신종 3년(1200)에 보조국사가 이 절로 온 후 임금도 벼슬아치도 선비도 백성도 모두 찾아와 불도를 닦았고, 그 뒤 16 국사國師가 뒤를 이어 나온 곳이다.

오늘날 세상이 비록 시끄러우나 송광사만은 일체의 시비를 초월하고 살림이 어려운 가운데서도 보조국사의 후예들이 법당을 새로 짓고 스승의 정신을 그대로 계승해 가고 있다.

보조국사의 속성은 정, 법명은 지눌이고 만년에는 목우자牧牛子라는 호를 즐겨 사용하였다. 목우자라는 호는 불교의 수도생활을 소 먹이는 것, 즉 목우에 비유한 것이다. 일체의 거짓이 다 사라져 없는 고요함 '적寂'과 일체의 참인 '진眞'이다 살아나 또렷한 '성惺'이 한 자리에서 가능한 모습이 인간의 본래 면목이라고 본 그는 이러한 참모습을 농부들의 소먹이는 것에서 발견하였다. 조급히 서두르는 일도 없고 그렇다고 게으름 피우는 일도 없이 어디까지나 여유 있는 모습, 원대한 꿈을 가지되 구체적인 현실에서 그 꿈을 살리는 건실한 정신, 일체의 대립이 지양되면서 양자가 함께 살려져 있는 세계가 그의 '목우자'라는 호에서 무한히 피어난다.

목우자는 고려 의종 12년(1158) 황해도 서흥군에서 당시 국학의 학정으로 있던 정광우의 아들로 태어났다. 태어날 때부터 병약하였던 목우자는 부모들의 걱정거리였다고 한다. 부모된 도리로서 정성을 다하여 좋다는 약은 다 써보았으나 아무런 효과가 없었으므로 정광우는 드디어 불전에 기도를 드리게 되었다. 그저 병만 나으면 자기 자식으로 키우지 않아도 좋으니 부처님께 바칠 결심이었다. 그 후 지극한 정성의 감응인지 아이의 병은 거짓말처럼 깨끗이 나았다. 이리하여 목우자는 나이 겨우 여덟 살에 부모가 정해준 대로 조계종 운손종휘雲孫宗暉에게 가서 머리를 깎고 중이 되었다.

죽어 없는 셈치고 불전에 바친 이 아이가 바로 한국 고유의 독창적인 선풍을 일으켜서 당시 길을 잃고 방황하던 후학들에게 올바른 길을 가르쳐 주고, 타락한 고려불교계에 새로운 생명을 불어넣은 후일의 보조국사였다.

남들 같으면 한창 어리광 피우며 부모의 귀염을 받고 지낼 어린 나이에 부모 슬하를 떠나 수도생활을 한다는 것은 쉬운 일이 아니었다. 출가 자체가 스스로의 결단에 의한 것이 아니고 자기도 모르는 사이에 그렇게 되도록 결정지어진 운명적인 것이었으니, 처음부터 수도정신이 확립되어 있었을 리도 없었다.

목우자가 절에 들어가서 처음 배운 것은 주위에서 듣고 본 것이 고작이었다. 목우자가 출가하여 4년째 되던 해에 정중부의 군사 쿠데타가 일어났다. 사회는 살육의 수라장이 되고 집권자의 위세는 도도하였다.

왕권의 보호 아래에 있던 당시의 승려들은 수도에는 뜻이 없고 정권의 추이에 더 큰 관심을 기울였다. 집권한 고관 대작들과 상종하고 왕궁에 출입하는 것을 큰 자랑으로 여기던 형편이었으니 승려들이 정치에 관여하는 것은 오히려 당연한 일처럼 되어 있었다. 정변이나 반란에 직접 간접으로 승려들이 끼어 있는 것이 보통이었다.

천품이 총명한 목우자에게는 이러한 현상이 도저히 이해되지 않았다. 불교가 국교인 이 나라에서 사회적 현실을 떠나 승려만이 홀로 초연할 수는 없겠으나 승려들이 과연 이러한 방식으로 정치에 참여하는 것이 옳은 일이라고는 생각되지 않았다. 그는 정치를 문제 삼는 세상 사람들에게 어떤 의미에서건 영향력을 미쳐 싸움 없는 사회를 만들어 주고 싶은 생각이 간절했다.

승려로서 세상 사람들에게 큰 영향을 미치기 위해서는 먼저 승려 사회에서 지도적 위치에 오르는 것이 첩경이라고 믿어졌다. 그러나 세속을 떠난 승려로서 세속 사람들에게 큰 영향을 미치는 방법에 대해서는 쉽게 의심이 풀리지 않았다.

목우자에게는 일정한 스승이 없었다. 자기 힘만으로는 풀 길 없는 이 거창한 의심을 깨끗이 풀어줄 수 있는 스승이 아쉬웠다. 자기가 미처 생각지 못한 것을 일러주는 사람은 누구나 반가웠다. 아무에게나 배우자…….

목우자는 스승과 제자의 관계를 특정한 어떤 사람과 어떤 사람의 관계로 고정시키고 싶지 않았다. 사람은 제각기 자기가 옳다고들 한다. 이러한 버릇은 나아가서 나의 스승과 나의 제자만이 옳다고 하게 됨으로써 파벌을 이루게 되고 사회를 시끄럽게 만드는 것이 아닌가. 올바른 것은 무엇이나 나의 스승이요, 나는 또한 누구의 제자도 될 수 있다.

목우자는 끝까지 자유롭게 배웠다. 당시 불교계는 많은 종파들이 대립하고 있었다. 문자를 중요시하는 교종과 문자를 넘어서자는 선종의 대립은 그 중에서도 대표적이었다. 목우자는 이러한 종파에 구애됨이 없이 닥치는 대로 모두 배웠다.

이 말을 들으면 이 말만이 옳은 것 같고, 저 말을 들으면 저 말만이 옳은 것처럼 느껴지던 것이 이 말도 저 말도 모두 옳은 면이 있고, 동시에 양자는 다 일면적인 허점을 지니고 있음을 깨달았을 때 목우자는 무한히 기뻤다.

세상 사람들은 자기 옳은 것에 곧잘 도취한다. 도취는 그것이 곧 속박임을 모른다. 나만이 옳다는 생각에 얽매이면 저편의 잘못만 보이고 옳은 면은 보이지 않는다. 저편의 옳은 것을 보지 못하는 것은 곧 나의 잘못된 면임을 모르게 된다. 이것은 사람들이 모두 일방적임에 그치기 때문이다.

목우자는 한쪽만을 알고 만족할 수는 없었다. 목우자가 후일 선과 교의 합일점을 찾아 한국 불교에 새로운 면을 개척한 것도 결코 우연이 아니고, 본질적으로 자유로운 그의 '배움의 자세'에 말미암은 결과라고 말할 수 있다.

목우자는 부지런히 공부한 보람으로 15세 되던 1182년(명종 12)에

승과에 합격하였다. 승과란 불교계에 지도적 인물을 뽑는 당시의 고시 제도다. 따라서 여기서부터 목우자가 불교계에서 출세할 수 있는 길이 활짝 열린 셈이었다.

그러나 목우자에게는 이에 만족하고 출세의 세계로 뛰어들 수 없는 또 하나의 욕망이 싹터 있었다. 수도자로서 목우자의 꿈은 보다 더 근본적인 데에 있었다. 불타의 가르침이 속계에서 방황하는 중생을 구제하는 데에 있으므로 중생이 사는 세상을 떠나 홀로 고요한 세계에 머물러 있는 것이 불제자의 본분이 아님은 명백한 일이다. 그러나 자기가 지금 지도자로서 높은 지위에 오른다고 해서 세상이 곧 조용해질 것 같지는 않았다. 세상이 시끄러운 원인은 지도자가 나오지 않는 데에 있다기보다는 지도자가 나올 수 없도록 세상이 굳어져 버린 사실에 있었다.

세상 사람들이 가치 있게 보는 것과 생각하고 행동하는 투는 모두 굳어져 있었다. 이렇게 모든 것이 딱딱해진 세상에서는 새로운 것이 나올래야 나올 수 없다고 믿어졌다. 목우자의 문제는 바로 여기에 있었다. 이것은 막연히 객관화된 세상에 있는 병이 아니고 목우자 자신 속에 내재한 병이었다. 어제 옳게 보였던 것은 오늘도 여전히 옳게만 보이고 어제 그르게 보였던 것은 오늘도 여전히 그르게만 보일 뿐, 옳은 것과 그른 것 사이에 그어져 있는 단절은 없어지지 않는다. 선과 악을 함께 초월하여 포괄코자 하는 자기로서는 미도 되고 추도 되는 근원적인 것이 무엇인가 알고 싶었고, 자기 자신이 그러한 완전자가 되고 싶었다. 일체의 대립을 지양한 세계만이 목우자의 관심을 끌었을 뿐 대립 속에 뛰어들어 추악한 싸움을 벌일 생각은 조금도 없었다.

그러므로 목우자에게 세상이란 대립하는 양자끼리의 추악한 싸움터에 불과하였고 한시라도 보고 있을 수 없는 가증스러운 것이었다. 그래서 목우자는 승과에 합격한 바로 그 해에 세속도 승단도 다 버리고 참의 세계를 찾아 당시의 서울 개성을 등지고 두타행각頭陀行脚의 길을 떠나고 말았다.

목우자에 있어서 여덟 살 때의 출가가 타의에 의한 운명적인 것이었다면, 모든 거짓을 박차고 개성을 떠난 것은 자유로운 결단에 의한 또 한 번의 출가라고 말할 수 있다.

수도자의 꿈

목우자가 살았던 12세기 후반과 13세기는 세계 역사상 주목할 만한 시대였다.

중국 송宋나라에서는 주희朱熹(1130~1200), 육구연陸九淵(호는 상산象山, 1139~1192) 등의 유학자들이 나와서 공자와 맹자의 가르침을 새롭게 하여 소위 송학을 대성하였고, 일본에서는 조동종曹洞宗의 도겐道元(1200~1253), 임제종의 에이사이榮西(1141~1215), 정토진종淨土眞宗의 신란親鸞(1173~1262) 등 일본 불교 각 종파의 종조들이 쏟아져 나와 일본 역사상 그 유례를 볼 수 없을 성자의 시대를 이루었다. 서양에서는 중세 최대의 철학자 토마스 아퀴나스(Thomas Aquinas, 1225~1274)가 나와서 기독교 철학의 체계를 세웠다.

목우자는 개성을 떠나기에 앞서 평양 보제사라는 절에서 열린 담선법회談禪法會에 참석한 일이 있었다. 담선법회란 궁극적인 경지를 체득하기 위하여 뜻을 같이한 도반들이 모여 선리禪理를 토론하고 함께 정진하는 모임을 말한다. 이 모임에서 목우자는 많은 동지들을 만났다. 목우자가 자기에게 약속된 일체의 명예와 이권을 버리고 결연히 개성을 떠날 수 있었던 이면에는 이 모임에서 만난 동지들의 영향이 적지 않았다.

동지들과 주고받은 이야기의 골자는 출가의 목적과 그 의의에 관해서였다. 석가세존은 태자의 몸으로 태어나 약속된 왕위도 버리고 부모와 처자들도 모르게 홀로 설산으로 들어가 도를 닦지 않았는가. 우리는 무엇 때문에 출가했는가. 불제자로서 오늘날 우리의 관심은 어디에 있으며 아침저녁으로 우리가 하고 있는 일은 무엇인가. 부끄러운 일이며 통탄할 일이 아닌가. 이렇듯 날카로운 자기비판이 오고 갔다.

이 때 이미 목우자의 태도에는 결심이 서려 있었다. 목우자는 곰곰이 생각하였다. '왕궁을 박차고 나서지 않을 수 없었던 석가의 심정이란 어떠한 것이었을까?'

석가가 출가할 때의 나이는 29세였다. 사나이의 나이 29세면 인생의 이모저모를 대강 짐작할 수 있을 때다. 더구나 석가는 남달리 총명하여 어린 소년 시절부터 당시의 일류 학자들도 그 탁월한 식견을 당해내지 못하였다고 하니 그가 '중생제도'(중생을 고해에서 극락으로 인도하여 줌)라는 말을 몰랐을 리 없다. 수많은 중생을 다 건지겠다는 석가의 서원이 대각을 이룬 다음에야 비로소 생각난 것은 아니리라. 중생제도를 절실히 문제 삼은 석가가 오히려 중생을 버리고 홀로 설산으로 들어갔다는 사실은 목우자에게 있어서 그냥 듣고 넘겨버릴 수만 없는 계시와도 같은 것이었다. 목우자는 이치를 알고 모르고가 문제 아니라 이치 그 자체가 되고 싶었다. 인간이 본질적으로 이와 같이 되지 못하고서는 구제 받았다고 말할 수 없다.

목우자는 석가의 출가에 보다 큰 의의를 부여하고 싶었다. 괴로운 인생에서 필연적인 운명의 한 과정으로서가 아니라 운명을 넘어서서 내 몸에 대자유를 구현하기 위한 첫출발이 바로 출가가 아닐까.

진리탐구도 좋고 정진삼매精進三昧도 좋고 중생제도도 좋다. 그러나 이 모든 것들이 나와 따로 떨어져 있다면 좋은 것은 저편에 있고 나는 그 좋은 것이 아니니 나에게 무슨 소용이 있겠는가. 사람들이 좋다고 말할 때는 일시적이나마 나와 좋은 것이 둘이 아니었을 때다. 양자가 둘로 대립할 때는 이미 좋은 것은 좋은 것대로, 나는 나대로 따로 떨어져 서로 무의미하게 굳어져 있는 상태다. 이 때의 나는 살았으면서도 죽은 물건과 다를 바 없게 된다. 우리는 남의 말만 듣고 남들이 좋다고 하니 나도 따라 좋다고 하는 식의 허수아비가 되어서도 안 될 것이며, 일시적으로 좋던 것을 영원히 좋다고 해도 안 될 것이다. 그러기 위해서는 좋은 것과 내가 영원히 하나가 되어야 할 것이다. 이 경지에 이르지 못하고 좋다고 하는 것은 모두 괴로움과 불안에서의 일시적인 현실도피에 불과하다. 현실도피는 자기를 속이는 거짓이다. 더구나 이러한 거짓된 무리들이 남을 제도한다고 덤비는 것은 자기의 그릇됨을 영원히 고정화시킬 뿐만 아니라 남들까지도 자기와 똑같은 병에 걸리도록 인도하는 격이다. 이것은 분명히 나에게만 해로울 뿐 아니라 남까지 해치는 것인 '자해해타自害害他'가 된다. 나에게 이로울 뿐 아니라 남까지 이롭게 하는 '자리이타自利利他'가 불교라면, 불교인은 먼저 나와 남이 둘이 아님을 깨달아야겠고 그 둘이 아닌 경지를 체득해야 되겠다.

목우자의 꿈은 자기의 출가가 곧 석가의 출가와 똑같은 의의를 지니는 데 있었다. 사나이가 한 번 출가하여 도에 뜻을 둔 이상 부처님과 똑같이 되어야 한다고 생각되었다. 부처님도 사람이고 나도 사람이다. 부처님의 제자 가섭도, 달마대사도, 원효대사도 모두 사람이다. 그들은 모두 사람으로서 부처님과 똑같은 경지에 도달했던 것이다.

부처님의 제자라고 하며 승복을 입고 다니는 사람들이 명예와 이권에 정신이 팔려 세상을 시끄럽게 하는 데 한몫 끼고 있는 것을 볼 때 목우자는 무한히 한심스러웠다. 그러나 목우자의 마음은 이러한 사람들을 보고 한탄만 하고 있을 정도로 한가롭지는 못했다. 자기 자신이 부처님과 같이 되지 못한 한 모든 것이 무의미했다. 목우자의 안중에는 오직 부처님만이 있을 뿐 현실비판도, 아니 불교의 교리까지도 자기와는 거리가 먼 남의 일처럼 느껴졌다.

목우자는 괴로웠다. 부처와 중생이 둘이 아닌 이론을 분명히 알았건만 부처와 중생이 둘이 아닌 세계가 곧 자기의 세계는 되지 못했다. 사람이 많은 것을 알고 있다는 것이 진정한 자기 영혼의 자유에는 아무런 힘이 되지 않는다는 사실을 뼈저리게 느꼈다. 무엇이건 그것을 안다는 것만으로는 소용이 없다. 나 자신이 바로 그 무엇이 되어야겠다. 아는 것과 되는 것의 거리를 단축하고, 나아가서 아는 것이 곧 되는 것인 경지를 체득하는 것이 목우자의 당면한 과제가 되었다.

목우자가 개성을 떠나 처음 도착한 곳은 전라남도 창평 청원사라는 절이었다. 이 절에서 목우자는 인간은 본래가 자유임을 투철히 깨닫게 되었다. 그것은 『육조단경』이라는 책을 읽다가 생긴 일이다.

육조 혜능慧能(638~713)은 목우자가 평소에 존경하던 중국 선종의 고승이었다. 무식한 나무꾼이었던 혜능이 나무를 팔기 위해 시장으로 가는 도중에 『금강경金剛經』 읽는 소리를 듣고 크게 깨쳐 드디어 선종의 제육대조가 되었다는 이야기는 목우자의 귀를 솔깃하게 하는 고무적인 것이었다. 육조의 유일한 저술인『단경』은 목우자가 일찍부터 읽고 싶던 책이었다.

"인간은 본래 자유롭다. 모든 것을 들을 수 있고 모든 것을 볼 수 있다. 그러나 보고 듣는 것에 얽매임이 없이 인간은 항상 자유롭다."

처음 보는 글도 아니요, 처음 듣는 이치도 아니다. 그러나 목우자는 『육조단경』을 읽다가 이 글귀에 이르러 깜짝 놀랐다. 놀라움은 곧 기쁨이었다. 가만히 앉아 있을 수가 없었던 목우자는 석가모니불을 모신 큰 법당을 무수히 돌면서 단경의 글귀를 외며 골똘한 생각에 잠기었다. 불타의 경지와 육조의 가르침과 자기가 홀연히 하나의 세계로 일치된 듯 싶었다.

이로부터 목우자는 수도에 더욱 정진하였다. 정진하면 할수록 더욱 더 목우자에게는 세상의 명리名利를 싫어하는 은둔적인 경향이 강해졌다. 목우자는 만년에 가서 이 무렵을 회고하여 다음과 같이 말하고 있다.

"괴로운 시절이었다. 마치 불구대천의 원수와 함께 앉아 있는 것처럼 참기 어려운 괴로움이었다. 생각은 자유와 해탈에 있었고, 몸은 감정과 부자유의 노예였으니 말이다."

그러나 목우자에게 있어서 자유와 부자유의 대립, 바꾸어 말하면 이상과 현실의 대립이 마치 원수와 함께 지내는 것처럼 심각하게 대립되지 않았더라면 그와 같이 철저히 정진하지는 못했을지도 모른다. 도저히 함께 지낼 수 없는 것이 원수다. 한 쪽이 없어져야만 문제가 해결된다. 괴로움을 없애기 위해서 목우자는 이상을 버리든가, 현실을 버리든가, 둘 가운데 하나를 선택해야 했다. 목우자는 이상을 버릴 수 없었다. 그러나 현실은 버리려 해도 버려지지 않았다. 따라서 목우자의 괴로움은 없어질 수가 없었다. 그래도 목우자는 끝까지 괴로움을 무서워하지 않고 이상을 향하여 정진하였다.

끝까지 버티는 강인한 정진력과 이 힘의 원대한 꿈은 목우자를 목우자답게 만든 그의 특질이라 말할 수 있을 것이다.

이상을 현실에서

목우자는 33세 되던 1190년(명종 20)에 평생 처음으로 『권수정혜결사문勸修定慧結社文』이라는 글을 발표하였다. 이 글은 경상북도 영천에 있는 거조사居祖寺에서 정혜사라는 순수한 정진 서클을 조직하면서 자기의 수도정신을 표명한 일종의 선언문이다. 이 글은 또한 한 구절 한 구절에 목우자의 간절한 자비가 서려 있는 명문으로 유명하다.

이로부터 경향 각지에서 목우자를 찾아오는 사람이 끊일 사이 없었으며, 목우자 있는 곳에는 언제나 승려나 일반인 할 것 없이 구름같이 모여들어 붐비었다. 목우자는 다시 조용한 수도장을 물색하게 되었고, 이리하여 발견한 좋은 절이 바로 지리산 상무주암上無住庵이라는 조그마한 암자였다.

상무주암에서 목우자의 일생의 방향이 전환되는 일대 사건이 일어났다. 수도자에게 사건이란 언제나 자기의 정신세계에서 일어난다. 이것

은 비록 내적인 세계에서 일어난 일일지라도 그 결과는 내외를 함께
일변시킨다.

사실 목우자는 큰 절을 찾아 송광사로 가면서도 속으로는 바깥 세상
의 번거로움이 싫었다. 그래서 목우자는 바로 송광사로 가지 않고 참선
잘하는 스님 몇 사람만을 데리고 약 3년을 지리산에 머물러 정진하였다.

어느 날『대혜어록大慧語錄』이라는 책을 읽어 내려가다가 '선이란 무엇
인가'를 정의하는 대목에 이르러 목우자가 이제까지 품고 있던 모든
의심이 일시에 다 풀어지고 말았다.

> "선이란 조용한 곳에 있는 것이 아니고 시끄러운 곳에도 있지 아니
> 하며, 일상 생활하는 가운데나 사색하고 따지는 데에도 있지 않다.
> 그렇다고 하여 조용한 곳과 시끄러운 곳, 일상 생활하는 가운데나
> 사색하고 따지는 것을 떠나서 참선하려 해서는 더욱 안 된다."

『대혜어록』에 있는 이 글귀는 목우자의 마음 속에 자취도 없이 도사
리고 있던 최후의 원수를 깨끗이 물리쳐 주었다. 목우자는 제자들에게
이 때의 심경을 다음과 같이 말하였다.

> "내 일찍이 육조 스님의『단경』을 본 뒤로 신념이 확고히 서서 한
> 번도 흔들린 적이 없었고, 조그마한 시간도 헛되이 보내지 않고
> 부지런히 공부를 하였다. 그러나 마음 한 구석에는 항상 무엇인가
> 걸리는 것이 있어 꼭 원수와 함께 지내는 것 같더니만 지리산에서
> 『서장』을 읽다가 홀연히 눈이 열리어 모든 의심이 일시에 풀렸다.
> 모든 것이 한 집안 일임을 알았다. 이에 이르니 원수도 없어지고

걸리는 것도 없어지고 그 자리에서 안락하더라."

이 때 목우자의 나이 41세였다. 얼마 안 있어 목우자는 송광사로 떠났다. 송광사에서의 목우자의 생활은 제자 교육과 저술 등 종래의 그에게서 볼 수 없던 철저한 현실 참여의 모습이 뚜렷이 나타났다. 십여 권을 넘는 목우자의 저술의 대부분이 이 곳 송광사 시절에 나왔다. 목우자는 분명히 지리산에서의 깨침 '오悟'를 정점으로 하여 커다란 방향전환을 일으켰던 것이다.

지리산에서 깨치기 이전의 목우자는 다분히 은둔적이고 사람 많은 곳을 싫어하였다. 그러나 송광사에서의 목우자는 소극적이 아니고 세상 사람들이 따를 수 없을 정도로 적극적인 보살행의 실천자였다.

목우자에게 이상과 현실의 거리는 없어졌다. 이상과 현실은 원래 서로 딴 것일 수 없었다. 현실을 떠난 이상이란 일종의 자기 욕심이 끼어 있는 것이었다. 자기가 부처가 되겠다고 벼르던 것도 자기의 욕심이다. 자기는 부처를 알지 못한다고 입으로는 겸양하면서도 생각으로는 부처는 이러이러한 것이라고 자기도 모르게 정의 내리고 자기 멋대로 정의 내린 바로 그 부처가 되겠다고 애를 썼으니 망상이 현실이 될 리가 없었다. 목우자는 이러한 현상을 가리켜 어리석고 어둠을 꽉 붙들어 잡고 놓지 않으면서도 지혜롭고 밝아지려고 애쓰는 것과 같다고 하였다. 이러한 사람들은 마음은 동쪽으로 가기를 바라면서 몸은 서쪽으로 향하여 걸어가고 있는 것과 다를 바 없다.

사람들이 대립된 양자 사이를 무한히 왔다 갔다 하면서 괴로워하는 것은 자기 자신을 양자 중의 어느 한쪽으로 국한시키기 때문이다. 대립된 양자 자체는 서로 다 자유롭게 움직이는 것인데 사람들이 그 중 어느 하나에 자기를 국한시킴으로써 자기도 그것과 함께 고정되고, 고정되지 아니한 그 밖의 것과 긴장 대립하게 된다. 그러므로 이 대립을 벗어나 진리를 깨닫기 위해서는 좋은 것이건 나쁜 것이건 자기의 욕심에서 발동한 망상으로 거기에 집착하여, 결국은 그것을 한정시키고 말 것이다. 인간이 본래 가지고 있는 자유를 스스로 한정하는 것이 바로 자기다. 특히 사람은 자기가 간절히 바라는 것에는 반드시 자기의 요청을 객관적으로 실재화하여 고정시키려는 버릇이 있다. 모든 불교인이 한결같이 바라는 성불(완전자가 되는 것)이라는 것에도 역시 똑같은 병폐가 있다. 부처나 완전자라는 뜻을 제멋대로 먼저 정의 내리고 덤비는 것이다. 그리고 그것은 나는 내가 나 밖에 따로 있는 것이라고 생각하게 만든다. 목우자는 말하기를 나 밖에 따로 있는 것은 결코 내가 될 수 없다고 한다. 그러므로 제자들에게 언제나 가르치기를 나 밖에 따로 부처가 있다고 생각하면 불교인이 아니고 사교邪敎를 믿는 사람이라고 하였다. 중생을 떠나서는 부처가 있을 수 없다. 중생은 바로 부처다.

그러나 목우자는 '중생 밖에 따로 부처가 없다'는 말을 '내가 바로 부처'라고 바꾸어 말할 때는 적지 않은 오류를 범할 우려가 있다고 경고한다. 자기 마음 속에 '나는 아직 부처가 못 되었다'는 생각이 있으면서 그러한 '나'를 바로 부처라고 단정해 버린다면 그 사람은 영원히 부처가 될 수 없다. 이러한 사람들의 병은 '나는 아직 부처가 못 되었다'는 그 생각에 있다. 그러한 병든 생각은 결국 '나'와 '부처'가 따로 있다고 잘못 판단 내린 데 있으며, 그 잘못된 '판단'은 오늘의 괴로운 현실적인 '나'를 영원한 '참나'[眞我]로 단정하고 고정화시켜 버리는 데 있다. '참나'

는 무엇이라고 단정할 수 없는 살아 움직이는 자유로운 '나'다. 자유로운 정신을 죽어 움직이지 않는 물체처럼 다루는 데에 인간의 근본적인 병이 있다. 이 병을 고치는 한에 있어서 '중생을 떠나 따로 부처가 없다'는 말의 생명이 있게 된다.

목우자는 이러한 정신에 입각하여 당시 사람들의 모든 '자기중심주의'를 비판하였다. 목우자의 입장에서 볼 때 선종과 교종의 대립이나 그 밖의 모든 인간적 대립은 모두가 한결같이 인간 본래의 모습으로 돌아가지 못한 때문임을 알 수 있다.

1210년(희종 6) 목우자가 송광사로 옮겨온 지 10년째 되던 3월 27일, 그가 열반에 든 날이었다. 그는 여느 날처럼 아침 일찍 일어나서 목욕재계하고 법당의 큰북을 쳐서 사내대중을 한 자리에 모아놓고 설법을 한 다음 제자들의 질문에 답변을 마친 후 앉은 채로 조용히 숨을 거두었다. 이 때 나이 53세였다.

'중생 밖에 따로 부처가 없다'고 부르짖은 목우자는 과연 부처의 길에 올랐다. '생각은 자유와 해탈에 있었고 몸은 감정과 부자유의 노예였다'고 한 그였으니만큼 이제 몸이 없어진 그는 완전한 자유와 해탈을 누리고 있을지도 모른다. 그러나 그가 바란 것은 자기 일신의 해탈이 아니었다. 속계에서 방랑하는 중생을 구제하기 위하여 그는 속계를 방랑하였고 제자를 모아 가르쳤다. 그는 그들에게 인간 본래의 모습을 보여주려고 했던 것이다.

목우자가 간 지 750여 년, 아직도 순천 송광사 경내에는 그의 모습을 연상케 하는 유적들이 남아 있다.

『한국의 인간상 제3권—종교가/사회봉사자 편』, 신구문화사, 1965

수심결修心訣, 돈오점수설의 철학적 기초

죽음을 마음대로 한 스님

사람은 누구나 한 번 죽는다. 누구나 죽는 그 죽음이건만 죽음 앞에서 태연한 사람은 드물다. 죽음도 인간의 한 생리 현상이라면, 배 고프면 밥 먹듯이, 졸리면 잠 자듯이 죽음도 그렇게 자연스럽게 맞이할 수 있으면 좋으련만, 그렇게 되지는 않는다.

구도求道로 얻은 불과佛果

일생을 깨끗하게 살아 온 사람이 죽을 무렵에 이제까지의 신념을 뒤엎는 망언을 하고 갖은 추태를 다 부렸다는 말을 들을 때, 죽음이란 것이 얼마나 어려운 관문인가를 다시금 깨닫게 된다. 하지만 불교계의 큰 스님들 가운데는 담담하게 이 어려운 관문을 넘어간 분이 적지 않았다. 그 중에서도 고려의 보조국사 지눌은 가장 담담하게 이 문을 지나간 분이다.

1210년 3월 27일. 그 날도 전남 순천 송광사의 아침은 조용하고 화창하였다. 지눌은 여느 때처럼 아침 일찍 일어났다. 세수를 하고 법복을 입은 다음, 북을 쳐서 대중을 법당에 모이도록 하였다. 지눌은 높이 차려 놓은 법상에 올라앉아 거침없는 언변으로 통쾌한 설법을 하였다. 그리고 제자들의 여러 가지 질문을 하나도 빠짐없이 친절하게 다 받은 다음, 주장자를 높이 들어 힘있게 법상을 내리쳤다. 그런 다음,

    모든 것이 이 가운데 있느니라.

라는 말을 하였다. 이 세상에 아무도 이것이 죽음을 눈 앞에 둔 스승의 마지막 모습이라고 생각할 사람은 없을 것이다. 그는 조용히 숨을 거두었다. 법상에 앉은 채, 설법을 하던 자세 그대로였다. 숨을 거둔 뒤에도 스승의 얼굴빛은 7일이 넘도록 산 사람과 조금도 다름없이 생기가 돌고 평화로웠다고 한다.

지눌은 1158년 고려 의종 12년에 지금의 황해도 서흥군에서 태어났다. 아버지는 당시 국학의 학정으로 있던 정광우고 어머니는 조씨였다.

지눌은 나이 여덟 살에 출가하여 중이 되었다. 오늘날은 중이 되었다고 하면 불행하게 되었다는 말로 오해하는 사람도 있지만 고려 때에는 불교가 국민교육의 기본 이념이었기 때문에 훌륭한 사람이 되기 위해서는 누구나 불교 교육을 받아야 했다.

그러나 어린 나이에 부모 슬하를 떠나 절간에서 수도 생활을 한다는 것이 쉬운 일은 아니었다. 천품이 총명하고 성실한 지눌은 모든 어려움을 무릅쓰고 열심히 공부하였다.

25세 되던 해에 지눌은 승선에 합격하였다. 열심히 공부한 보람이 나타난 것이다. 승선이란 승려들의 지도자를 뽑기 위한 국가고시 제도

였으므로, 이 때 이미 지눌에게는 승려로서의 출세의 길이 활짝 열린 셈이었다. 그렇지만, 지눌의 마음은 출세에 있지 않았다. 비록 승선에는 합격하였으나 개성에 더 이상 머물러 있을 생각이 없었다.

지눌은 드디어 구도 행각의 길에 올랐다. 흘러가는 물처럼 하늘의 구름처럼 지눌의 발길은 정처 없었다. 그러는 동안에 도착한 곳이 지금의 전남 창평 청원사였다. 여기에서 지눌의 일생에 중요한 사건이 일어났다. 그것은 『육조단경』이라는 책을 읽다가 깊은 정신적 경지를 체험한 것이다.

41세 때의 성찰 송광사에서의 저술

종교인에게는 진리를 깨달았다는 것 이상의 더 큰 사건은 없다. 깨달음이란 비록 내적인 정신상의 조용한 사건이지만 그 결과는 인생을 송두리째 바꿔놓는 것이다. 이 때 지눌의 깨달음은 불교의 궁극적인 깨달음은 아니었다. 그러나 그 뒤 지눌의 관심은 세상의 명리에서 더욱 멀어지고 궁극적인 진리를 기어이 깨치고야 말겠다는 구도열이 더욱 뜨거워져 갔다.

지눌의 이와 같은 구도열은 『화엄론』을 읽고 더욱 강해졌으며, 그의 나이 33세에 지은 『권수정혜결사문勸修定慧結社文』을 통해 밖으로 드러났다.

쉴 줄을 모르고 옆눈을 팔 줄 모르는 지눌의 피나는 정진은 40이 넘도록 한결같이 계속되었다. 드디어 지눌이 41세 되던 해, 그의 모든 의심은 씻은 듯이 다 없어지고 드디어 진리는 확인되었다. 피나는 정진은 마침내 고비를 넘긴 것이다. 지눌은 지리산 상무주암에서 참선을 하는 여가에 『대혜어록』이라는 책을 읽다가 대각을 성취한 것이다.

이로부터 53세에 세상을 떠나기까지 지눌은 순천 송광사에서 자기의 괴로움을 돌보지 아니하고 저술과 설법을 통해서 중생 제도에 전념하였다. 지눌의 많은 저술은 대부분 그가 진리를 깨달은 후 순천 송광사에서 집필한 것으로 알려져 있다. 그는 다음과 같은 저술들을 남겼다.

『권수정혜결사문勸修定慧結社文』
『계초심학인문誠初心學人文』
『진심직설眞心直說』
『원돈성불론圓頓成佛論』
『간화결의론看話決疑論』
『화엄론절요華嚴論節要』
『법집별행록절요法集別行錄節要』

수심修心의 지침

진리를 탐구하는 사람에게 있어서 가장 소중한 것은 올바른 안목을 갖추는 일이다. 안목이 갖추어져야 그 사람의 행위가 올바를 수 있기 때문이다. 눈먼 장님은 올바른 길로 갈수 없고, 눈을 바로 뜬 사람은 길 아닌 길로 가는 법이 없다. 보조국사 지눌의 일생을 계속 일관한 문제도 바로 이것이었다.

종교인은 현실을 바로 보고 영원을 내다볼 줄 아는 눈을 가져야 한다. 현실은 눈에 보이는 것만이 전부는 아니다. 그러나 세상 사람들은 흔히 눈에 보이는 것만을 전부로 알기 때문에 평생 육체를 가꾸는 데 정력을 모두 바친다. 어리석기 때문이다. 마음 속에 가득찬 탐욕과 애착에 눈이 가리어 사물을 제대로 못 보기 때문이다.

이기주의적인 탐욕과 애착을 떠나서 사물을 올바로 볼 수 있기 위해서는 '마음'을 닦아야 한다. 그래야 진리를 깨달아 일생을 뜻있게 살 수 있다.

'어떻게 마음을 닦을 것인가?'

'도대체 마음이란 무엇인가?'

이러한 문제를 알기 쉽게 가장 잘 풀이한 책이 보조국사 지눌의 『수심결』이다.

신통보다 수련의 돈오점수설

지눌에 의하면, 마음을 닦고자 하는 사람은 먼저 올바른 믿음을 가져야 한다고 한다. 이 세상 사람들은 믿지 못할 것을 많이 믿고, 진실로 믿을 만한 것은 믿지 않는 경향이 있다.

지눌은 『법화경』에 나오는 '불난 집'의 비유를 인용하면서 세상 사람들이 가지가지의 괴로움 속에 시달리고 있다는 사실을 각성시키고 있다. 괴로움은 무명에서 생기고 무명 가운데 가장 큰 것은 인간을 무가치하게 보는 것이다. 부처님은 "내가 일체 중생을 두루 다 살펴보아도 여래의 지혜 덕상이 완전히 갖추어져 있지 아니한 사람이 하나도 없다"고 하셨지만, 세상 사람들은 이 말씀을 믿지 못한다. 진리를 밖에서만 찾고 자기 자신을 돌아보려고 하지 아니하니 이 얼마나 답답한 일인가! 보배를 자기 품 속에 안고 다니면서도 밖에서만 찾는다면 천만 년을 찾은들 찾을 수 있을 것이며, 갖은 애를 다 쓴들 찾을 수 있겠는가. 설사 보배를 찾기 위해 갖은 착한 일을 다 한다 해도, 그 사람은 착한 사람은 될 수 있을지언정 아직 보배를 찾지는 못한다.

중생들의 괴로움을 하나하나 다 열거하자면 한이 없다. 괴로워하는 원인, 괴로워하는 모습은 다 다르다. 하지만 내용은 단 한 가지 불타는 욕망일 뿐이다.

그러면 우리는 괴로움에서 벗어나기 위해서 그 욕망을 끊어야 할 것인가? 아니다. 욕망에 잘못이 있는 것이 아니고 욕망을 충족시키는 방법이 잘못되어 있는 것이다. 자기 안에서 찾아야 할 보배를 밖에서 찾고 있는 것이 잘못이다. 아무리 찾아 헤매어 보았자 나타나지도 않을 엉뚱한 곳에서 찾고 있기 때문에 힘만 들고 찾아지지 않는 것이다. 욕망이 충족되지 않기 때문에 욕망은 더욱 갈증이 나서 불타는 것이다. 구하는데 얻어지지 않는 욕구불만이 인간 고통의 근원이다. 그런데, 이 고통은 보배를 찾을 곳에서 찾지 않는 인간의 어리석음 때문에 생긴 것이다. 그래서 불교에서는 목마른 듯한 애욕, 즉 갈애를 어리석음 다시 말하여 무명이라고 하는 것이다.

지눌은 『수심결』 첫머리에서 다음과 같이 힘주어 말하고 있다.

"과거의 모든 부처님도 모든 보배의 창고인 이 마음을 깨달아 부처가 되었고, 현재의 여러 성자들도 이 마음을 닦은 사람이며, 미래의 진리 탐구자들도 이 마음을 떠나서는 진리를 찾을 수 없다."

수도하는 사람은 진리를 밖에서 찾지 말라는 것이 지눌의 간곡한 부탁인 것이다. 사람마다 원만 구족한 부처님의 성품을 지녔으니 이를 꼭 믿고 밖에서 찾는 허덕임만 쉬면 누구나 다 있는 그대로 뚜렷한 부처님이라는 것이 지눌 사상의 대전제다.

그렇다면 누구나 다 가지고 있는 불성을 어째서 우리는 지금 못 보는 가? 지눌은 사람이 하는 모든 일은 모두 부처가 하는 일이라 한다. 사람들은 몸소 부처 노릇을 하고 있으면서 그것을 모르고 있을 뿐이다. 세상 사람들은 어리석어서, 신통을 부리고 남다른 일을 해야만 부처라고 생각한다. 그리하여, 이들은 내가 곧 부처인 줄 분명히 알았는데 어째서 신통이 안 생기느냐고 의심한다.

지눌은 또 다음과 같이 말한다.

> 진리를 탐구하는 사람은 모든 일에 선후와 본말을 가릴 줄 알아야 한다. 신통이란 종교의 세계에 있어서는 근본이 아니고 아주 지말에 속하는 일이기 때문에 오히려 멀리하는 것이다. 또 과거에 부처님이나 그의 제자들의 신통 조화가 보통이 아니었던 것은 모두 오랜 수련 끝에 나오는 것이었다. 그런데, 처음부터 신통이 나기를 바란다든지, 신통이 안 난다고 하여 사람 사람이 모두 부처라는 진리를 의심한다면 이는 자기만 그르칠 뿐 아니라 남들까지 그릇되게 하는 것이니 아주 조심해야 한다.

그러면, 어떻게 하여야 우리는 이러한 오류에 빠지지 않고 올바르게 수도해 나갈 수 있을까.

진리의 세계에 들어가는 길은 헤아릴 수 없이 많지만 간추리면 '깨닫는 문'과 '닦는 문'의 둘로 요약할 수 있다. '깨닫는 문'과 '닦는 문'은 서로 어떠한 관계에 있는가. 먼저 깨닫고 다음에 닦아야 한다. 즉 '선오후수先悟後修'라 한다. 지눌은 '선오후수'라는 말을 '돈오후수頓悟後修'라는 말로도 표현한다. '깨달음'이란 시간이 걸리지 않고 즉시 이루어지는 정신적인 사건이므로 '돈오'라 하고, '닦는다는 것'은 이 육체가 세상을 떠날 때까지 꾸준히 해야 하는 것이기 때문에 '점수'라 한다.

지눌의 사상 가운데 제일 복잡하고 가장 중요한 문제가 '돈오점수설'이다.

지눌은 '돈오'를 다음과 같이 정의하였다.

> 어리석은 사람들은 인간을 물질적으로만 해석하여 육체를 인간의 전부로 알고 인간의 마음은 망상을 일으키는 나쁜 것으로만 알고 있다. 이와 같이 인간을 잘못 해석하고 있기 때문에 자신이 그대로 '진리의 몸'이며 자기의 영지가 그대로 참다운 부처인 줄을 모른다. 이를 헛되이 밖에서 찾는다. 끝없이 헤매기만 하는 것이다. 그러다가 선지식을 만나면 그의 지도 아래 한 생각을 돌려 자기 자신을 살필 줄 알게 된다. 우리의 자성은 원래 번뇌가 없고, 무궁무진한 부처님의 지혜를 본래부터 완전 무결하게 갖추고 있기 때문에 우리는 여러 부처님들과 조금도 다름 없다는 사실을 확실히 깨닫게 된다. 이것을 돈오라 한다.

깨달았다고 하는 것은 곧 '내가 이대로 조금도 틀림없는 부처임'을 확인하는 말이다. 지눌에 의하면 사람은 깨달은 다음에 부처가 되는 것이 아니고 원래가 부처라는 것이다. 자기가 부처이면서도 부처인 줄 모르고 사는 사람을 중생이라 하고, 자기가 원래 부처임을 의심 없이 깨달은 사람을 견성한 도인이라 한다.

'부처'라는 말의 원어는 '붓다'다. '붓다'라는 말은 '깨달은 사람'이라는 뜻이다. 그렇다면 아직 깨닫지도 못한 사람을 부처라고 함은 잘못이 아닌가? 그러나, 이러한 의문은 깨달은 내용을 모르는 사람들이 깨달았다는 말에 얽매여 부처를 생각하기 때문에 생긴 오해에 불과하다. 견성한 도인들이 깨달았다고 할 때, 그 깨달은 내용은 다른 것이 아니고 자기가 원래 부처였음을 깨달은 것이다.

여기에서 말하는 '부처'란 중생에서 부처로 넘어가는 비약을 강조하는 말이 아니라 깨달은 사람이 가지고 있는 지혜와 덕성을 말하는 것이다.

실로, 불성은 성인이라고 하여 더 불어나는 것도 아니고 범인이라고 하여 더 줄어드는 것도 아니다.

수양에 의한 성불 - 점수漸修

그러면 점수란 무엇인가?

우리의 본성이 비록 부처님과 조금도 다름이 없다는 것을 깨달았으나 사람에게는 '습기習氣'라는 것이 있다. '습기'란 이제까지 익혀 온 모든 습관을 말한다. 사람의 습관은 그것이 정신적이거나 육체적이거나 간에 일시에 없어지는 것이 아니다. 무한한 옛날로부터 세세생생토록 익혀 온 버릇이기에 더욱 그렇다. 자기가 깨달은 바에 의지하여 꾸준히 닦아 나가야 점점 애쓴 공력이 확대되어 마침내 성자가 되는 것이다. 이를 점수라 한다.

지눌의 사상에서 '점수 사상'은 매우 중요한 위치를 차지하고 있으며, '돈오 사상'보다 더 이해가기가 힘들다고 한다. 보통 '깨달았다' 하면 이젠 부처가 되었다는 말로 이해하기 때문에, 더 이상 닦을 것이 없어야 한다고 생각한다. 그리고 아직도 더 닦아야 한다면 그런 사람을 어찌 깨달았다고 할 수 있느냐고 반문한다.

지눌은 '깨달았다'는 것을 불완전한 상태에서 완전한 상태로 넘어간 것으로 이해하면 안 된다고 한다. 깨닫는 것은 '완전'과 '불완전'의 구분의 차원을 함께 뛰어넘는 것이다. 뿐만 아니라, 지눌이 말하는 부처란 깨달은 다음에 되는 부처를 말하는 것이 아니라 자기의 '본래 부처'를 말하는 것이다.

지눌은 깨달은 다음에도 닦아야 한다는 것을 매우 강조한다. 깨달으면 더 닦을 것이 없다는 잘못된 생각 때문에 많은 훌륭한 인재들이 더 이상 공부를 하지 아니하고 타락해 버리고 있다고 통탄한다.

지눌은 자기의 점수 사상을 이해시키기 위하여 '어린이의 비유'를 들어 설명한다. 어린이는 처음 태어날 때부터 이미 어른과 조금도 다름없이 이목구비와 오장육부를 다 갖추어 가지고 있지만 어른과 같은 힘을 쓰지는 못한다. 꾸준히 자라서 어른이 된 다음에라야 비로소 제 구실을 다 할 수 있다.

『수심결』에 나오는 지눌의 모든 말씀은 '깨달음'이란 무엇이며, '닦음'이란 어떠한 것이며, 그리고 이 양자의 상호관계는 어떠한가를 밝히기 위한 것이다.

그 다음으로 지눌이 밝혀야 할 문제는 깨닫는 방법에 관해서다. 이에 대한 지눌의 답변은 아주 간단하다. '네가 바로 부처'이니 무슨 딴 방법이 필요하겠느냐는 것이다. 사람은 자기 눈을 자기가 못 보는 법이다. 그렇다고 하여 눈이 없다고 말할 수는 없다.

그러므로 일체 만물을 보는 그것이 바로 자기 눈인 줄만 알면 눈을 밖에서 찾으려는 생각도 없어지고 눈을 아직 못 보았다는 생각도 없어지게 된다. 우리의 불성도 꼭 이와 같아서 불성을 확인하는 방법이 따로 없고 다만 밖에서 찾으려고 허덕이는 생각만 쉬면 된다는 것이다. 그러나 이러한 간단한 이치가 오히려 더 많은 오해를 일으키고 있기 때문에 지눌은 여러 모로 그 병통을 따지고 또 해명했다. 그의 만년의 저술인 『법집별행록절요』 또는 『간화결의론』에 그의 해명이 잘 나타나 있다.

보배를 얻으려면 육신을 버려라

『수심결』의 일부를 번역 소개하면서 그 값진 사상을 알아보자.

이 세상 괴롭기가 마치 불난 집과 같거늘 어찌 그 참기 어려운 고통을 감수하고만 있을 것인가. 괴로움이란 곧 헤맴이다. 헤맴에서 벗어나려면 부처님을 찾아야 한다. 부처님은 내 마음을 떠나 따로 없다. 부처님을 어찌 밖에서 찾으려 하느냐? 내 마음을 살펴야 한다. 사람의 육체란 일시적인 존재다. 태어난 사람은 누구나 다 죽지 않더냐? 그러나, 참된 마음 자리는 푸른 하늘처럼 없어지거나 변하는 것이 아니다. 그러므로 사람이 죽으면 육체는 곧 썩어 자연으로 돌아가지만, 신령한 '한 물건'은 천지와 더불어 영원하다.
정말 안타깝다. 요즘 사람들은 어리석어서 내 마음이 '참된 부처님'인 줄을 알지 못하며, 자기 성품이 '참된 법'인 줄을 모르고, 법을 구하되 멀리 성인에게서 찾고, 부처님을 찾으면서도 자기 마음은 살피지 않는구나. 만일 "마음 밖에 따로 부처님이 있고, 성품 밖에 따로 법이 있다"는 생각을 고집하면서도 수도를 한다면, 이러한 사람은 아무리 오래도록 갖은 애를 다 써서 벼르던 수도를 다한다 할지라도 그것은 한갓 헛수고에 불과한 것이다. 이것은 마치 모래는 아무리 오래도록 삶아도 밥이 되지 않는 것과 같은 이치다.

다만 자기 마음만 알면 수많은 법문과 한량 없는 진리를 저절로 얻게 되는 것이다. 그래서 부처님께서 말씀하시기를 "널리 일체 중생을 다 살펴보아도 여래의 지혜 덕상德相이 갖추어져 있지 아니한 사람이 하나도 없더라" 하셨고, 또 말씀하시기를 "모든 사람들의 가지가지 허망한 생각이 모두 다 여래의 뚜렷한 마음에서 일어난다"고 하셨다.

부처님의 이 말씀을 미루어 생각해 보면 이 마음을 떠나서 부처를 이룰 수 없음을 알겠다. 과거의 모든 부처님들이 이 마음을 밝힌 사람이며, 현재 모든 성현들도 또한 이 마음을 닦은 사람이니, 미래에 '참'을 찾는 사람들도 마땅히 이와 같은 법에 의지하여 공부해야 할 것이다. 찾지 말지어다.

사람의 마음 본바탕은 원래 자유로운 것이기 때문에 얽매이거나 물들지 아니하는 법이다. 그러므로 우리 마음이 본래부터 스스로 원만히 이루어진 것임을 꼭 믿고 다만 망녕된 반연攀緣만 여의면 그대로가 조금도 다름없는 부처님인 것이다.

만일 불성이 바로 이 몸에 있다면 왜 우리는 지금 자기 몸 가운데 있는 불성을 보지 못하는 것일까? 불성은 분명히 자기 안에 있건만 정신이 딴 데로 쏠려 스스로 보지 않고 있을 뿐이다. 배고픈 줄 알고, 목마른 줄 알며, 차고 더운 줄 알고, 성내고 기뻐하는 것이 무슨 물건인가? 세상 사람들은 이를 육체가 하는 일로 알지만 실상인즉 육체란 땅, 물, 불, 바람 네 가지 인연이 모여 이루어진 것이라, 그 바탕이 부자유하고 알음알이 판단력이 없는 것인데 어떻게 스스로 보고 듣고 하겠는가. 보고 듣고 아는 놈은 반드시 그대의 불성이니라. 임제 스님은 말씀하시기를 "사대四大(땅·물·불·바람)는 법을 설할 줄도 모르고 허공도 또한 그러하며, 다만 네 자신의 뚜렷하게, 홀로, 밝은, 형상 없는, 그것이라야 비로소 법을 설하고 들을 줄 안다"고 하셨다.

여기에서 말한 '형상 없는 것'이란 모든 부처님의 법인이며 또한 그대의 본래 마음이다. 진실로 불성은 바로 그대 안에 있으니 어찌 이를 밖에서 찾을까 보냐.

옛날에 어떤 스님이 귀종화상歸宗和尙에게, "어떤 것이 부처냐?"고 물었다. 이에 대한 화상의 대답은 간단하였다. "바로 말해 주고 싶지만 그대가 믿지 않을 테니 그만두겠다." 이 말을 들은 그 스님은, "스님의 지극한 말씀을 제가 어찌 감히 믿지 않겠는가?" 하고 거듭 그 가르침을 간청하였다. "네가 바로 부처이니라."

그러자 그 스님은 또 어떻게 닦아 나갈 것인가를 물었다. "눈에는 티끌이 하나만 들어가도 헛것이 어른거리는 법이니라." 그 스님은 이 말 끝에 깨달은 것이 있었다.

옛 성인들은 이렇게 진리를 터득하였다. 이 얼마나 명백하고 간편한가. 이것은 헤맴 없이 바로 들어가기 때문이다. 그러므로 이와 같이 공부해 나가면 누구나 옛 성인과 똑같이 진리를 터득하리라.

부처님 말씀에 "한 생각, 깨끗한 마음이 참다운 보배로다. 일곱 가지 보배로 아무리 많은 탑을 쌓는다 할지라도 이만 못하다. 보배의 탑은 마침내 무너져 없어지게 마련이지만, 한 생각, 깨끗한 마음은 진리를 깨닫는다."고 하셨다.

바라건대 수도하는 사람은 이 말을 잘 알아들어 깊이 명심해 둘지어다. 이 몸을 금생에 제도하지 아니하면 다시 언제 제도할 것인가. 만약 지금 닦지 아니하면 갈수록 어려워질 것이요, 이제부터라도 힘써 닦으면 처음엔 어려우나 점점 덜 어려워지고 공부가 날로 깊어 가리라.

애달프다. 요즘 사람들은 왜 그렇게 답답한가. 배고픈 사람이 음식 상을 앞에 놓아두고도 먹을 줄 모르는 격이요, 병든 사람이 의사를 만나고서도 약을 쓸 줄 모르는 격이니, 자기가 해야 할 일을 스스로 하지 않는 사람은 나도 어찌 할 수가 없는 것이다.

보통 세상의 일들은 하는 모양을 볼 수 있고, 하는 표식이 나타나는 것이기 때문에, 누가 한 가지 일을 하면 칭찬이 대단한 법이다. 그러나 불교의 마음 닦는 공부는 볼 수 있는 모양이 있는 것도 아니고, 표적이 나타나는 것도 아니며, 말길이 끊어지고 마음 가는 곳이 없기 때문에, 아무리 고약한 사람이라 할지라도 훼방할 길이 없고, 아무리 훌륭한 사람도 칭찬할 수 없는 것이다. 그렇거늘 하물며 천박한 범부들이 어떻게 흉내인들 내겠는가.

슬프다. 우물 안의 개구리가 어떻게 바다 넓은 줄을 짐작인들 하겠으며, 간사한 여우 따위가 어찌 사자의 소리를 내겠는가.

그러므로 오늘날 이 법문을 듣고 순수한 진리임을 깨닫고 믿음을 일으켜 귀의하는 사람은 그 동안 오래도록 여러 성자를 섬기고 꾸준히 정진해 온 슬기 있는 구도자이기 때문이다. 보배 있는 곳을 알면서도 이를 찾아가지 않고 자기의 가난한 것만 한탄하고 있다면, 어찌 지혜로운 사람이라 하겠는가. 만약 보배를 얻고자 한다면 가죽 주머니를 놓아 버려야 한다.

선불교 체질개선

오늘날 지눌이 지은 『수심결』은 우리나라는 물론, 일본, 중국 등 외국에서도 번역되어 많이 읽히고 있다. 짜임새 있는 명쾌한 이론과 넘쳐흐르는 신념과 자비에 찬 정성이 혼연히 한 덩어리가 되어 독자를 감동시키는 책이 지눌의 『수심결』이다.

지눌이 그의 만년을 보낸 전남 순천 송광사는 언제나 그의 지도를 받고자 하는 많은 사람들로 저자처럼 붐볐다고 한다. 그 가운데에는 높은 벼슬과 명예를 버리고 나온 왕족, 귀족 출신의 벼슬아치도 있었으며, 부모 형제, 처자, 권속과 함께 찾아온 평민도 있었다.

아무튼 지눌이라는 위대한 인물의 출현으로 말미암아, 날로 타락해 가던 고려불교에 큰 바람이 불었던 것이다. 그 바람은 분명히 새 바람이 었다. 전국적인 일이면 모두 조정의 힘을 빌어서야 가능하였고, 더구나 불교계의 일은 대개가 왕권의 비호 아래 이루어지는 것이 그 당시의 실상이었다. 그러나 지눌이 일으킨 새 바람은 온전히 일개 평민에 불과 한 지눌 개인의 힘에 의한 것이었다. 그리고 그것은 지눌의 내적인 신념이 말씀과 행동과, 저술이라는 형태로 전개되었던 것이다.

그 당시 사람들은 대개가 '자기가 그대로 부처'라는 부처님의 진리를 믿지 아니하였고, 따라서 자신들은 깨달을 수 없다는 자포자기 상태에 빠져 있었다. 그 결과는 타락 생활이 아니면 참선은 해도 소용없으니 염불이나 하여 저승길이나 닦자는 식이 되었다. 간혹 뛰어난 인재가 있어 참선을 하다가도 조금만 지견智見이 생기면 이제는 다 되었다고 큰 소리를 치고 더 이상 정진을 하지 않기 때문에, 오히려 양심 있는 사람들에게 '참선하면 사람 버린다'는 나쁜 인상만 심어 주고 있었다.

지눌이 『수심결』에서 간절하게 말한 '깨달음'의 진리는 길을 헤매고 있는 그 당시의 사람들에게 뚜렷한 지표가 되어 주었다. 그리고 그의 '깨달음'과 '닦음'과의 관계에 대한 명쾌한 이론은 영리한 사람들로 하여 금 자만에 빠지지 않게 하였다.

『수심결』은 나는 못났다고 스스로 생각하는 사람들에게 '네가 바로 부처'라고 용기를 넣어주었으며, 이만 하면 되었다고 자만하는 사람들 에게 공부는 이제부터라는 겸허한 정신을 심어주었다. 스스로 비굴해지 지 않고, 스스로 교만하지도 않는 사람만이 용감하게, 그리고 꾸준하게 참선을 계속하여 마침내 크게 깨달을 수 있는 것이다.

문자나 이론에 의지한 의타적인 한국 불교가 그 방향을 바꾸어 문자와 이론을 떠나 바로 자기 본래의 모습을 그대로 발휘하는 선불교로 체질을 개선한 것은 보조국사 지눌 때문이었다. 그래서 지눌을 한국 선종의 실질적인 시조로 보는 사람도 있다.

얼마 전까지만 해도 범어사, 통도사 같은 큰 절에서 지눌이 지은 『수심결』에 마지摩旨를 올려놓고 수없이 예배를 드리는 스님이 있었다 한다. 거기에 깨우친 바가 많고 감동되는 바가 컸기 때문이다.

지눌이 이 세상을 떠난 지는 오래 되었지만, 그의 저술은 이와 같이 오래 남아서 후배들을 일깨워 주고 새로운 감동을 불러일으키고 있다는 사실을 생각할 때 진리에 사무친 한 사람의 힘이 얼마나 위대한 것인가를 새삼 느끼게 된다.

"밖에서 찾지 말라."
"너 자신이 바로 그 사람이다."
"꾸준히 나아가라."

우리는 지눌의 이러한 말을 깊이 명심하여 남에게 기대하지 말고 내가 할 수 있는 나의 일을 내가 해나가야 하겠다. 『수심결』을 지은 지눌의 뜻은 바로 여기에 있지 않았나 생각된다.

지눌 저 / 박성배 해제, 『한국사상명저』, 동서문화사, 1979

불교는 인간을 구제할 수 있는가

현대인의 고뇌

'인간을 구제한다'고 말할 때 우리들은 이미 인간을 구제받아야 할 존재로 규정짓고 있다. 과연 인간이란 구제받아야 할 존재인가? 이러한 물음은 현대사회에서 고뇌하고 있는 우리들 자신을 떠나 따로 논의할 수 없다. 우리들 가운데 어느 누가 감히 '나는 구제받지 않아도 된다'고 장담할 사람이 있을까.

대지에 편안히 누워 있는 사람과 물에 빠져 허우적거리고 있는 사람의 심정이 같을 수는 없다. 지금 당장 깊은 물에 빠져 죽음과 얼굴을 맞대고 있는 사람이 아니면, 구제의 의미가 그렇게 절실히 부각될 리 없다.

현대인은 누구나 고뇌의 심연에서 허덕이고 있다. 비록 지금은 대지에 누워 있듯이 편안한 사람일지라도 그 '편안'이 '괴로움'으로 바뀌지 않는다는 보장은 아무에게도 없다.

현대인의 고뇌는 '나'와 '남들'과의 관계에서 나타난다.

우리는 사람대접을 못 받았을 때, 또는 사람노릇을 못했을 때 괴로워한다. 전자는 남들이 나에게 해주어야 할 일을 제대로 해주지 않는 경우고, 후자는 내가 남들에게 해주어야 할 일을 제대로 못 해주는 경우다. 전자가 권리를 침해당하는 경우라면, 후자는 의무를 다하지 못하는 경우다.

우리는 여기에서 사람의 의무와 권리의 불균형이 우리에게 고뇌를 가져다주는 것을 본다.

내가 나의 의무를 다하지 못하면 이는 결과적으로 남들의 권리를 침해하는 것이 된다. 그리고 내가 나의 권리를 침해당했다는 것은 곧 남들이 그들의 의무를 올바로 다하지 못했다는 것을 의미한다.

현대는 나만 잘했다고 해서 만사가 다 잘 되어 가는 것 같지 않다. 요즘은 한 사람의 잘못이 전체의 기능을 마비시키는 일이 많다. 동방東方이 잘못하면 그 피해는 곧 서방西方에 미치고, 불교인의 잘못은 불교인이 아닌 사람까지 괴롭히는 결과를 가져온다.

현대인이 자기 일 아닌 남의 일에까지 관심을 갖지 않을 수 없는 까닭이 여기에 있다. 실로 현대인은 자기가 해야 할 일을 잘해야 할 뿐만 아니라 남들도 잘 하도록 도와주어야 하며, 남들이 잘못을 했을 때는 이를 시정해 주어야 할 처지에 놓여 있다.

현대는 내 일과 남의 일의 한계가 아주 분명하면서도 또한 남의 일이 내 일이나 다름없을 만큼 아주 밀접히 연관되어 있다.

이러한 사회에서는 옛날의 개체 본위의 고관苦觀은 실감이 나지 않으며, 개체만의 고苦를 벗어나려는 사람은 오늘날과 같은 고도로 분화된 기능사회에서 견뎌낼 수 없게 된다.

현대인 중에는 온전히 사람대접을 받았다고 만족할 사람이 몇이나

필자가 출가한 뒤 1967년 4월 3일 해인사 금강계단에서 수계식을 받고 나서(뒷줄 왼쪽에서 두 번째가 필자)

되겠는가? 그리고 또 현대인은 사람노릇을 제대로 하지 못한 데서 오는 괴로움은 없겠는가? 진정한 의미에서의 사람노릇이란 인간성을 회복하고 참다운 자아를 실현함으로써만 가능하지 않을까 생각한다. 엄밀한 의미에서 사람노릇 한다는 말과 사람대접 한다는 말은 똑같은 말인 것 같다. 사람노릇 못했다는 말은 사람대접 안했다는 말이고, 사람대접 할 줄 안다는 말은 사람노릇 할 줄 안다는 말인 듯도 하다. 그렇다면 우리가 만일 양심에 조금이라도 사람대접을 안했다고 느껴진다면 우리는 사람노릇을 제대로 못했던 것이 된다.

사람노릇 아니한 사람은 사람대접 받을 생각도 말아야 하지 않을까. 자기는 사람노릇을 하지 않고서 남으로부터 사람대접을 받으려는 것은 잘못된 생각이기 때문이다.

우리는 여기에서 '사람노릇 하는 것'이 곧 '사람대접 받는 것'이 되는 그러한 사람노릇이란 과연 어떠한 것일까를 문제 삼지 않을 수 없다. 만일 우리들이 그러한 사람노릇을 온전히 하여 누구나가 '사람노릇'과 '사람대접'을 동시에 잘 할 수 있다면, 그 사람은 괴로움에서 구제되었다고 말할 수 있지 않을까 한다.

반면에 사람은 사람노릇을 온전히 하지 못하는 한 영원히 괴로울 수밖에 없고, 또한 사람으로서 사람대접 못 받는 사람이 단 한 사람이라도 남아 있는 한 우리의 괴로움은 없어지지 않는다. 왜냐하면 내가 사람노릇 못 했다는 말은 남을 괴롭혔다는 말이고, 주위 사람이 괴로워하는 것을 보고도 나만 홀로 편안할 수 없기 때문이다.

이상에서 우리는 오늘을 사는 현실적 인간이 모두 괴로워하고 있음을 보았다.

그리고 그 괴로움은 혼자만의 것이 아니고 나와 남들과의 관계에서 이루어지는 우리들 모두의 것이었다. 따라서 그 괴로움으로부터 벗어나는 길도 나만 사람노릇을 잘 하는 데에 그치지 않고 모든 사람에게 평등하게 사람대접을 다 하는 데에 있음을 보았다.

인간의 참 모습

고苦 문제를 깊이 파고 들어가는 불타의 근본 의도는 고의 원인을 바로 척결하여 인간으로 하여금 진정한 자유와 평화를 누리게 하자는 데에 있다. 이러한 자유를 누리는 사람을 '깨달은 사람'佛陀(Buddha)이라 한다.

그러면 '현실세계에서 괴로워하고 있는 인간'과 '불타'는 어떻게 다른 가? 석존은 처음 이 현실세계에서 괴로워하고 있는 인간들의 참 모습을 알았을 때 입을 열려 하지 않았다. 괴로워하고 있는 현실세계의 인간들이 바로 불타였기 때문이다. 당신이 깨달은 진리를 현실세계의 인간들이 믿지 못하리라는 것을 너무나 잘 알았기 때문에 그는 입을 열지 못했던 것 아닌가.

그러나 석존은 곧 마음을 돌려 팔만사천의 법문을 열어 놓았다. 그러나 말씀하시는 뜻은 언제나 둘이 아니었다.

"모든 사람들이 다 그대로 부처다."
"일체중생一切衆生 개증원각皆證圓覺"

이 말은 석존의 인간관을 단적으로 드러낸 말이다. 불교의 영향 하에 이루어진 동양의 모든 문화는 모두 석존의 이 인간관에 그 출발점을 두고 있다.

그러나 세상 사람들은 '인간이 곧 부처'임을 모르고 있다. 그리하여 부처가 자기와는 거리가 먼 특별한 존재로 생각한다. 불교에서는 이렇게 생각하는 사람들을 가리켜 '미迷했다'라고 하고, 미한 사람을 중생 또는 범부라고 한다. 미한 중생의 단적인 징표는 이원적인 모순의 갈등 때문에 언제나 우왕좌왕 어찌할 줄 모른다는 데에 있다. 이상과 현실이 승난乘難하고, 목적과 방법이 모순되고, '너'와 '나'가 대립하고 '애愛'와 '증憎'이 갈등을 일으키는 중생의 세계를 '상대相對 차별差別의 세계,' 또는 '분별지分別知의 세계'라고 한다.

이러한 이원적인 상대차별은 자기의 그릇된 미망에서 오는 분별지 때문에 생기는 일시적 환상에 불과하며, 무아無我와 연기緣起의 현실을 깨닫지 못하는 한 분별지는 계속된다.

무아와 연기의 이법理法이란 인간을 떠나 따로 존재하는 초월적인 진리가 아니고 인간의 참 모습을 드러내는 한 표현에 불과하다.

누구나 잘났든 못났든, 오悟하든 미迷하든, 모두 무아와 연기라는 말로 표현할 수 있는 존재들이다.

'중생이 곧 부처'라는 말도 인간이 연기적 존재임을 간파하는 데서 하는 말이다. 연기의 이법은 여래가 이 세상에 출현하시거나 안하시거나 상관없이 항존하는 것이기 때문에 연기의 이법을 깨달음으로써 비로소 중생이 부처가 되는 것이 아니고, 연기법을 깨닫건 안 깨닫건 상관없이 중생은 본래 부처인 것이다. 석존은 그의 오랜 정진 끝에 연기법을 투철히 깨달아 '중생이 곧 부처'임을 우리에게 바로 알려주신 것이다.

세상 사람들이 석존의 말씀을 그대로 받아들이지 못하는 것은 자기들이 보고 들은 것에 집착하여 자기들이 못 보고 못 들은 것과 담을 쌓기 때문이다.

우리가 석존을 이해하는 길은 '내가 알고 있는 것'이라는 이 좁디좁은 지식의 감옥으로부터 해방되어 나오는 길밖에 없다.

석존이 배격한 것은 인간이 아는 내용인 구체적인 지식에 집착하는 일이었고, 인간의 아는 능력 자체를 부정하지는 않았다. 오히려 인간의 아는 능력 자체는 시공의 제약을 벗어난 무한한 것이라 했다. 우리는 시공의 제약 속에 있는 유한한 지식에 집착해 있기 때문에 아무것에도 제약받지 않는 '아는 능력 자체'의 제한성이 꺾이고 유한한 것이 되어 자유를 상실하게 된다.

해탈(moksa 또는 vimoksa)이라는 말은 원래 어떠한 얽매임[繫縛]으로부터 벗어난다는 말이다. 여기에서 말하는 얽매임이란 다름 아닌 시공의 제약을 받고 있는 역사다. 불교의 이상은 분명히 역사로부터의 초월에 있는 듯이 보인다.

그러나 불교에서는 결코 역사를 악으로 보지는 않는다. 불교에서 역사로부터의 초월을 종용하는 것은 진정한 의미에서 역사에 참여할 수 있게 하기 위해서다. 우리가 역사의식이 희박하거나, 역사적 사명을 다하지 못하는 것은 역사를 초월했기 때문이 아니고, 오히려 자기가 보고 들은 것에 집착하여 안 보고 안 들은 것을 등지기 때문이다.

역사상 나타난 위대한 종교적 성자들은 모두 그들이 태어난 역사적 현실에서 역사적 사명을 다한 분들이었다.

그것은 그들이 역사를 초월한 경지에서 사심 없이 역사적 현실에 참여했기 때문이다.

집착을 버리고 역사를 초월한다는 것이 잘못 '공空'에 머무르고 '적寂'에 떨어지는 병으로 되지 않기 위하여 우리는 제불보살諸佛菩薩의 원願을 내 원으로 삼고 부단히 정진해야 한다.

이 길은 보살행菩薩行을 통해서 보리菩提를 깨닫는 길이며[以普賢行悟菩提], 나를 제도하기 전에 남을 먼저 제도한다[自未得度 先他度]는 대승보살의 길이다.

이러한 불교적 입장은 인간은 본래 부처이며 역사 자체라는 불이론적 인간관에 서 있음을 알 수 있다.

구제란 무엇을 말하는가?

'인간이 곧 부처'라는 말은 인간에게 영원한 면이 있다는 말이다. 그러나 우리는 이제까지 인간의 유한한 면만을 보아왔기 때문에 인간을 잘못 알고 있었다. 우리는 분명히 오랫동안 착각 속에서 살아 왔으며, 그러한 의미에서 어리석었다고 할 수밖에 없다. 인간구제의 불교적 이상은 무엇보다도 먼저 인간이 곧 부처임을 의심 없이 믿는 데서 시작한다. 그리고 이 믿는 마음이 둘로 분열되지 않고, 시공을 초월하여 영원할 때 자유와 평화를 누리게 되는 것이다. '인간이 곧 부처'[卽心卽佛]임을 제불보살諸佛菩薩과 역대조사歷代祖師가 그렇게 간곡하게 가르쳐 주었건만 세상 사람들은 그 말씀을 바로 믿으려 하지 않는다. 그것은 한쪽에 치우친 자기류의 변견邊見에 사로잡혀 있기 때문이다.

우리가 인간이 곧 부처임을 믿지 못하면 이는 스스로 자기의 본성을 왜곡불신하는 것이기 때문에 우리의 불성佛性이 개발되지 못한다.

인간이 곧 부처임을 확신하는 사람은 일체중생을 부처님으로 모시지 않을 수 없다. 이러한 사람의 겸손이야말로 일시적인 필요에 의한 타산적인 것이 아니고 진정한 의미의 하심下心이다.

믿음을 가진 사람은 어떠한 사람을 대할 때나 그 사람을 목적으로 섬기고 수단으로 대하지 않는다. 이러한 '믿음'의 세계에서만이 우리는 비로소 사람노릇을 제대로 하는 것이 되며, 또한 어떠한 사람에게나 사람대접을 올바로 하게 되는 것이다.

사람을 수단으로서가 아니고 목적으로 대하라는 칸트(Kant) 도덕률의 지상 명령은, '인간이 곧 부처'임을 확신함으로써 그 실현이 가능하다고 하겠다.

우리에게 '너'다, '나'다, 하는 차별의식이 아직 남아 있고 애증의 갈등에서 오는 취사선택이 조금이라도 남아 있다면, 우리는 아직 '인간이 곧 부처'라는 부처님 말씀을 말로만 믿고 실제로는 믿지 않는 것이다. 그래서 불교에서는 우선 망념妄念을 쉬라고 가르친다. 종래의 악지惡知악견惡見에서 오는 생각만 쉬어버리면 자성自性의 광명은 저절로 드러나기 마련이라고 한다.

불교에서 가르치는 무념의 경지란 이원적인 상대차별의 망념이 없어지고 진여자성眞如自性이 완전히 드러났다는 긍정적인 말이다. 다만 그 긍정은 큰 부정을 통한 대긍정일 뿐이다.

인간사회를 망치는 탐진치貪瞋痴 등 삼독심三毒心도 인간이 곧 부처님을 믿지 못하는 데서 생기는 것이며, 우리의 이상을 실현하는 주체적인 모습인 육바라밀행六婆羅蜜行도 '인간이 곧 부처'이기 때문에 가능한 것이다.

'인간이 곧 부처'라는 말은 결코 인간이 오만하여짐을 의미하지 않는다. '인간이 곧 부처'라는 말은 무념의 세계를 통해 나타나는 불이不二의 경지를 뜻하는 것이기 때문에 '너'와 '나'의 대립에서 오는 우열을 따지는 차별의식을 가지고 있는 한 '인간이 곧 부처'라는 말은 믿겨지지 않는 법이다.

그러므로 불교에서는 괴로움이 있는 '나쁜 상태'에서 괴로움이 없는 '좋은 상태'로 된다는 식의 차별이 분명하고 주객이 벌어져 있는 '구제'라는 말을 잘 쓰지 않는다. 구제할 자와 구제받을 자가 분명한 것은 아직도 피아彼我와 범성凡聖이 대립해 있는 미迷한 세계에서 하는 소리다.

우리의 이상은 마침내 부처도 중생도 없는 불국토를 현현하는 데에 있다.

그리고 이러한 이상을 가진 사람의 참 모습은 구체적인 행동의 세계에서 '내던지고[棄我], 내버리고[犧牲], 내놓은 살림[無我生活]하는 사람'으로서 사는 데에 있다.

이렇게 사는 사람만이 '인간이 곧 부처'임을 믿는 사람이다.

1968년 5월 8일 동국대학교 개교 62주년 기념 불교 심포지엄
「불교는 과연 인간을 구제할 수 있는가」 발표문

에베레스트의 꿈

세상에 기적이란 없는 것 같다. 간혹 기적처럼 보이는 것도 없지 않지만 그것은 모르는 사람들이 하는 말이다. 내막을 알고 보면 거기엔 반드시 그렇게 될 만한 까닭이 분명히 있기 마련이다.

까닭 없이 잘사는 사람, 능력 이상으로 높은 자리에 앉은 사람, 사실 이상으로 유명해진 사람, 이들은 모두 불행한 사람들이다. 잘못된 것 속임수로 된 것은 결코 오래가지 못하는 법이기 때문이다.

'에베레스트가 왜 세계에서 가장 높은가? 히말라야 산맥에 있기 때문이다.'

언제 들어도 재미나는 우문현답이다. 우리들은 에베레스트가 세계 최고봉인 줄은 분명히 알지만 그 밑에 히말라야라는 저력이 있다는 것을 곧잘 망각한다.

한강변에 기적을 꿈꾸는 위정자들, 이 땅에 르네상스를 이룩하겠다는 사람들, 견성성불하여 불국토를 건설하겠다는 불제자들, 우리 주변엔 장한 사람들이 많다.

꿈은 분명히 '에베레스트'적인데 그러나 아쉬운 것은 '히말라야'적 저력이다. 꿈의 실현을 기적에 기댈 때, 꿈은 영원히 꿈으로 그치고 만다. 기적을 바라는 것은 속임수다. 신앙의 세계에 소위 기적이란 것이 없지 아니하나 그 기적은 바란다고만 이루어지는 것은 아니다. '히말라야'적 저력이 밑받침하고, 여러 가지 조건이 성숙되었을 때 비로소 나타나는 법이다.

세상에 무서운 힘은 막힘 없고 쉼 없는 데서 나온다. 광명이 그렇고 생명이 그러지 않는가. 그러나 우리는 온통 막힘뿐이요 쉼뿐이다. 그래서 이와 같이 이루어지는 게 없는가 보다. 막힌 벽을 뚫자. 인간과 부처를 가로막은 벽을 무너뜨리고, 나와 다른 사람들과의 거리를 없애자. 이 작업은 오늘을 사는 우리가 해야 한다. 부처님이 와서 해주지도 않고, 중생이 해다 바치지도 않는다. 오직 이 사명을 느끼는 우리들 스스로가 해야 할 일이다.

'에베레스트'적 꿈에 부푼 현실에서 다함께 '히말라야'적 저력을 기르도록 해야 한다.

『대한불교』 1968년

게으른 농부들

불타는 호남. 한국의 곡창인 호남평야가 온통 붉게 타 버렸다. 탄 것은 농작물만이 아니다. 우물물까지 말라서 사람도 함께 타고 있다. 유사 이래 처음 보는 참혹한 가뭄이라는 말이 조금도 과장이 아니다.

이번 호남지방의 한해旱害를 계기로 하여 우리 불교인들도 좀 정신을 차려야겠다. 불교계의 가뭄은 더 오래되고 더 심하기 때문이다.

땅만 사 놓으면 농사는 소작인들이 지어다 바치던 지주시대는 지났다. 이제는 자기 손으로 농사를 못 지으면 땅을 내놓아야 한다.

불사를 농사에 비유하면 중생은 땅이요, 법문은 씨앗이다. 중생에게 법문만 해주면 할 일을 다 했다고 생각하는 것은 땅에 씨앗만 뿌리면 추수는 거저 들어오는 것으로 생각하는 거나 다름이 없다. 농부는 씨앗이 싹으로 탈을 바꾼 다음에도 그 성장에 따라 수분, 양분, 햇빛을 적당히 조절해 주고 각종 병충해를 막아 주어야 한다. 한 알의 열매를 거두기까지에는 동원되지 아니한 것이 없다.

뿌려진 씨앗이라고 하여 모두 다 싹이 트는 것은 아니다. 응달이나 길바닥처럼 굳어진 땅 위에 떨어진 씨앗은 싹이 트다가도 뿌리를 박지 못하고 곧 시들어버린다. 똑같은 법문을 듣고도 발심하지 못하는 사람이 있고 처음엔 발심을 했다가도 곧 물러서 버리는 것도 똑같은 병리 때문이다. 싹이 트거나 말거나 마구 씨앗을 뿌린다거나 싹이 자라거나 말거나 내버려두는 사람은 농부가 아니다. 그러므로 지주는 농부가 아니다. 잘못된 사회제도의 부산물이다. 좀더 일찍부터 농부가 바로 지주였더라면 우리나라 농업이 이 꼴은 아닐 것이다. 그리고 이번 같은 가뭄에도 한해는 좀 덜했을 것이다. 주인 아닌 사람이 주인노릇하는 비극은 이와 같이 크다.

지금 불교계는 땅만 많이 가지고 있는 지주만 있고 농부가 없는 격이다. 몇 십 년 몇 백 년 계속되는 이 불교계의 가뭄은 언제나 해갈이 되려는지 생각하면 가슴이 답답해진다. 아무리 기름진 옥토라도 게으름을 만나면 다시 황무지가 되고 만다. 주인 아닌 주인들. 게으른 농부들, 게으름은 우리의 가장 고질화한 병통이다. 이 병통을 고치지 않는 한 이타利他고, 자리自利고, 지혜고 모두 소용없는 소리에 불과하다.

『대한불교』 1968년

사제지간

'교수는 있어도 스승이 없고 학생은 있으나 제자가 없다.'

이것이 한국의 대학이란다. 누가 만들어낸 말인지는 몰라도 가르치는 스승과 배우는 제자의 관계가 제도상의 형식에 그치고 있다는 말인 듯하다. 중, 고등학교 학생은 흔히 "나 어제 명동에서 '생물' 만났다," "저기 '영어' 온다"는 말을 쓴다. 생물을 가르치는 선생이 스승도 사람도 없어지고 담당하는 과목의 이름만 남아 학생들 앞에 나타난 것이다. 그러한 학생들에게 '선생님'에 대한 정의를 내려보라 하면 아마 희한한 대답이 나올 것이다. 그래서 '선생 노릇하려면 국민학교에서 하라'는 말이 나온 모양이다. 그런데 며칠 전 이 꿈마저 깨져버렸다. 우리 집 창문 밖 골목길에서 국민학교 어린이들이 주고받는 밀화를 엿들은 것이다.

> "말도 마라 얘. 우리 엄마가 그러는데 진짜 도둑놈은 선생님이래.
> 전에도 내 짝이 지갑을 주워 선생님께 드렸더니 광고도 않더라 얘.
> 보나 마나 지가 먹었지 뭐니."

국민학교 애들이 학교에서 돈을 잃어버린 모양이다. 이에 대해서

출가 시절, 해인사 백련암에서 성철 스님을 모시고(뒷줄 맨 오른쪽이 필자)

한 아이가 선생님께 신고하면 찾을 수 있다고 하니까 다른 아이가 어리석은 소리 말라고 핀잔을 준 것이다.

"진짜 도둑놈은 선생님이래." 이 말을 들었을 때 나는 그 자리에서 석고처럼 굳어져 버리는 것만 같았다. 숨을 들이쉴 수도 없었고 내쉴 수도 없었다.

정말 기막힐 일이다. 내 자식은 내가 가르칠 수 없고, 남들이 다 보내는 학교, 안 보낼 수도 없고 그것도 자그마치 근 20년을 다녀야 되는데, 누구를 믿고 내 자식을 맡긴단 말인가.

불도저 장관 권문교가 교육혁명을 했다지만 그런 껍데기 혁명 천만 번 했자 이 무서운 불신의 풍토를 뜯어 고치지 않고서는 모두 헛수고에 지나지 않는다.

오늘날 '칠척七尺을 물러서서 스승의 그림자도 밟지 않는다'든가, '군사부君師父 일체'의 윤리를 감히 주장할 사람은 없다. 그러나 스승을 스승으로 알지 않는 인간관계에서 무슨 교육이 되겠는가. 가르치는 사람과 배우는 사람은 한마음이 되어야 한다. 서로 아끼고 믿고 의지할 수 있어야 한다.

스승과 제자가 한마음으로 통하지 못하고 선생과 학생이라는 제도상의 껍질만 남게 된 주요 원인은 무엇일까. 우리는 이를 규명해내고 어떻게 하면 이를 바로잡을 수 있을지 부단히 연구해야 한다.

우리는 지금 남의 탓만 하고 있을 때가 아니다. 각자 자기의 길을 부지런히 가야 한다. 학생들이야 어떻든 선생 된 사람은 끝까지 스승의 길을 걸어야 하고 선생이야 어떻든 배우는 사람은 언제든 제자의 길을 가야 하지 않을까.

『대한불교』 1968년

『화엄론절요華嚴論節要』 발간의 의의

　약 6년 전의 일이다. 보조 국사의 『화엄론절요』가 태백산 영은사에 있다는 소문을 듣고 찾아갔다. 책은 계허 스님이 가지고 계셨다. 반가운 마음에 밤새기를 해가며 베꼈다. 마침 동행하였던 정은 스님이 작업을 도와주셨는데도 10일이 걸렸고 분량은 모두 합해서 대학노트로 10권이었다. 무슨 큰일이나 한 듯 의기양양하여 서울로 돌아왔다.

　그 뒤에 이재열 선생을 만나 이야기를 했더니 그것은 법운 선생이 일본 가나자와金澤 문고에서 베껴온 것이며 본인도 한 질을 가지고 계신다고 한다. 가까운 서울에 그 책을 놔두고 강원도 산중까지 찾아가서 그 난리를 쳤던 것이 억울했다. 그러나 한편 생각해 보면 그 난리를 쳤기 때문에 그 책이 가까운 서울에도 있다는 사실을 알게 되었지 않나 싶다. 그런데 이번에는 멀리 일본 도쿄 대학에 유학중인 김지견 동문이 대대적으로 국제적인 야단을 쳤다. 가나자와 문고에 소장되어 있는 필사본 『화엄절요』 3권을 영인하여 단 한 권의 책으로 만들어 세상에 널리 유포한 것이다.

　이번 영인출판을 계기로 하여 고려판 원본이 나타났으면 좋겠다. 누군가가 지적했듯이 우리들이 모두 함께 보아야 할 공유의 보물을 자기 책장에만 넣어두고 쉬쉬하는 것은 탑을 헐고 보물을 도굴하는 것보다 더 나쁜 짓임에 틀림없다. 편자인 김지견 동문은 이 책이 저술이나 연구가 아니고 한갓 보과집성에 불과하다고 겸양하고 있다.

그러나 충해가 심한 곳을 메우고 결손된 것을 보완하여 누구나 손쉽게 볼 수 있도록 만든 것은 그 의의가 적지 않다. 더구나 없어진 대목을 보완함에 있어서 글자 하나도 혼자서 적당히 처리하지 아니하고 이 방면의 대가를 찾아다니며 엄밀한 고증을 거쳐 결정했다는 것은 고마운 일이 아닐 수 없다. 책이란 사상을 담은 그릇이므로 이 책이 나옴으로써 보다 많은 사람들이 이 책에 담긴 진리를 맛볼 수 있게 되었다. 앞으로 『화엄론절요』의 내용을 현대적으로 잘 요리한 연구논문이 하루 속히 나와야 하겠다.

한국 불교사상사 상 고려의 지눌만큼 후학에게 많은 영향을 준 인물도 드물다. 적어도 우리 불교계에 관한 한 오늘날 지눌의 영향을 받지 아니한 사람은 거의 없다고 해도 과언이 아닐 것이다. 그러나 그의 영향이 반드시 유익한 것이었느냐에 대해서는 이론이 없지 않다. 지눌에 대한 철저한 연구가 더욱 절실히 요청되는 까닭이 이것이다. 지눌은 바다를 그리워한 사람이었다. 자기 집 앞에 흐르는 냇물이 세계 제일이라고 뽐내는 따위의 기막힌 사람들과는 차원이 다르다.

지눌의 이상은 백교가 회통하는 사상의 바다를 이룩하는 데 있었다. 그러므로 지눌의 사상에는 관련되지 않는 학파가 없었다. 그 가운데서도 이통현의 화엄사상과 대혜종고의 간화선풍은 때놓을 수 없는 지눌의 두 날개였다. 지눌은 후학을 위하여 친절하게도 이통현이 지은 『화엄론』 40권을 단 3권으로 간추려 놓았다. 불행히 도중에 자취를 감추었던 이 책이 호화판으로 양장이 되어 다시 나타났으니 지눌 사상의 해명에 서광이 비치는 듯하다. 끝으로 이 책의 출판을 맡아주신 일본 청풍학원 장淸風學院長 하라오카不剛 선생의 앞날을 내다보는 높은 식견에 경의를 표하고 싶다. 그리고 이번 기회에 한국에서 불교사업 한다는 우리들은 깊이 반성해야 할 줄 안다. 솔직히 말해서 이러한 일은 우리들이 했어야 한다. 이번에 자체 정비를 단행한 동국역경원은 앞으로 할 일이 많다. 해인사판 고려대장경을 가지고 인도찬술부를 번역하고 있는 현재의 작업을 집어치우라는 말은 안한다. 그러나 시급한 일은 함께해 나가야 되지 않을까.

지금 학계에서는 우리나라 고승들의 저술부터 먼저 번역해 달라는 간절한 요청이 빗발치고 있다. 이러한 요청은 어제오늘 일도 아니고, 한두 번 들어온 요청도 아니다. 그런데 왜 이 간절한 요청을 끝내 외면하는지 모르겠다. 그리고 번역에 앞서 원효나 지눌 같은 한국 고승들의 저술을 한데 모아 각각 단행본으로 출판해주면 학계에 대한 기여는 이보다 더 클 수 없을 것이다.

성균관대학교에서는 퇴계, 율곡, 다산 같은 선철들의 저술을 각각 단행본으로 양장 출판하여 학자들의 연구에 많은 편의와 도움을 주고 있기 때문에 많은 찬사로 큰 환영을 받고 있다.

그러나 불교계는 어떠한가. 1949년에 조명기 선생이 자비로 출판한 프린트본 『원효전집』 전 10책은 지금은 희귀본이 되어 구할 길이 없고, 지눌의 저술은 여기저기 흩어져서 정신이 어지러울 정도다. 원효나 지눌, 그 밖에 한국 고승들의 저술을 각각 한 책에 수록하여 누구나 손쉽게 구해볼 수 있도록 만들어 주시기를 거듭 부탁드린다.

『동대신문』1968년

한국대학생 불교연합회 심포지엄 심사소감

1968년 10월 1일 서울대학교 대강당

  이번 심포지엄에서 심사위원 전원이 한결같이 느낀 것은 전반적으로 학생들의 불교교리에 대한 이해가 부족해 보였다는 점이다. 불교학을 전공하는 것도 아닌 일반 학생들에게 심오한 교리의 이론적인 전개를 바라지는 않는다. 그러나 불법에 귀의한 대학생들의 논문인 만큼 불교의 근본적인 진리에 대한 신념이 직접 간접으로 보여야 한다. 그런데 학생들은 현실비판을 한다면서 불교계의 잘못을 눈에 띄는 대로 열거하는 식이 많았고 원리를 구체적으로 제시하는 면은 너무 빈약하였다. 똑같은 잘못을 지적해도 그와 함께 근본적인 원리를 분명히 제시할 때는 듣는 사람 모두 고개를 끄덕이는 법이지만 불교의 진리를 전혀 이해 못하는 외부의 신문기자들이 잠깐 들렀다가 눈에 띄는 대로 폭로하는 식으로 잘못만 나열하면 오히려 듣는 사람들은 이마를 찌푸리게 되는 것이다. 악의적인 비난과 건설적인 비판은 엄격히 구별해야 한다. 사람은 누구나 속에 숨어 있는 깊은 뜻을 알아차리기보다는 나타난 겉모양에 속고 살기 쉽다. 그러나 적어도 불법에 귀의한 대학생이라면 지엽적인 것보다는 근본적인 핵심을 잡아낼 줄 알아야 안다. 잘못을 지적해도 보다 근본적인 오류를 잡아내라는 말이다. 물론 책임은 학생들에게만 있는 것은 아니다. 왜 비판당할 짓을 학생들에게 보이고 빨리 고치지 않느냐? 이왕 비판당할 바에야 왜 일찌감치 건설적인 비판의 안목을 길러주지 않았느냐? 비록 보이는 것은 이와 같이 허점투성이지만 불교의 진리는 그러한 것이 아니고 이처럼 위대하다는 점을 보다 적극적으로 선수를 쳐서 깨우쳐 주지 못했느냐? 지도층에 있는 우리 기성세대는 학생들을 나무랄 자격이 없음을 잘 안다.

다음으로 발표자의 대부분이 승단의 각성을 촉구하는 발언을 했다. 불교는 원래 비구, 비구니, 신남, 신녀 등 사부대중이 한 가족이지만 대표 책임자격인 가장은 역시 출가하신 스님네들이다. 그러므로 일이 잘못되었을 때는 가장이 책임 추궁을 당해야 하는 것도 당연한 일이다. 그러나 우리는 지금 누구를 원망하거나 잘못된 책임이 누구에게 있느냐를 따지자는 것이 아니라, 오직 어떻게 하면 보다 더 낫게 할 수 있을까 하는 간절한 소원 때문에, 한 가닥 그 희망 때문에 이와 같이 애쓰는 것이다. 그렇다면 가장 중요한 것은 말하는 자기 자신부터 당장에 어떻게 행위할 것인가를 분명히 해야 할 것이다. 우리 신도들이 스님네들에게 내려와 주십사고 간절히 부탁한 지는 오래다. 그러나 스님네들은 여전히 내려오시지 않는다. 그러면 언제까지나 서로 '줄다리기'만 하고 있을 것인가. 찾아가서 무슨 꿀단지가 있기에 그렇게 그 자리를 뜨지 못하는지 한 번 확인해 볼 만도 하지 않는가. 호랑이를 잡으려면 호랑이 굴에 들어가야 한다. 그리고 또 일부에서는 스님들이 내려오신다 해도 이제까지처럼 그런 식으로 내려오려면 차라리 안 내려 오신 것만도 못하다는 비판의 소리도 높다는 사실을 알아야 한다.

그 다음 질의에 대해서 느낀 바로는 질문하는 태도에 종교인다운

1960년대 봉은사 대학생 수도원생, 지도법사인 자운 스님과 함께(뒷줄 중앙, 자운 스님 뒤에 선 사람이 필자)

겸허하고 성실한 면이 아쉬웠다. 혈기왕성한 20대의 젊은 대학생인 탓인지는 몰라도 대개가 싸움하는 식이었다. 상대방의 인격을 존중하고 자기의 의문점만을 물어보는 진지한 태도가 아니었다. 마치 평자의 입장에서 발표가 틀렸다고 전제해 놓고 그 잘못을 지적해 주는 듯한 오만한 태도는 지양해야 될 줄 안다. 발표자가 궁지에 빠져 답변을 못해야만 명질문이 되는 것은 아니다. 부처님도 말씀하시기를, "상대방이 나를 궁지에 몰아넣을 의도를 가지고 질문하면 아예 답변하지 않는 것이 옳다"고 하셨다.

종교인은 제3자인 대중에게 그럴 법하게 보이려고 애쓰지 말고 자기 양심에 '거짓'과 '속임수'가 없었는지 항상 살펴야 한다. 학생들도 심포지엄에 참여한 경험이 없고 주최자로서도 이제 겨우 두 번째에 불과하기 때문인지 여러 가지로 미비한 점이 많았지만 한국 불교의 체질개선과 대학생 불교연합회의 질적 비약을 위해서 매우 유익한 경험이었다. 앞으로는 신학년 초나 여름방학 전에 적절한 주제를 미리 발표하여 충분한 연구기간을 주고 지도교수들의 사전 지도를 받게 하면 큰 성과를 거둘 수 있으리라 믿는다. 그리고 각 지부는 반드시 일정한 스케줄에 의한 신앙지도와 교리법회를 매주 가져야 한다. 아무튼 이번 심포지엄은 여러 가지 의미에서 생각해 볼 점이 많다. 무엇보다도 종래의 겉치레 행사 중심의 한국 대학생들의 불교운동이 점점 그 방향을 바꾸어 학구적인 면으로 실속을 차려 가는 듯하여 반가웠다. 솔직히 말해서 이제까지는 뿌린 씨앗, 싹도 트기 전에 부잣집 흉내 내어 술 빚고 떡 만들어 잔치부터 벌이는 격이었다. 우리 집 밭에 뿌린 씨앗이 싹도 트기 전에 수선부터 떠는 것은 분명히 종교인답지 못했다.

오늘날과 같은 과도기에 우리들이 해야 할 일은 씨앗을 다시 뿌리는 작업이 아니면 이미 나온 싹만이라도 잘 가꾸는 일임을 알아야 한다. 종교인들이 하는 행사란 언제나 실속을 생명으로 삼아야 한다. 알찬 내용은 자연 겉으로 넘쳐흘러 나타나기 마련이다. 그것을 일시적인 효과를 노려 겉만 꾸며댄다면 종교인은 쇼맨으로 전락하고 마는 것이다. 쇼의 효과는 당장에 나타나기 때문에 우선 보기는 그럴 법하나 결과는 허무한 것이다. 그러나 실속을 차리는 작업은 일정한 기간, 필요하고 충분한 조건이 갖추어지지 않으면 눈에 띄는 효과는 나타나지 않지만, 한 번 맺은 열매는 영원한 것이다. 그러므로 종교인의 생명인 내용을 성숙시켜 가는 일은 아무나 흉내 내지 못하는 법이다. 오직 그럴 수밖에

丁未夏安居記念
海印寺禪院 4.15 2,994

1967년 해인사에서의 하안거 (뒤에서 두 번째 줄 왼쪽에서 두 번째가 필자. 맨 앞줄 오른쪽에서 세 번째가 성철 스님)

없는 이치를 확실히 안 부동의 신념이 서 있는 사람만이 물러서지 않고 그 일을 해낼 수 있다.

10월 1일 서울대학교 대강당에서 열린 한국 대학생 불교연합회 주최의 심포지엄 역시 겉으로 나타난 것만 볼 때는 별 성과가 없는 듯이 보였다. 무엇보다도 제1회인 작년보다 오히려 못했다는 중평이었다. 어느 단체의 행사든 맨 처음이 풍성하고 그 다음 몇 번은 처음만 못하는 경우가 많다. 거기엔 그럴 만한 까닭이 있다. 맨 처음으로 일을 추진하는 사람들은 무에서 유를 창조하는 근력과 성실성이 있기 때문에 대중을 끄는 힘이 있는 법이다. 그리고 또 대중도 미지수인 그 행동에 호기심 섞인 매력을 느끼고 많이 나가게 된다. 그러다가 조금이라도 기대에 어긋나면 결과는 반비례하는 것이 보통이다. 그러므로 주최자는 그 성과에 대해 성급하게 속단을 내리지 말고 꾸준히 밀고 나가야 한다. 일 끝난 다음의 뒤처리는 무엇보다도 가장 중요하다. 만약 시상, 연구보고 등 여러 가지 뒤처리를 잘 해두지 아니하면 내년은 금년보다 더 못해질 것임을 알아야 한다. 금년이 작년만 못한 이유 가운데 하나는 작년에 심포지엄을 마치고 그 뒤처리가 소홀하지 않았기 때문이 아닌가 하는 느낌도 없지 않다. 부처님 말씀에 "금생에 내가 당하고 있는 일을 보면 전생 일을 알 수 있고 금생에 내가 하고 있는 일을 보면 나의 내생 일을 알 수 있다"는 유명한 금언이 있다. 활을 쏘는 사람은 과녁을 탓하지 않는다. 화살이 과녁에 적중하지 아니하면 다시금 자기 자세를 살피듯 우리도 그래야 하겠다.

『대한불교』 1968년

세 불교학자 정담
한국 불교를 말한다(좌담)

참석자_ 서경수 (동국대 교수. 인도철학)
　　　　박성배 (뉴욕주립대 교수. 종교학)
　　　　심재룡 (서울대 교수. 철학)

4월 27일은 불기 2529년 부처님 오신 날. 한국 불교가 당면하고 있는 과제와 앞으로 나아갈 방향에 대해 불교학자들의 좌담을 마련했다. (편집자)

서 : 오늘날 한국 불교는 매우 어려운 위치에 놓여 있다고 생각됩니다. 조선조에 와서 불교가 정권적 압력에 의해 일반 사회와 격리되고 오늘날까지 그 병폐가 남아 대중을 위한 통로가 막혀 있습니다. 그러다 보니 산중山中에서 자기만을 위한 수도로 발전되고 사회에 대한 정상적인 포교는 미흡한 상태에 이르게 되었지요. 더구나 우리 불교가 산중에 있다 보니까 소외된 사람들과 연결되고 샤머니즘적인 요소도 아울러 갖게 됐습니다.

박 : 제가 그동안 관찰해 본 결과 불교종단엔 상당히 큰 문제점이 있다고 생각합니다. 문제해결의 당사자는 불교인 전부인데도 일부에게만 책임을 지우는 것은 바람직한 자세가 아니죠. 불교의 문제는 스님들

자체가 주인의식이 투철하지 못하고 서로에게 책임을 미루는 가운데 해결전망이 더욱 어려워지고 있습니다. 우선 문제해결을 위해 현실에 대한 철저한 진단이 필요합니다.

심 : 불교계가 어려움을 겪으면서도 계속 명맥을 이어오는 것은 우리 민족의 마음 속에 불교적 심성이 깊이 자리하고 있기 때문입니다. 역사적 현실적으로 누적되어 온 불교계의 문제는 사부대중 모두가 함께 책임을 통감하는 데서부터 실마리를 찾아야겠습니다. 조선시대 500년 동안 유교국가의 체제 밑에서 불교를 중흥시킨다는 것은 불가능한 일이었고 1896년에 비로소 승려가 서울에 들어와도 좋다고 허용된 때 이후 불교는 제도권 내에 새롭게 인정되었습니다. 연륜에 비해 불교의 좌표가 확고하지 못한 것이 아니냐는 비판도 있지만 실상 불교는 오랫동안 뿌리만 있었을 뿐 나무는 잘린 상태였지요.

행동 따르는 믿음이 중요

서 : 19세기 말과 20세기 초부터 불교의 정상적 사회활동이 허용된 점을 감안하면 불교가 비교적 젊다는 의견도 있으나, 집을 지을 때 허허벌판에 짓는 것은 쉽지만 한때 높은 집이 있었던 곳에 다시 세우는 일은 더욱 어려운 작업입니다. 전통과 유산을 긍정적으로 계승하는 것은 좋으나 많은 부분이 훼손된 상황에서 새로 짓는 일은 거센 반발이 있기 때문이죠.

박 : 정확한 진단이 선행되어야 처방도 내릴 수 있습니다. 불교의 핵심은 결국 믿음에 있다고 보는데 요즘 불교인들의 믿음엔 행동이 결여돼 있지 않은가를 반성해 봐야 합니다. 불교의 믿음은 행동을 포함해야 하는데 믿음과 행동이 제각기 달라 일관성 없는 예를 많이 보았습니

1960년대 김룡사에서 봉은사 대학생 수도원생들과 함께(뒷줄 맨 왼쪽은 서경수 교수, 뒷줄 맨 오른쪽이 필자)

다. 부처님은 도道를 얻고 난 뒤 "모든 사람이 다 부처다"라고 말씀하셨습니다. 불교를 믿는 것은 곧 중생을 믿는 행위인데도 우리나라에선 중생을 믿는다는 말이 너무 생소한 상태입니다. 부처님은 계시지 않는 곳, 계시지 않는 때가 없다고 하는 뜻은 바로 우리 눈앞에 보이는 중생을 믿고 아끼고 사랑해야 한다는 의미지요. 『화엄경』에도 중생을 기쁘게 하고 잘 되게 하는 것이 부처님을 바로 믿는 길이라고 쓰여 있습니다. 이것이 바로 연기설의 요체로 모든 중생의 공동체의식, 즉 남의 고통을 내 것으로 아는 것이 불교윤리의 근본인 자비의 근원이 됩니다.

심 : 연기설의 실천적 적용은 바로 사랑과 봉사라고 말할 수 있어요. 사실 제가 보기에는 우리의 전통적인 숙명관과 불교가 연결되느라

대중과의 관련성이 다소 결여된 느낌이 없지 않습니다. 억압받고 가난한 사람에게 시선을 돌려 이들의 불안과 사회적 소외를 치유할 수 있는 불교의 잠재력을 활용해야 합니다. 태국이나 스리랑카는 소승불교국가지만 사회활동은 오히려 우리보다 활발합니다.

서 : 석가모니께서 출가해서 부처가 된 것도 의의가 크지만 부처가 된 뒤 다시 사회로 돌아오신 것의 의미는 더욱 깊습니다. 중생이 사는 현장에 찾아와 45년 동안 중생과 함께 현실문제를 고민해 왔다는 사실은 부처가 얼마나 사회를 민감하게 의식했는가를 보여주는 일이죠. 『법화경』에 나오는 상불경常不輕보살은 자신은 무시 받아도 남을 기만하지 않으면서 공경하는 생활을 실천한 분입니다. 그는 죽을 때까지 모든 중생을 평등하게 대우하고 존경했습니다. 불교가 민중을 의식하지 않으면 자기위안과 자체안일에 빠지게 되고 부처님의 그 좋은 설법도 살아 있는 말이 될 수 없어요. 불교승려와 신도들은 현장에서 몸으로 부딪히면서 실천을 강화해야만 부처님의 참다운 뜻을 실현하는 것입니다.

심 : 무조건 사회에 대한 봉사만을 강조한다고 하면 종교나 사회복지가 다를 게 없지요. 현재의 대중사회는 각계각층의 사람들로 구성되어 욕심과 혼란으로 가득 차 있습니다. 따라서 불교가 이 같은 사회에 들어가 봉사할 때는 오염된 인간사회에 청량제 또는 해독제 역할을 해낼 수 있어야 합니다. 인간사회를 무턱대고 도와준다는 뜻은 아니지요.

박 : 사회에 뛰어든다는 것은 병든 사람에게는 의사가 되고 길을 잃은 사람에게는 길잡이가 되는 등, 자기를 필요로 하는 사람을 스스로 찾아간다는 것을 의미합니다. 우리 사회에는 가난하고 병들고 억압받

는 사람들이 더 많으므로 이런 사람들과 긴밀하게 접촉해야 합니다.

심 : 우리 불교는 시주를 많이 하는 사람들에게나 관심을 기울일 게 아니라 더 시야를 넓혀야 합니다. 오히려 가진 사람에 대한 일침을 가하는 역할이 필요하다고 봅니다.

불교문제는 사회 전반의 문제

박 : 큰 스님들이 자기의 힘을 필요로 하는 중생들을 위해 일을 제대로 못하면 비판을 받아 마땅하지요. 불교가 우리의 사회발전에 끼치는 영향력은 날로 커져왔으며 이젠 불교가 잘못되는 것이 단지 불교만의 문제가 아니라 우리사회 전체의 손해라는 점을 불교인 모두가 인식해야 합니다.

심 : 얼마 전 종교에 대한 한 여론조사를 보니까 "불교계의 분쟁은 더이상 없으면 좋겠다" "종교인다운 종교인이 없다" "시주를 강요하지 말라" "종교이익을 너무 앞세우지 말라"는 여론이 강했습니다. 우리나라 스님들은 단결이 비교적 잘 된다고는 하나 이익집단으로서 단결이 잘 된다는 뜻이지 전 종단적인 단결은 아주 미흡한 실정입니다. 더구나 이 배경을 살펴보면 뜻있는 스님이나 신도들이 일을 열심히 하고 싶어도 이를 받아들여 주지 않는 폐쇄성이 저변에 깔려 있습니다. 이러한 폐쇄성을 극복해야겠지요.

서 : 불교가 이 사회에 줄 수 있는 것은 나의 이익을 부정하는 것입니다. 근본적으로 자신의 이익을 부정하는 인식입니다. 탐욕을 버리기 위해선 나 자신까지 과감히 뿌리치는 자세가 필요하지요. 노사문제 빈부격차 등에서 볼 수 있듯이 우리사회의 여러 문제 중 탐욕으로부터 야기되는 것들이 대단히 많지요. 불교가 앞으로는 '보다 나 자신을 더 억제하

는 것'을 강조해야 할 때라고 믿습니다. '깨닫다'는 말로 각覺과 오悟가 있는데 이 두 자가 결합하면 각오라는 말로 윤리적인 결단을 뜻하는 말이 됩니다. 결국 깨닫는다는 것은 실천윤리를 강조하는 뜻입니다.

박 : 교환교수로 와 전남대에서 1년 가까이 강의를 맡다보니까 학생들의 각종 질문에 부딪히게 됩니다. 이 가운데는 "불교는 민중을 위한 교리가 아예 없는 것이 아니냐" "귀족이나 돈 있는 사람을 위한 불교가 아니냐"는 질문을 자주 받습니다. 또한 노동문제하고 결부시켜 부처에게 바쳐진 시주가 과연 신도들이나 일반대중을 위해 얼마나 쓰이는가를 묻곤 해요. 대학생들의 얘기지만 저로선 '위대한 설법'이라고 생각됩니다.

시대흐름 적절히 대처토록

심 : 존중되어야 할 구도자들은 소외되고 고승들만 받드는 현실도 안타깝고, 신도들이 절을 찾아가기는 해도 스님이 신도를 찾아 절 밖으로 나가는 법은 별로 없는 풍토가 시정되어야 합니다. 그러나 학생들의 얘기는 불교가 어느 정도 희망이 있다는 생각을 갖고 말하고 있는 것으로 보입니다.

박 : 저는 이런 학생들의 질문에 원래 불교는 그렇지 않다고 대답해주고 있습니다. 문제는 언제부터 이런 경향이 대두되었는가 하는 것입니다. 역사적으로나 제도적으로나 그 근원을 찾아 해결점을 찾는 노력이 하루 빨리 시작되어야 합니다. 학생들의 날카로운 비판의 소리에 고승들을 비롯한 스님들이 귀를 기울여야 합니다.

서 : 기독교 신학자들은 르네상스, 산업혁명 등의 변혁을 거칠 때마다 그에 맞는 새로운 이론을 내세워 왔으나 우리 불교는 시대의 흐름에

적절히 대처해 오지 못한 게 사실입니다. 오히려 돈있는 사람과 권력의 주변에서 서성거렸으며 기복적인 측면에만 호소하는 무력함을 보였지요. 우리 불교가 나아갈 길은 이 같은 새로운 시대의 문제와 정면으로 대결하여 객관적인 해답을 찾는 것입니다.

박 : 불교의 문제는 뜻있는 사람들이 한 자리에 모여 구체적인 진단을 한 뒤 방안을 제시해야 하며 불교의 모든 종파들이 절대다수의 민중에 눈을 돌리는 등 체질개선이 필요합니다.

심 : 자질 면에서 유능한 사람들을 발굴하여 키워 나가야겠지요.

박 : 불교에서 출가는 현실세계와 물려 있는 고리를 깨버리는 것이라고 할 수 있는데 그 이유는 그 고리가 탐욕의 근원이 되기 때문이지요. 일단 인연의 고리를 끊은 뒤에는 욕심이 없는 상태에서 인간에게 봉사하기 위해 다시 현실세계로 들어가야 하지만 우리 불교에는 단지 출세만 있지 입세入世는 없습니다.

서 : 신도운동 등 구체적인 실천운동이 필요하다고 봅니다. 동시에 실천윤리와 보살정신을 대두시켜 불교가 우리 전통의 저변을 흐르는 종교로 대중들을 위한 등대 역할을 해내길 바랍니다.

『동아일보』1985년 5월 26일 일요일
정리_홍찬식 기자

깨달음이란 곧 실천하는 것

전남대학교에 교환교수로 와 있던 박성배 박사(53세, 뉴욕주립대학 종교학과)가 1년간의 강의를 마치고 지난 12일 미국으로 떠났다. 박성배 교수는 1969년 한국을 떠나기 전 동국대학교에서 인도철학을 가르쳤으며 한때 해인사로 출가하여 화제를 모았던 불교학자. 16년 만에 돌아온 박성배 교수의 눈에 비친 한국 불교는 어떤 모습일까. 또 한국 불교를 위해 그가 제시하는 '중생불교'의 구체적 논리는 무엇인지 이한離韓을 며칠 앞두고 인터뷰를 통해 알아봤다.

―다시 떠나신다니 섭섭합니다. 오늘 선생님을 찾아뵌 것은 고국에 돌아와 1년간 살펴본 한국 불교의 현상과 발전적 전망에 대한 의견을 듣고 싶어서입니다.

답 : 좀 거북하게 들릴지 모르겠습니다만 솔직히 말해 현재 상태라면 장래는 비관적이라는 생각을 금할 수 없습니다. 일부 희망적인 부분이 보이지 않는 것은 아니나 근본적인 방향전환이 없는 한 한국 불교는 형해화形骸化하거나 고사枯死할지도 모른다는 생각입니다.

―한국 불교의 현실을 비관적으로 진단하는 이유는 무엇입니까?

답 : 무엇보다 한국 불교는 민중과 유리되어 있습니다. 중생의 고통이 무엇인지, 그리고 그들의 요구에 어떻게 응답해야 할지를 모른 채

1996년 동국대학교 개교 90주년 기념 세계불교학술회의에서. 오른쪽에서 세 번째가 필자

관념화된 깨달음만을 되뇌이고 있습니다. 어떤 사람은 이런 현상을 불교가 고답적이고 철학적인 종교이기 때문이라고 분석하기도 하는데 나의 견해는 다릅니다. 불교는 모든 중생이 부처이다, 부처가 될 수 있다고 가르치는 종교입니다.

불교의 깨달음은 부처님이나 일부 고승들만 가능한 것이 아니라 모든 중생이 가능하다는 보편성에 있습니다.

그럼에도 깨달음을 산중으로 끌고 들어가 특수화시킴으로써 민중이 불교의 진실에 접근할 수 없도록 높은 담을 쳐 놓고 있습니다. 불타의 깨달음이 보편화되지 않는 오늘의 불교를 놓고 어떻게 미래를 낙관할 수 있겠습니까?

─보다 원론적인 질문입니다만 그렇다면 깨달음은 무엇입니까? 어떤

상태를 깨달음이라고 생각하십니까?

답 : 불교의 바른 깨달음은 일체 중생의 고통을 나의 고통으로 느끼는 상태입니다. 부연하면 불교의 깨달음은 존재의 실상에 대한 올바른 인식입니다. 부처님이 깨달은 존재의 실상은 모두가 서로 의존하고 보완하는 연기적 관계에 있다는 것이었습니다. 때문에 일체 중생은 현상적으로는 이체異體지만 본질적으로는 동체同體입니다. 동체에 대한 자각은 필연적으로 이웃과 고통을 나누는 대비의 행동을 하게 합니다.

예를 들어 오른손이 다치면 왼손이 치료를 하지 않을 수 없는 것은 동체이기 때문이듯 중생의 고통을 외면하지 않는 것도 같은 이치입니다. 불교의 깨달음이 이와 같지 않은 것이라면 그것은 관념적 환상에 불과한 것입니다. 깨달음은 관념이 아니라 실천이고 행동입니다.

— 그렇다면 흔히 말하듯이 '자성을 깨친다'고 할 때 그 자성이란 무엇입니까?

답 : 자성을 실체實體 개념으로 파악하는 것은 잘못입니다. 그것은 '법성'과 통하는 말이어야 합니다. 법성은 곧 연기성이고 연기성은 곧 동체성同體性입니다.

— 질문이 중복되는 것 같습니다만 불교의 깨달음이 행동으로 연결되지 않을 수 없는 근거는 무엇입니까?

답 : 중생의 고통입니다. 일체 중생이 나와 한 몸인데 그 일체 중생이 고통에 있다면 나는 당연히 대비大悲의 행동을 하지 않을 수 없는 것입니다. 그것은 당위라기보다 본능입니다. 이웃은 사촌이 아니라

바로 나 자신이라는 깨달음이 대비를 일으키는 것입니다.

― 수행이란 바로 그런 깨달음을 얻기 위해 실천적 행동을 유보하는 것이라는 것이 종래의 생각인데…….

답 : 그렇지 않습니다. 『화엄경』에 보면 '이보현행 오보리以普賢行 悟菩提', 즉 이웃을 위해 헌신함으로써 보리菩提를 얻는다고 가르치고 있습니다. 다시 말하면 중생을 요익饒益케 하는 행위 자체가 보리를 구하는 행위라는 것입니다.

― 그러나 현실적으로 동체적 인식을 가졌다 해도 남을 이롭게 하는 일에는 주저하는 것이 인간입니다. 이것은 어떻게 설명해야 합니까?

답 : 행동 없는 관념화된 깨달음이 갖는 허구성 때문입니다. 중생과 함께 고통을 나누는 '업'을 짓지 않으면 어떤 깨달음을 얻었다 해도 그것을 실천으로 옮기지 못합니다. 한국 불교 고승들이 그 좋은 예가 됩니다. 여기서 우리는 수행의 의미를 다시 생각해야 합니다. 수행은 동체대비의 실천입니다. 염불이나 참선은 비연기적 이기주의를 극복하고 동체대비를 실천하려는 종교적 상징이고 다짐이어야 합니다.

흔히 상구보리上求菩提 하화중생下化衆生을 '먼저 깨닫고 나중에 중생을 제도한다'고 하는 시간적 선후, 가치관적 상하개념으로 파악하는 것은 오류입니다. 요약해서 말하면 이기성을 극복하고 이웃을 동체로 느끼는 경험이 깨달음이고 이런 깨달음은 이웃을 위해 헌신하고 봉사할 때 이루어지는 것입니다. 그러나 불행하게도 한국 불교는 깨달음의 참뜻을 바로 이해하지 못하고 있습니다. 독좌獨坐하고 염불이나 참선만 하면 견성오도見性悟道할 수 있다고 믿습니다. 그러다보니 깨달음이란 일부의 전유물로 특수화되어 진정한 깨달음의 지평은 확대가 아니라 축소되고 있는 것입니다. 한국 불교는 그런 뜻에서 역사적 전개가 잘못 이루어지고 있다고 보아야 합니다.

— 그렇다면 한국 불교의 바른 역사 전개를 위해 어떤 전환이 있어야 한다고 생각하시는지…….

답 : 나는 1년간 고국에 머물면서 '중생불교衆生佛教'의 실천을 강조했습니다. 중생불교는 과거 한국 불교의 전통인 '고승불교高僧佛教'에 대한 반성으로 출발해야 한다는 뜻에서 붙여진 이름입니다.

— 고승불교와 중생불교의 차이는 무엇입니까?

답 : 고승불교는 과거에 있던 고승들의 관념적 깨달음의 불교, 중생의 구체적 고통에 응답하지 않는 행동이 없는 불교를 말합니다. 그러나 중생불교는 이웃을 동체로 알고 대비를 실천하는 앞으로 '있을, 있어야 할' 불교입니다. 고승불교가 청산되어야 할 이유는 간단합니다. 중생이 고승을 존경하는 것은 중생이 못하는 '중생을 위한 일'을 고승이 온몸으로 하기를 바라는 뜻에서인데 그것을 외면하는 것은 존경에 대한 배신입니다. 이와는 달리 중생불교는 중생을 그대로 부처로 알고 모시는 불교이기 때문에 반드시 있어야 할 불교입니다. 중생이 그대로 부처란 말이 희론戱論이어서는 안 됩니다. 고승불교는 말로만 중생이 곧 부처라고 했지 실제로는 그저 '중생'이고 '남'이었습니다.

— 고승에 의한, 고승을 위한 고승불교를 중생에 의한, 중생을 위한 중생불교로 전환하기 위해 선결해야 할 과제는 무엇입니까?

답 : 관념적 깨달음을 실천적 깨달음으로 바꾸는 것입니다. 존재의 실상은 연기고 연기는 동체며 동체는 대비고, 대비는 바로 실천이고 행동입니다. 대비를 실천하자면 동체인 이웃의 고통이 구체적으로 무엇인가 알아야 하고 그러기 위해서는 그들과 함께 살아야 합니다. 산중에 독좌해서는 그것을 알 수 없습니다. 현대 사회의 조직화 메커니즘은 중생을 구조적으로 억압하고 고통을 주고 있습니다. 예를 들어 자본주의는 인간을 평등치 못하게 하고 공산주의는 자유롭지 못하게 하고 있습니다.

잘못된 조직이나 제도가 인간을 고통스럽게 한다면 그것에 대해 분명히 아니라고 말하고 고치는 일에 앞장서야 합니다. 잘못된 현실을 보고도 자비라는 이름으로 방관하는 것은 결과적으로 죄악에 대한 봉사가 됩니다. 불교인들은 흔히 적극적인 행동을 중도정신에 어긋난다 하여 하지 않는 경향이 있는데 그것은 잘못입니다.

중도란 이래도 좋고 저래도 좋다는 뜻이 아니라 옳고 바른 것을 지향해야 한다는 것입니다. '중中'은 좌우의 가운데가 아닌 '정正'입니다.

종단이 망하고 불교가 망해도 중생이 망하면 안 된다, 이것이 불교가 해야 할 일입니다. 중생불교의 이념은 여기에 있습니다.

─사회적 구조악과 싸워 중생을 고통으로부터 해방시킨다는 것은 요즘 얘기되고 있는 민중불교와 비슷한 논리인데 중생불교는 그것과는 어떻게 다릅니까?

답 : 한국에서의 민중이란 개념은 억압받고 빼앗기고 소외된 계층을 일컫는 용어로 사용되고 있습니다. 그리고 민중운동은 민중이 뭉쳐서

억압하고 빼앗는 계층과 투쟁하여 승리하자는 것입니다. 왜 투쟁해야 하느냐에 대한 이들의 대답은 '민중의 권익은 기득권자의 선심으로 확보되는 것이 아니며 오히려 그들의 이기적 탐욕으로 억압구조가 강화되기 때문'이라는 것입니다. 따라서 방법은 갈등과 투쟁뿐이라는 논리입니다. 그런 의미로 사용되는 민중불교는 어느 일방을 증오할 위험이 있습니다. 그러나 중생불교는 빼앗고 억압하는 사람조차 구제해야 할 중생이요 동체라고 인식합니다.

그들은 증오와 적개심의 대상이 아니라 자비로 구제해야 할 대상입니다. 여기서 자비란 반드시 관용만을 뜻하는 것은 아닙니다. 때로는 매를 들어야 하고 심하게 썩은 부분은 잘라내는 것도 포함하는 의미입니다.

─폭력도 자비란 말씀입니까?

답 : 물리력도 경우에 따라서는 자비의 반면불反面佛일 수 있습니다. 그러나 불교의 물리력은 증오심이 없는 것이어야 합니다. 말하자면 '자비로운 매질'이랄까…….

─증오나 적개심 없는 '자비로운 매질'이 인간에게 가능합니까?

답 : 연기를 깨닫고 동체로 느끼느냐 아니냐가 자비를 물리력으로 만들고 물리력을 자비로 만듭니다. 그러나 이것은 말장난이 아닌 행동으로 표현할 문제입니다. 우리가 유의할 것은 연기와 동체의 자각은 처음부터 완전한 것이 아니라는 것입니다. 아는 만큼 실천하고 실천한 만큼 알아지면서 완전으로 나아가는 것입니다. 『화엄경』에서 말하는 구경각究竟覺에 이르는 53위의 보살은 깨달음과 실천의 깊이를 말하는

것입니다.

—중생 사회가 보살의 개인적 대비행人悲行만으로 정토가 될 수가 있다고
믿습니까?

답 : 우리에게는 공업共業과 불공업不共業이 있습니다. 개인적인 노력으로
해결할 것과 집단적 노력으로 해결할 것이 다릅니다. 개인의 탐욕과
이기심도 극복되어야 하지만 잘못된 조직과 제도도 고치지 않으면
안 됩니다. 그러므로 불교는 사회와 개인에 대해 무엇이 어떻게 잘못
되었는가에 대해 분명한 인식을 가져야 합니다. 대학생들은 이를
사회과학적 인식이라고 하는데 불교식으로 말하면 4제8정도四諦八正道
의 논리입니다. 4제8정도의 안목으로 분석하고 실천해야 불교가 역사
와 사회 안에서 제 할 일을 다 하게 됩니다.

—유익한 말씀 대단히 감사합니다. 박 교수님의 말씀대로 한국 불교가
진실로 중생을 요익케 할 수 있게 되기를 기대합니다.

『불교신문』 1985년 6월 19일
정리_홍사성 기자

삼형제 정담

『현대불교』 신문 창간3주년 기념 좌담회

정조 스님_ 1924년 전남 보성 출생. 연세대학교 경제학과, 서울대학교 행정대학원 졸업. 전강 스님을 은사로 사미계, 구산 스님을 계사로 비구계 수지. 인천 용화사, 순천 송광사, 태안사 등서 참선정진. 화순 만연사 주지 역임.

박성봉 교수_1927년생. 고려대학교 사학과 졸업, 경희대학교에서 문학박사. 경희대학교 국사과 교수, 전통문화연구소장 역임. 한국사상사학회, 경기사학회, 한국고서연구회 등 회장. 『고구려 남진발전사』, 『민족한국사』 등 저술.

인류의 역사는 인간성 상실의 역사라고 해도 과언이 아니다. 물질문명의 고도화에 따른 인간성과 자연환경의 파괴는 이제 인류사회를 위협하는 가장 무서운 업보가 되었다. 이 같은 시대상이 새로운 세기로 그냥 흘러가서는 안 된다는 우려와 반성의 목소리가 다방면에서 나오고 있다. 새로운 세기를 선도해 가야 할 불교가 인간성 회복의 주역이 되어야 한다는 주장은 당연하다.

그렇다면 불교는 인간성 회복이라는 과제를 풀기 위해 무엇을 성찰하고 무엇을 준비해야 할 것인가. 이 질문에 대한 답을 승가의 원로인 정조 스님(74, 석남사 주지)과 원로역사학자 박성봉 교수(71, 경희대 명예교수), 불교학의 세계적 권위자 박성배 교수(63, 동국대 석좌교수)

3형제의 정담을 통해 들어본다.

박성배 : 인간성 회복이라는 주제를 논하기에 앞서 인간성이 무엇인가를 먼저 점검하지 않을 수 없을 것 같습니다.

스님 : 인간성이 무엇이냐. 물론 여러 측면에서 말할 수 있겠지만 나는 인간성과 불성을 달리 생각하지 않아. 온 우주에 충만된 생명이 있으니 그 실상을 바로 보고 깨달은 분이 바로 부처님이고 그 가르침이 불교거든. 우리도 그 생명의 주인공임은 의심의 여지가 없지. 지금 여기 있는 이 주인공의 성품이 바로 인간성인 것이지.

박성봉 : 인간이 본래 타고난 몸이나 마음, 힘 등을 인간성이라고 통칭할 수도 있겠습니다. 이런 측면에서의 인간성이란 10세 이전에 가장 순수하게 유지되고 철이 들면 이미 사회화가 되기 때문에 환경에 적응된다고 보는 것입니다.

박성배 : 스님의 말씀은 인간성에 대한 불교적 정의로 우주에 충만한 생명력의 주인이 되는 것이 인간성의 구현이라 생각됩니다. 그리고 형님은 육체의 중요성을 인정하고 그 육체에 담긴 힘을 끄집어내어 쓰는 문제를 말씀하셨습니다. 두 입장이 서로 다른 면이 있는 것 같은데 본래 모순적인 것인지 모순은 아니되 표현이 다른 것인지요?

스님 : 불교에서 생사일여生死一如니 불이사상不二思想이니를 말하듯 그것은 같은 것이라 봐야 해. 육체는 마음의 화현이니 말이야.

1997년 겨울 성철 스님이 머물렀던 해인사 백련암에서. 오른쪽에서 두 번째는 성철 스님의 상좌였던 원택 스님, 세 번째가 필자

박성배 : 진리의 세계가 둘일 수는 없으나 그것을 생각하고 보는 입장의 차이는 여러 가지로 나타납니다. 이제 인간성 상실의 과정에 대한 반성이 어떻게 되어야 할지 이야기해 보아야겠습니다.

박성봉 : 인류가 수렵생활을 할 때는 자연과의 공존시대였습니다. 농경시대 이후 인간성의 상실은 시작되었다고 볼 수 있습니다. 많이 갖는 자와 덜 갖는 자, 힘이 센 부족과 힘이 약한 부족의 싸움이 시작되면서 인간은 인간을 정복하기 시작했던 것입니다. 농경사회가 정착된 후 5백년 사이에 4대 성인이 출현했다는 사실은 주목해야 합니다.

박성배 : 인간성의 상실이란 가치가 있는 쪽이 없는쪽을 지배하려는 형

태로 변해가는 삶의 형태를 따라 가속화되고 있다고 할 수 있겠군요. 불교에 세지변총世智辯聰이란 말이 있는데 지혜는 있으되 참다운 이치에 따르지 못한다는 의미입니다. 인간이 참다운 지혜의 성품을 갖추었으면서도 현실에 매몰돼 인간성을 상실해 온 것입니다.

스님 : 인간성의 상실이란 바로 무명업식과 탐진치로 인해 스스로 몽매한 업을 짓는 것이라고 할 수 있어.

박성배 : 스님, 무명업식이나 탐진치는 산업혁명이나 농경사회 이전의 인류에게도 있었을 것 아닙니까?

스님 : 물론 그렇지. 농경 산업 사회를 거치면서 그것이 현실적으로 발현되고 사회구조를 따라 극대화되어 온 것이지. 그러니까 현재의 위기 상황은 단순간에 생긴 것이 아니라 긴 과정을 통한 업보라는 거야. 불성이란 불생불멸이지만 업식으로 인해 가려지거든. 그것이 무명 아닌가. 우리의 인간성도 무명업식으로 인해 피폐해지고 상실되어 온 것이야.

박성봉 : 자연적인 삶에서의 악조건을 극복하려는 노력, 즉 불의 발견을 최초의 잘못으로 보려는 견해가 있습니다. 제2의 불인 전기와 제3의 불인 원자력으로 발전되며 인간성의 피폐화 상실화가 함께 지속된 것이라는 겁니다.

박성배 : 최근 발생한 박나리양 유괴 살인 사건은 인간성 상실의 대표적

인 실례라 할 수 있을 것입니다. 이 같은 사건은 반드시 범인 전소 모씨만의 문제가 아니라 누구에게나 바싹 붙어 있는 문제가 아닌가 싶습니다.

스님 : 불교에서는 본래 선과 악이 없다고 가르치거든. 환경의 차이에서 그것이 선으로 혹은 악으로 드러나는 것인데 이성적인 힘이 어느 쪽으로 기우느냐 하는 것이 문제야.

박성봉 : 우리가 역사를 이해하는 기준을 권력이나 금력에 두는 한 우리 의 역사도 그렇게 유지되고 전개될 수밖에 없을 것입니다. 사상과 문화, 종교의 생활을 부각시키는 교육이 필요한데 그러한 노력이 부족한 결과 경악스런 사건들이 발생되는 겁니다.

박성배 : 아무리 궁핍한 처지에서라도 남을 해쳐서는 안 된다는 것이 인간성의 근본인데 이제는 '못할 짓이 없는' 처지에 너무 자주 빠지게 되는 것 같습니다. 그러한 처지에서 유혹을 물리칠 수 있는 힘은 어디서 얻을 수 있을까요. 그 힘이 바로 인간성 상실을 극복하는 원동력일 텐데 말입니다.

스님 : 앞에서 무명업식과 탐진치를 얘기했지. 바로 그런 업보에 의해 상실의 현상이 심화된다고 보거든. 이것은 모든 중생에게 마찬가지로 적용되는 거야. 그러므로 중단 없는 교육과 훈련, 다시 말해 수행의 힘을 통해 업장을 녹이고 선덕을 길러나가야 한다는 거야. 그렇다면 업장을 어떻게 소멸하느냐가 문제인데, 그 답은 바로 '삼매'에서 찾을

수 있어. 삼매란 선도 악도 구분이 없는 본래 불성의 자리, 곧 인간성의 가장 맑은 자리라 할 수 있거든. 그러한 삼매의 체험이 일상화된 세상을 열반세계라 하지.

박성배 : 인간성 상실의 문제를 극복할 수 있는 대안을 스님께서 내놓으신 것 같습니다. 이제 인간성의 회복을 위한 불교의 노력이 어떻게 전개되어야 할 것인지를 검토해 보지 않을 수 없겠습니다.

스님 : 믿음이 모든 공덕의 어머니란 말을 불자들은 들었을 거야. 그런데 대부분 그렇게 생활하지 않거든. 나는 믿음의 삶, 다시 말해 자신의 참된 인간성에 대한 믿음과 부처님의 가르침에 대한 믿음들이 조화를 이루어 내는 삶의 길을 열어 주는 일을 불교가 해야 한다고 생각해.

박성배 : 우리나라의 경우 종교인구는 늘어난다고 합니다. 그렇다면 사회가 보다 더 종교적이어야 하는데 그렇지 못하거든요. 믿음이 잘못됐다는 말이지요. 돈벌이를 위해 믿거나 남보다 높은 자리에 오르기 위해 믿는, 종교를 생활수단화 하는 그릇된 현상마저 있다는 지적이 많거든요. 인간이 도구화되고 물질 만능의 가치관으로 일원화된 현실에서 종교인(불교인)의 삶은 어떠해야 하는가를 반성하는 데서 종교의 교육적 기능도 강화되어야 할 것입니다. 예를들면 보살도의 실천을 강조하는 가르침을 보다 현실화하고 그런 기회의 제공도 다양해져야 할 것입니다.

박성봉 : 아이들이 대학에 진학하는데도 '몇 점부터 몇 점까지는 어느

대학 무슨 과'라는 식으로 규격적인 가치판단을 요구하는 교육환경에 대한 반성도 하지 않을 수 없습니다. '자리이타自利利他'의 정신이 기초가 되어야 하고 이를 위해서는 가정과 사회의 교육이 바른 길을 가야 합니다.

박성배 : 이미 우리는 한국의 교육은 역사관과 철학성이 결여된 것이란 말을 많이 들어왔습니다. 교육도 배우는 자에게나 가르치는 자에게 있어 똑같은 수행입니다. 인간성 회복을 위해 역사관과 사회의식을 바로 심는 교육이 필요하고 개인의 건강한 삶을 위한 종교의 노력도 절대적으로 필요하다는 결론을 재확인할 수 있겠습니다. 그러나 스님께서 말씀하신 '삼매를 통한 열반세계의 구현' 같은 교육을 현대교육에서 기대하기란 쉽지 않을 것입니다. 결국 불교가 그 몫을 충실히 감당해야 할 것입니다. 우리는 구호처럼 수행의 생활화를 외치지만 그것이 현실화 되지 않고는 삼매를 통한 인간성 회복 역시 불가능하다고 할 수 있을 것입니다. 우리가 추구하는 수행의 생활화라든가 교육이란 인간의 사고방식을 부처님의 그것에 닮아가도록 이끌어 가는 것이 아니겠습니까.

박성봉 : 종교가 사회 역사에 생산적인 기능을 해야 한다는 것이지요. 예를 들어 절에서 한문교육을 수준 높게 가르치는 기능을 한다면 그만큼 우리의 문화를 유지하는 힘을 불교가 양산하게 된다는 것이지요. 당대의 유능한 인재가 찾아드는 종교가 되어야 합니다.

스님 : 불교는 21세기를 이끌어갈 무한한 가능성을 가진 종교야. 합장인

사가 의미하는 하심下心의 도만 알아도 범죄는 없어질 것 아니겠나. 바루공양의 정신만 지켜도 환경문제는 더 이상 비화되지 않을 것이고. 물론 불교 내부적으로도 보다 철저한 수행과 열린 의식으로 사회를 구제할 역량을 구축해야 해. 이 모든 것이 수행의 생활화거든.

박성배 : 불교는 깨침의 종교고 그 깨침의 사회화를 실천하는 종교입니다. 깨침을 위한 순간순간의 깨어짐이 가능하도록 수행 정진이 따라야 하고 그러한 노력들이 결국 상실된 인간성을 회복하여 참다운 인간의 세계, 다시 말해 불성의 생명력이 충만된 세상을 가꾸어 나갈 수 있을 것입니다.

『현대불교』146호, 1997.10.15
정리_ 임연태 기자

깨침과 깨달음

1983년 『깨침과 깨달음』이 처음 출판된 이래 20년이라는 짧지 않은 세월이 흘렀다. 그동안 나는 미국에 살면서 별 꼴을 다 당했다. 따라서 내 사상도 상당한 변화를 겪었다. 특히 불교 교리상의 여러 가지 어려운 문제를 풀어 가는 과정에서 우리 선배들의 '체용體用의 논리'가 얼마나 중요한 일을 했던가를 깨닫게 된 것은 적지 않은 수확이었다. 그리고 원래 중국 말이었던 '체용體用의 논리'란 말을 우리 말의 '몸과 몸짓의 논리'란 말로 바꾸어 씀으로써 뜻밖에도 이 논리가 나의 삶 자체에 밀착하게 되는 희한한 경험을 했다. 이것은 실로 예상 밖의 놀라운 경험이었다. 말 하나 바꾸는 것이 이렇게 큰 변화를 가져올 줄은 몰랐다. 몸과 몸짓의 논리는 그동안 나에게 불분명했던 것을 많이 분명하게 해주었다. 내 책이 우리 독자에게 '몸과 몸짓의 논리'를 몸에 익히는 계기가 됐으면 좋겠다.

삭제 당한 두 챕터章

1980년 초, 종교학과 과장에게서 전화가 왔다.

테뉴어(영구보장 교수직)를 따려면 책을 내라. 박사학위논문을 책으로 내는 것은 별로다. 단순한 역사서, 번역서, 또는 서지학 책도 별로다. 기독교에서 말하는 신학 서적에 맞먹는 책, 다시 말하면 불교의 근본 문제를 다룬 철학 책을 써 달라. 우리 과는 신학 중심의 종교학과임을 부디 잊지 말아 달라.

그 때 우리 과의 과장은 지금 보스턴 대학교 신학대학장으로 있는 로버트 네블(Robert Neville)이었고 이 일은 내가 스토니부룩 뉴욕주립대학교 종교학과 조교수로 부임하여 3년이 되던 해의 일이었다. 1983년 뉴욕주립대학교 출판사가 출판한 내 책, *Buddhist Faith and Sudden Enlightenment*는 이러한 배경에서 쓰기 시작했다. 영어로 된 제목은 우리 말로『불교인은 무엇을 믿는가? 돈오사상과 관련하여』라고 의역해도 좋을 것이다.

한 마디로 말해서, 내가 이런 책을 쓰기 시작한 직접적인 동기는 대학의 '영구보장 교수직'을 따기 위해서였다. 옛날 큰스님들이 들으면 분명 혀를 찰 노릇임에 틀림없다. 테뉴어를 따기 위해 책을 썼다는 말은 이익을 노리고 부처님을 팔았다는 말로 들릴 수도 있기 때문이다. 그러나 나는 이 책을 쓰면서 많은 애를 썼다. 마치 나의 모든 것을 몽땅 책에 다 쏟아 내놓는 것 같은 기분이었다. 그것은 뼈를 깎는 듯한 힘든 작업이었다. 며칠 밤을 새면서 죽을 힘을 다해 써놓은 글은 불과 서너 줄도 못 되는 경우가 비일비재하였다. 다 쓰고 나니 모두 19장章, 그 가운데 두 장이 유난히 힘들었다. 하나는 지눌(1158~1210)의 돈오점수설을 비판하는 글이었고 또 하나는 부처님의 사제법문四諦法門(the Four Noble Truths)을 '생멸의 논리'로 보면 안 된다는 글이었다.

힘들었던 만큼 애착도 생기고 흐뭇한 자부심 같은 것도 생겼다.

그런데 이변이 생겼다. 출판사의 편집인들이 내가 가장 아낀 이 두 장을 빼달라는 것이었다. 읽어보아도 무슨 말인지 잘 모르겠다는 것이 이유였다. 출판사의 심사위원들이 모두 혼란스러워한다며 우리 과 과장도 고개를 흔들었고 동료 교수들 역시 모두 거기에 합세했다. 사면초가요 중과부적이었다. 이리하여 모두 19장으로 된 내 원고는 17장으로 줄여서 출판되었다.

전화위복이라 할까, 출판된 17장은 오히려 내 머리에서 사라질 수 있었지만 의외로 빠져버린 두 장은 내 머리 속에서 계속 사라지지 않았다. '지눌 비판'과 '사제 해석'의 문제는 그로부터 20년이 지난 오늘까지 한시도 나에게서 떠나본 적이 없었다. 왜 나의 지눌 비판은 이들에게 먹혀 들어가지 않은 것인가? 사제법문을 생멸과 인과로 해석하려 할 때 부처님의 참뜻은 증발해 버린다는 사실을 왜 받아들이지 못할까? 오매불망, 그 뒤 나의 20년은 책에서 빠져버린 두 장을 다시 살려내는 20년이었다고 해도 좋을 것이다. 내가 지난 20여 년간 '불교의 돈점 문제'를 가지고 집요하게 씨름했던 까닭이 여기에 있었다. 그리고 그동안 '체와 용의 논리'를 크게 문제 삼은 까닭도 내막을 살펴보면 돈과 점의 관계를 밝혀내기 위한 노력의 일환이었다고 말할 수 있다. 돈점 관계가 나에게 던져진 문제였다면 체용의 논리는 그 문제를 푸는 열쇠였다. 다시 말하면 사람들이 부처님의 사제법문을 생멸의 논리로밖에는 해석할 줄 모르고 불교의 깨침의 문제를 돈오점수로밖에는 보지 못하는 까닭은 한 마디로 말해 그들이 체용의 논리를 잘 모르기 때문이란 말이다.

왜 돈오점수설을 비판하는가

그러면 이제부터 출판사에서 빼버린 두 장의 글에 대해서 잠깐 이야기해 보자. 먼저 왜 내가 지눌의 돈오점수설頓悟漸修說을 비판하는지 그 까닭부터 밝혀야겠다. 문제의 핵심은 돈종과 점종의 대결인데 이 대결을 푸는 방식이 모두 다르다. 대부분의 학자들은 역사적인 접근을 강조한다. 역사를 알면 돈점도 알게 된다는 식이다. 이들은 어찌할 수 없이 문헌을 소중히 여긴다. 그래서 나온 것이 문헌비판학 또는 문헌해석학적인 접근이다. 이들에게 역사란 곧 문헌이다. 그리고 문헌이란 정치, 경제, 사회, 예술, 문화 등등 여러 가지 사항들과 관련시켜야 제대로 이해할 수 있다는 지적 접근을 중요시한다. 뉴욕주립대학교 출판사 편집인들이 내 원고를 읽고 혼란스럽다고 말한 까닭도 알고 보면 그들의 이러한 지적 훈련 때문에 생겨난 현상이었다. 이 밖에도 돈점 문제를 다루는 태도는 말로 다 할 수 없을 정도로 각양각색이다. 돈종과 점종을 둘로 나누어 비교론적인 도표를 만드는 데 열중하는 사람도 있고, 싸움을 싫어하여 어느 쪽도 편들지 않고 중립절충주의적 발언만 되풀이하는 사람도 있고, 남이야 뭐라 하든 나는 이렇게 생각한다며 한 마디 내뱉어 놓고 잊어버리고 사는 학자도 있다. 이래서 1980년대부터 한국 불교계에 뜨겁게 불타오르던 소위 돈점논쟁은 갈수록 오리무중이 되어 이제는 사람들의 관심사 밖으로 사라져 버린 것 같은 인상을 주고 있다.

좀 웃기는 이야기지만, 나는 이러한 여러 유형의 접근방식에 모두 일종의 동지애 같은 것을 느낀다. 왜냐하면 이는 혼란스럽다고 빼버리고 문제도 삼지 않는 사람들보다는 더 가깝게 느껴지기 때문이다. 그러나 나는 이러한 모든 주장들을 다 옳다고 생각지는 않는다. 문제의 핵심이 무엇인 줄 알면서 자기 주장을 전개하면 그런 대로 모두 공헌하는 바가 있지만 뭐가 뭔 줄 모르면서 제멋대로 말하는 것은 문제의 초점을 더 흐리게 할 뿐이기 때문이다.

지금 돈점논쟁의 주변에 감도는 혼란의 주요 원인 중의 하나는 사람들이 돈점논쟁에 동원된 언어에 익숙지 않다는 데에 있는 것 같다. '점漸'이란 말을 들을 땐 그게 무슨 말인지 곧장 알아듣고 거기서 여러 가지 생각이 막 피어나지만, '돈頓'이라 하면 아무 것도 느껴지는 게 없고 따라서 말문도 막히고 생각도 막혀버리는 경우를 자주 본다. 이런 경우, 사람들은 그 태도에 따라 대강 둘로 갈라진다. 하나는 모르기 때문에 알려고 애쓰는 사람들이고, 하나는 돈의 의미를 제멋대로 해석하여 거기에 위험한 가치판단을 내리는 사람들이다. 후자는 분명 사상에 흥미가 없는 사람들이다. 논쟁이라 하면 귀를 막는 사람들도 많다. 이 세상을 그렇게 살 수만 있다면 오죽 좋을까. 공자 당시에도 공자를 비웃는 사람들이 있었다. 너무 따진다고. 공자의 정명正名 작업은 일종의 따지는 작업이었다. 석가도 자기 자신을 따지는 사람이라고 말한 적이 있었다. 소크라테스도 예수도 너무 따지다가 변을 당했다고 할 수 있을 것이다. 중요한 것은 그들이 '무엇을 따졌는가' 그리고 '왜 따졌는가'를 바로 아는 데 있다. 자기나 자기가 속한 집단의 사적인 이해관계 때문에 그렇게 죽음을 무릅쓰고 따지지는 않았을 것이다. 겉모습만을 가지고 그것도 똑같은 따짐 아니냐고 말하는 사람도 없지 않을 것이다. 그러나 중요한 것은 속을 들여다보는 일일 것이다. 역사상 사상을 문제 삼은 사람치고 논쟁을 피하는 사람이 있었던가? 가까운 사람, 아끼는 사람이 잘못된 길로 가고 있을 때, 그러면 안 된다고 말하지 않는 사람이 있었던가? 말해도 듣지 않으면, 왜 그대가 가는 길은 잘못된 길인가를 알아들을 수 있도록 하나하나 따져주지 않는 사람이 있었던가? 있다면, 그 사람은 가까운 사람, 아끼는 사람이 없는 사람이거나 그것도 아니라면 본인에게 따질 능력이 없었기 때문일 것이다. 한국 불교사상사에서 성철의 돈점논쟁을 빼버리면 무엇이 남을까? 한국 유교사상사에서 퇴계의 '사칠논쟁'을 빼버린다면 무엇이 남을까? 오늘날 한국의 지성사를 쓰면서 사칠논쟁과 돈점논쟁을 깊이 있게 다룬 책이 몇 권이나 되는가?

몰록의 세계

문제는 돈의 의미를 바로 아는 데 있다. 절에서는 이 글자를 '몰록돈'이라고 가르쳤다. '몰록'이란 요즘 말로는 '갑자기'라는 뜻인데 영어의 sudden이다. 그래서 영어권 사람들은 돈오를 sudden enlighten-ment라 한다. 왜 사람들은 그렇게도 돈의 의미를 제대로 잡지 못하는 것일까? 한국 말의 '갑자기'든 영어의 'sudden'이든 둘 다 똑같이 언어의 성격에 한 가지 공통성이 있는 것 같다. 그것은 그 말이 무슨 외적 사건을 연상시켜 주면서 그 사건의 발생에 소요되는 시간의 길이가 아주 짧다는 예상을 하게 한다. 예를 들면 '갑자기 죽었다'든지 또는 '갑자기 나타났다'든지 하는 경우와 같다. 그래서 사람들은 불교의 돈오란 말을 들을 때도 자기의 머릿속은 그런 식으로 전개된다. 정신을 차려 잘 관찰하면 내 눈에 보이는 어떤 사건이 돈오라는 식이다. 돈오의 문제를 다루면서 생각이 이렇게 돌아가면 결과는 백발백중 '나무 위에 올라가 생선을 구하는 격'이 되고 만다.

그래서 나는 절에서 큰스님이 말하는 '몰록 깨침'과 보통 사람들이 생각하는 '갑작 깨달음'은 다르다고 주장한다. 어떻게 다른가? 그 다른 대목을 바로 알기 위해서는 잠정적으로 겉보기에 비슷한 면을 일단 인정하고 들어가는 것이 좋다. 일단 둘다 똑같은 사건이라고 치고 말을 시작하자. 그래야 정말 다른 점이 더 잘 부각될 수 있기 때문이다. 좋다. 둘다 사건이다. 그렇지만 '갑자기'라는 형용사가 동원되면 관찰이 가능한 외적 사건이 되어 버리고 '몰록'이란 말이 붙으면 사람의 오관으로는 관찰할 수 없는 내적 사건을 가리키게 된다. 이 내적 사건도 또 두 가지로 나누어 봐야 한다. 보통 사람들이 말하는 내적 경험이란 대개 남은 몰라도 경험하는 자기 자신만은 잘 알고 있는, 그래서 혼자서 울고 혼자서 미소 짓는 그런 경험이다. 그러나 불교의 '몰록 깨침'은 그런 것만도 아니다. 예를 들면 활구 참선하는 선방에서 흔히 하는 말에 "진짜 깨침은 아무도 못 알아본다"면서 꼭 붙이는 말이 있다. "정말 깨치면 깨친 사람 자신도 그걸 모른다"고. 이런 말은 선방의 깨침이 가지고 있는 독특한 성격을 드러내려고 애쓴 데서 나온 말일 것이다. 사람 사는 세상에서 일어나는 사건이, 외적이든 내적이든, 우리의 오관으로 관찰이 가능한 사건이라면 거기엔 대개 이른바 육하원칙이 적용될 수 있다. 여기엔 누가, 언제, 어디서, 어떻게, 왜 등등의 의문사들이 다 쏟아져 나오며 거기엔 거기에 알맞은 답변이 있기 마련이다. 없으면 조작해서라도 있는 것처럼 꾸며 놓아야 사람들이 고개를 끄덕거린다. 속임수란 대개 이렇게 해서 시작된다. 그러나 몰록 깨침은 그런 의문사로 분석하려 할 때 그 본래의 모습이 증발하고 만다. 다시 말하면 시간과 공간이라는 형식에 담아지지 않는 것도 이 세상에 있다는 것을 아는 것이 중요하다. 인과동시因果同時니 일념만년一念萬年이니 하는 말들이 불가에서 회자되는 까닭도 그들에게 시간과 공간이라는 틀을 거부하는 경험이 있기 때문이다.

실로 몰록이란 부처님 세계를 드러내기 위해서 만들어진 말일 것이다. 우리는 시간과 공간이라는 틀을 가지고 이 세상을 보기 때문에 '모든 것이 동시에 일어난다'는 말은 나사 빠진 소리로 들리거나 아니면 신화처럼 들리기 마련이다. 그러나 부처님의 의식은 우리처럼 시간의 틀에 갇혀서 그 결과로 시공상에 일어나 어떤 사건을 뒤쫓아 가면서 관찰하는 사람의 의식이 아니기 때문에 이 세상의 모든 사건을 동시에 본다. 우리는 여기서 부처님의 의식이 보통 사람들의 의식과 다르다는 사실에 주의해야 할 것 같다. 무슨 말이냐 하면 가령 예를 들어 어떤 사람이 태어나서 80년을 살다가 죽었을 때 그 죽은 사람의 일생은 언제 어디서 어떻게 왜 등등으로 전기 작가의 관심사를 들먹일 수 있다. 부처님의 의식에 잡힌 그 사람의 일생 또한 그런 식으로 언표할 수 있다. 그 점에 대해서는 여부가 없다. 그러나 우리는 같은 점뿐만 아니라 다른 대목도 함께 보아야 한다. 시간과 공간의 틀을 벗어나 모든 것을 동시에 보는 것과 시간과 공간의 틀에 갇혀 보는 것의 차이는 크다. 다시 말하면 부처님은 생멸을 보되 불생불멸의 차원에서 보는 것이요 보통 사람은 불생불멸을 생멸로밖에는 못 보는 것의 차이라고 말해도 좋다. 거듭 강조하고 싶은 것은 부처님 의식은 보통 사람의 의식과 다르기 때문에 똑같은 세상인데도 부처님이 보면 부처님 세상이요 보통 사람이 보면 보통 세상이 되고 만다는 것이다. 우리는 여기서 우리의 의식이 바뀌면 세상도 다른 세상이 된다는 사실을 잊지 말아야 하겠다.

지눌의 돈오점수설은 잘못된 것이다

지눌의 돈오점수설을 평가하는 데 있어서 놓쳐서는 안 될 중요한 문제가 둘 있다. 하나는 그의 돈오점수설이 가지고 있는 돈오라는 말과 점수라는 말의 정의를 어떻게 내리느냐의 문제고, 또 하나는 그의 돈오 점수설에 대한 평가가 그가 세상을 떠나기 직전에 크게 바뀌었다는 사실을 어떻게 해석해야 옳으냐의 문제다. 지눌은 돈오를 두 가지로 나누었다.

하나는 해오解悟요, 또 하나는 증오證悟다. 증오는 구경각究竟覺을 말하고, 해오는 사람이면 깨치고 안 깨치고에 관계없이 누구나 얻을 수 있는 것이며 따라서 거기엔 잘못도 많고 그렇기 때문에 반드시 그 뒤에 점수가 뒤따라야 하고 그래야 증오를 얻을 수 있다. 먼저 해오를 얻고 그 다음에 해오에 의지하여 점수하여 점수가 완료된 상태가 증오라는 말이다. 돈오점수설을 주장함으로써 지눌은 두 가지 오류를 범했다. 하나는 깨침 아닌 것을 깨침이라고 말하는 오류다. 해오는 필요악일지 언정 깨침은 아니라고 분명히 말했어야 하는데 그는 그걸 안했다. 오 아닌 것을 오라고 말하여 그 뒤 수행자로 하여금 무수한 혼란을 일으키게 한 책임은 분명히 물어야 할 것이다. 그러한 의미에서 성철 스님의 돈오점수설 비판은 때 늦은 느낌이 없지 않지만 백 번 마땅한 비판이라고 생각한다.

둘째, 지눌은 깨침 아닌 것을 깨침이라 인정하고 거기에 의지하여 닦는다고 말함으로써 닦음의 의미마저 그르쳤다. 그는 닦음을 보림이나 보현행으로 풀이하는 좋은 의견을 내놓았지만 깨침도 아닌 깨침에 의지한다고 말함으로써 닦음의 첫 발부터 잘못 내디뎠던 것이다. 이리하여

1981년 해인사 대적광전에서의 성철 스님 법문

그의 돈오점수설은 불교의 수도이론을 지적으로 체계를 세우려 하는
사람들로부터 환영을 받았고 인간의 언어와 그 언어에 길들여진 의식과
이들 양자의 합동작품인 지식체계에 도전할 줄 모르는 설익은 수도자들
에게 숨통을 트게 해준 공로(?)가 있음에도 불구하고 그런 공로를 무색
하게 한 무수한 혼란을 야기시켰다. 철두철미하게 증오는 닦음의 결과
얻어지는 것이 아님을 그는 처음부터 외쳤어야 했다.

지눌을 어떻게 평가할 것인가

  1981년 해인사의 성철 스님은 『선문정로禪門正路』라는 책을 출판했
다. 이 책은 한 마디로 지눌의 돈오점수설을 비판하기 위해서 출판되었

다고 말할 수 있다. 이 책에서 성철 스님은 유명한 돈오돈수설을 선양하였다. 그러자 송광사의 보조사상연구원은 1990년에 대대적인 국제불교 사상 학술회의를 개최하여 성철 스님의 『선문정로』에 맞불을 놓았다. 그 때 송광사에서 나는 「성철 스님의 돈오점수설 비판에 대하여」라는 논문을 한 편 발표하였다. 돈오점수설을 지지하는 사람들이나 돈오돈수설을 지지하는 사람들이나 양쪽이 다 상대방을 잘 모르면서 괜히 시끄럽게 떠든다는 인상을 받았기 때문에 양쪽의 주장을 동등하게 소개하고 양쪽의 문제점을 똑같이 부각시키는 데 노력하였다. 그러나 그 결과는 그리 만족스럽지 못했던 것 같다. 지눌의 송광사와 성철의 해인사 양쪽으로부터 다 욕을 먹었기 때문이다.

그 때 내가 겪은 가장 큰 어려움은 특별한 것이 아니었다. 지눌파는 지눌을 신성시하고 절대화하는가 하면 성철파는 성철을 신성시하고 절대화하는 것이다. 이러한 종교계의 고질병이 사람을 피곤하게 만들었다. 나는 부처님도 예수님도 공자님도 모두 우리와 똑같은 사람으로 보는 입장이었다. 누구든 사람을 절대화해 버리면 거기서 사상은 나오지 않는다고 믿기 때문이다. 그 누구든 그리고 그 사람이 아무리 훌륭해도 우리 눈에 잡힌 그 사람은 그 사람의 몸짓에 불과하다. 몸짓을 낮잡아 보고 하는 말이 아니다. 몸짓은 원래 무상한 것이니 무상한 대로 놔두라는 말이다. 몸짓은 제 아무리 많고 제 아무리 좋아도 그것이 그대로 몸이 되지는 않는다. 이것은 종교사회학자 에미르 뒬카임이 말했듯이 개인과 사회는 서로 떼어놓고 볼 수 없는 것이지만 개인을 아무리 보태어도 그것이 곧 사회는 아니라는 말과 비슷하다. 그리고 사람은 태어날 때부터 '다 되어(완성되어) 나온 존재'가 아니라, 태어나서 '되어 가는

(만들어져 가는) 존재'로 보아야 한다. 사람을 다 완성되어 나온 존재로 보는 것은 사람을 비인간화 하는 것이다. 어떤 사람을 존경하고 숭배한 나머지 그 사람을 신격화하기 시작하면 나중에는 존경받는 사람만 비인간화되는 데 그치지 않고 존경하는 자기 자신도 비인간화되고 만다. 그러므로 종교계에서 나온 문헌들 가운데서 종종 발견되는 어떤 특정 인물의 절대화(신격화)는 액면 그대로 받아들여서는 안 된다. 어떤 시대나 어떤 지역의 문화나 언어 등등의 여러 가지 부득이한 제한과 사정 때문에 신화적인 탈을 쓰고 나온다. 그러므로 우리는 이러한 모든 무상한 껍질(환상 또는 망상)을 과감하게 벗겨 버리고 그 속의 참모습을 보아야 한다. 요즈음 학자들이 가지가지의 학문적 훈련을 다 받았음에도 불구하고 가끔 지눌이든 성철이든 그들의 일생을 하나의 완성품으로 보려는 경향이 있는 것 같아 답답해진다.

우리들이 만일 용수, 혜능, 원효, 지눌, 성철 등을 신격화의 분위기 속에서 읽는다면, 이는 우리 공부에 백해무익한 짓이다. 지눌은 절대로 '다 되어 나온 사람'이 아니다. 성철도 그렇고 인간이면 누구나 다 마찬가지다. '다 되어 나온 사람' 이란 말은 '비겁한 용사'라는 말처럼 말도 안 되는 말이다. 그러므로 지눌에게도 성철에게도 오류가 있다. 실수가 있다. 그래서 참회도 있고 회개도 있다. 개선, 전환, 혁명이 없는 삶은 사람의 삶이 아니다.

『간화결의론』의 진가

이러한 정신으로 나는 지눌의 저술을 다시 읽었다. 1209년, 지눌은 『법집별행록 절요』라는 책을 발표했다. 요즈음 학자들은 이 책을 지눌

사상의 총결산으로 보려 한다. 왜냐하면 지눌은 절요를 출판하고 그 다음 해인 1210년에 세상을 떠났기 때문이다. 그러나 1215년, 그의 제자 혜심 진각 국사는 스승의 행낭에서 발견되었다며 지눌의 『간화결의론』을 출판했다. 이 책은 지눌이 『법집별행록 절요』에서 집요하게 전개한 돈오점수설을 뒤엎은 책이다. 지눌의 이러한 '뒤집어 엎음'을 바로 보지 않고는 지눌을 올바로 평가할 수 없다.

　『간화결의론』이 과연 지눌의 진저인가? 혹시 혜심이 스승의 명예회복을 위해서 자기가 쓴 책을 스승의 이름으로 출판한 것이 아닌가 하고 조심스럽게 말하는 사람도 있다. 나는 이러한 모든 의심에 동조하지 않는다. 이유는 두 가지다. 첫째 화두 참선의 생명인 활구 사상이 절요와 간화결의론에서 모두 공통이라는 점이다. 참선은 활구 참선이라야 하지 사구 참선이어서는 안 된다는 데에 동의하면 돈오점수설은 있을 곳을 잃고 만다. 뿐만 아니라 절요의 말미는 간화결의론 집필의 동기로 보아도 좋을 만큼 양자간은 일맥상통한 바가 있다. 다만 양자 간은 이어지면서도 끊기는 대목이 있다는 것이 다를 뿐이다. 이어지는 대목과 끊기는 대목을 동시에 꿰뚫어 보는 것이 중요하다. 이어지는 대목은 활구 사상이고 끊기는 대목은 돈오점수설을 폐기하는 것이다. 이 문제를 놓고 우리는 앞으로 고생을 많이 해야 할 것 같다.

　지눌은 절요의 말미를 마무리 지으면서 괴로운 빛을 감추지 않았다. 그 때 그는 자기가 평생 쌓아올린 학문의 탑을 스스로 무너뜨려 버릴 생각을 하고 있었던 것 같다. 사실상, 『간화결의론』을 짓는 지눌의 근본 동기는 바로 그런 작업을 하는 것으로 보인다. 다시 말하면 절요와 『간화결의론』은 적체상반으로 끊기는 대목이 있다는 말이다. 우리는 이 '끊기는 대목'을 꼭 집어내야 한다. '끊음'으로써 지눌은 백척간두에서 진일보한 것이다. 현애에서 살수한 대장부가 된 것이다. 지눌의 사람됨은 요즘 학자들처럼 학설 하나 내놓고 거기에 묶여 평생 거기에서 헤어나지 못하는 그런 인물이 아니었다고 생각한다.

나는 한때 혜심이 스승의 학문적인 면을 계승하지 않은 것을 퍽 유감스럽게 생각하였다. 지눌과 혜심, 이 두 분은 무릎을 맞대고 '참의문 사구'랑은 하지 말고 맹세코 '참구문 활구'하자고 다짐했을 것이라고 생각한다. 적어도 이것이 지눌 만년의 모습이었을 것이라고 생각한다. 그래서 혜심은 스승의 절요 가운데 참의문 사구에 해당되는 대목을 자기의 삶 속에서 버려버린 것이다. 혜심의 이러한 노선은 그 스승, 지눌이 닦아 놓았던 것이다. 그 결과로 그 뒤 서산 대사의 『선교결』도 나왔고, 경허 스님 이래 만공, 전강, 성철 등 많은 고승들의 활구 참선이 한국 선불교의 주종을 이루게 됐던 것이다.

그런데 어찌해서 지눌의 『법집별행록 절요』라는 책은 조선조에 와서 그렇게 여러 번(20여 회?) 판각되어 널리 유포됐을까? 한 마디로 그것은 혼선이라고 볼 수밖에 없다. 진짜 구슬은 알아보지 못하고, 가짜 구슬만 애지중지한 것이다. 그들은 부끄럽게도 저자인 지눌의 일대 전환을 못 본 것이다. 그러므로 성철 스님이 해인사 강원에서 절요를 가르치지 못하도록 조처한 것은 올바른 지눌을 드러내기 위한 조처라고 보아야 할 것이다. 그런데 성철 스님은 이러한 사정을 밝히지 않고 절요를 친다는 것이 '대장부, 지눌'을 쳐서 지눌의 『간화결의론』마저 함께 죽여버린 결과를 가져왔다. 이 대목은 우리 학자들이 또 한 번 크게 씨름해야 할 대목이라고 생각한다. 우리는 앞으로 '지눌의 돈오점수설 비판'과 '지눌 평가'를 혼동해서는 안 될 것이다.

지눌은 활구를 바로 이해하고 사구를 버렸기 때문에 산 사람이 됐다. 뉴욕주립대학교 출판사 편집인들이 내 원고에서 지눌의 돈오점수설 비판을 빼버린 것은 그들이 활구가 뭔지를 이해하지 못했기 때문일 것이라고 생각한다. 활구와 사구의 구별은 간단한 것 같은데 가만히 보면 많은 사람들이 거기서 길을 잃고 방황하고 있다는 것을 알 수 있다.

『간화결의론』을 잘 읽어보면 지눌이 수행자의 경지에 대해서 얼마나 세심한 주의를 기울이고 있는지를 곧 알 수 있다.

첫째, 그는 교가의 원돈신해 사상이 제 아무리 현묘하고 수승하다 하더라도 공부를 성취하는 데 있어서 선가의 간화경절문에 비할 바가 아니라고 단호하게 말하고 있다. 그 이유는 교가의 길이 수도자의 해애解碍를 제거해 주지 못하기 때문이라고 한다.

지눌은 참선이 무엇인가를 분명히 하기 위해서 같은 선문 안에서도 아직도 교가적인 냄새를 풍기는 참의문參意門과 이를 깨끗이 벗어난 참구문參句門을 구별하였다. 참의란 숨은 뜻을 캐낸다는 말이요, 참구란 알 수 없는 한 마디의 화두에 몸으로 부딪친다는 말이다. '참의'와 '참구'는 또다시 하늘과 땅의 차이라고 한다. '참의'는 그것이 아무리 현묘하고 수승하다 할지라도 원돈신해문의 병폐와 똑같은 병폐를 드러내고 마침내 이를 극복하지 못하므로 정말 경절문이라는 이름에 합당한 올바른 길은 '참구'의 길, 즉 활구 참선밖엔 없다고 잘라 말하였다.

참선에서 참의와 참구를 구별할 줄 알고, 사구死句와 활구活句를 똑바로 구별할 줄 안다는 것은 매우 중요한 일이다. 참선의 정사正邪와 사활이 여기에 걸려 있기 때문이다. 지눌의 『간화결의론』은 이 점을 분명히 하고 있다. 특히 『간화결의론』의 결론이라고 말할 수 있는 마지막 문장은 지눌의 이러한 사상을 웅변으로 입증해 주고 있다. 그러나 불행히도 탄허 스님의 번역을 위시하여 로버트 버스웰의 영역에 이르기까지 이제까지의 거의 모든 번역들이 한결같이 오역만을 되풀이하였다. 마치 지눌이 참의문 사구를 선양한 것처럼 만들어 놓았다. 이런 오해가 또 어디 있을까. 우리는 만에 하나라도 어떤 독자가 지눌의 결론을 "그렇게 잘 안 되는 참구문 참선일랑 아예 그만두고, 잘 되는 참의문 사구참선이나 하라"는 뜻으로 오해한다면 이는 단순한 경전 오해에 그치지 않고 역사 왜곡의 과오를 저지르는 것이 될 것이다.

부처님의 사제법문을 어떻게 이해해야 옳은가

사제를 생멸로만 보면 안 된다는 것은 하나의 상식이다. 적어도 옛날 동양에서는 그랬다는 말이다. 그래서 우리의 선배들은 생멸사제와 무생사제의 구별을 분명히 했다. 생멸사제란 생긴 고통을 없앤다는 데에 초점을 맞추어 설명한 것이고, 무생사제無生四諦는 무작사제無作四諦라고도 하는데 그 초점은 고통이란 원래 생겨나지 않았다는 것이다. 전자를 소승사제라 하고 후자를 대승사제라고 말하는 사람도 있다. 문제 해결의 열쇠는 무생사제란 말이 무슨 말인지를 바로 아는 데에 있다. 고통이 생겼다가 사라졌다 하는 것은 사람 사는 모습인데 이런 사람의 삶을 생멸적 사고방식으로 보면 안 된다는 것이 무생사제의 메시지라고 말할 수 있을 것이다. 생멸적 사고방식이란 무엇인가? 자기의 오관에 잡힌 몸짓을 종합하고 분석하고 이를 다시 체계화시켜 자기 귀에 솔깃한

판단을 내려 거기에 안주하고 사는 사고방식이 다름 아닌 생멸적인 사고방식이다. 여기엔 이미 시간의 틀이 미리 자리잡고 앉아 있고 따라서 자기 눈에 비친 모든 것은 선후가 있으며 먼저 것은 원인이고 결과는 나중에 뒤따라오게 되어 있다. 선인후과先因後果라는 말이 그런 말이다. 사람들이 좋은 결과를 얻기 위해서 얼마나 열심히 일하는가? 세상에서 소위 성공했다고 하는 사람들을 보면 대개 선인후과를 금과옥조로 삼고 인생을 열심히 산 사람들이다. 옛날 부모님들이 우리들에게 읽히고 싶어 했던 위인전들이 모두 그런 착상아래 쓰인 책들 아닌가. 그러나 문제는 거기에 있지 않다. 어떤 사람이 일단 사고방식을 그런 식으로 가질 때 그 순간 그 사람은 송장이 되고 만다는 사실에 문제는 있는 것이다. 죽은 송장은 산 것이기에 썩기 시작하고 냄새가 나서 사람들이 얼른 알아 볼 수 있지만, 산송장은 죽은 것이기에 사람들이 영영 못 알아볼 뿐만 아니라 자기 자신도 못 알아보기 때문에 너나 나나 모두 함께 매사 잘 되어 가는 줄 안다. '산 것이 죽은 것이고 죽은 것은 산 것'이란 논리가 여기서 나온다. 다시, 선인후과적인 생멸적 사고방식을 몸에 지니고 다닌다는 것이 어째서 산송장이 되는 것이라고 말하는가? 생겨났다가 없어진다는 소위 생멸 현상은 몸의 몸짓이라 나무랄 것이 없지만 이것을 공식화하여 거기에 안주하면 그 순간 사람은 부자유하게 된다. 여기서 부자유는 구속이요 속박이다. 생명이 생명노릇을 제대로 못하게 된다. 생멸이란 말은 한 마디로 무상하단 말인데 무상을 말하는 사람은 무상 아닌 항상이 되어 있는 웃지 못할 비극이 연출되는 것이다. 생명이 비생명화되면 그 순간 송장이 되는 것이다. 사제의 생멸적 이해는 부처님의 무상법문에도 맞지 않고 무아 사상에도 맞지 않고 따라서 그런 것은 연기설에도 어긋나고 공사상과도 모순된다.

부처님의 사제법문을 생멸적으로 해석하는 사람들이 하는 짓들을 보자. 말은 그럴 듯한데 기막히게도 그렇게 말하는 본인은 죽어 있는 비극을 연출하면서 스스로는 이 비극을 바로 보지 못한다. 그들은 말한다. 고제와 집제는 어리석은 중생의 비참한 모습을 가르쳤고 멸제와 도제는 모범적인 수도자들의 성스러운 삶을 가르쳤으니 어서 우리는 중생 세계를 벗어나 부처님 세계로 가자. 이런 식으로 부처님의 사제법문을 해설할 때, 나는 거기서도 여전히 어떤 모순도 부담감도 갖지 않는다. 다만 그런 선인후과적인 생멸적 사고방식에 안주할 때 생기는 비생명화 현상을 걱정할 뿐이다. 그래서 '병주고 약줄 필요 뭐 있나? 아예 처음부터 병 주지 말아야지!' 하는 생각을 하게 된 것이다. 뿐만 아니라, 중생과 부처를 나누고 성과 속을 나누고 이리하여 하나는 버리고 하나를 취하는 짓을 한번 하기 시작하면 그런 병은 영원히 고칠 수 없는 것이다. 겉병 고치려다 속병 들면 안 된다. 속병 나으면 겉병은 저절로 낫는 법이다.

그들은 또 이렇게 말한다. 고제는 현재의 결과요, 집제는 과거의 원인이다. 이것이 중생상이다. 중생상을 벗어나려면 과거의 원인을 없애야 한다. 그래야 현재의 고통이 없어진다. 그리고 멸제는 미래의 결과요, 도제는 현재의 원인이다. 이것이 부처님의 세계다. 미래에 부처님의 세계로 가고 싶거든 현재에 부처님 말씀대로 열심히 살아 부처님 세계로 갈 수 있는 원인을 심어야 한다. 나는 여기에서도 눈에 보이는 특별한 문제는 없다고 생각한다. 다만 여기에서도 아까와 마찬가지로 눈에 안 보이는 잘못된 사고방식이 생길까 두려울 뿐이다. 그래서 생멸사제로는 안 된다는 말이 나오는 것이다.

　부처님이 처음 깨치고 나서 입 열기를 주저했다는 말이 있다. 왜 그랬을까? 결국 입을 열어 사제법문을 해주셨으니 다행이지만 문제는 여전히 남는다. 주저한 까닭이 뭘까? 무엇이 그로 하여금 입 열기를 주저하게 만들었을까? 사람들이 사제법문을 얼른 못 알아들었다는데 무엇을 못 알아들었을까? 부처님은 사제를 삼전십이행상三轉十二行相으로 풀었다고 한다. 여기서 '삼전'이란 똑같은 법문을 세 바퀴 돌렸다는 말이니 3×4=12로 십이행상이 된 것이다. 여기서 문제는 왜 하필 세 바퀴냐는 것이다. 첫째 바퀴는 사제를 당위로 해석하여 윤리적 명제처럼 들리고, 둘째 바퀴는 그 시제가 현재진행형으로 되어 수행처럼 들리고, 셋째 바퀴는 진리가 그대로 현현하는 현재완료형으로 되어 있다. 선인후과적인 생멸적 사고방식은 첫 바퀴에 걸려 버린 것이 아닐까? 마지막의 현재완료형으로 보아야 부처님의 뜻은 드러나는 것이 아닐까?

　부처님의 사제법문을 들은 최초의 청중은 함께 출가한 교진여 등 5비구였다고 한다. 5비구 중에서 교진여가 부처님의 사제법문을 듣고 깨쳤다. 그리고 그는 말했다. "집제가 바로 멸제로군요!" 부처님은 기뻐했다. 너는 내 말을 알아들었다고 인가했다. 무엇을 알아들었는지 궁금하다. 처음 입 열기를 주저한 것과 마지막 알아들었다고 기뻐한 것 사이에 일맥상통하는 문제의식을 보는 것 같다. 이처럼 제2, 제3, 제4, 제5의 비구가 똑같은 방식으로 깨치고 부처님은 똑같은 방식으로 인가한다. 모두가 '집제즉시멸제集諦卽是滅諦'라고 말함으로써 부처님의 인가를 받는다. 우리는 이것을 이렇게 정리할 수 있을 것이다. '부처님이 깨친 것도 집제즉시멸제로 표현할 수 있고, 부처님이 설법을 주저한 것도 집제즉시멸제의 소식을 못 알아들을까 걱정했기 때문이고, 이제 다섯 비구가 모두 집제즉시멸제를 알아들으니 인가했던 것이다'라고.

집제즉시멸제라니 이게 무슨 말일까? 다른 것은 몰라도 가장 두드러진 것이 생멸적 인과적 사고방식을 두들겨 부수고 있다는 사실이다. 생멸사제파들이 '집제는 과거의 원인이고, 멸제는 미래의 결과'라고 말한다면 무생사제파들은 원인이 그대로 결과요, 과거가 그대로 미래요, 중생의 모습이 바로 부처님의 모습이고 번뇌가 보리고 지옥이 극락이고…… 등등을 외치고 있는 것이다. 깨진 것이다. 깨져야 할 것이 깨지지 않은 채 거기에 거룩한 옷을 입히고 성스러운 수도상을 연출해 봤자 말짱 헛짓이란 말이다. 거룩하고 성스러운 것이 없다는 말이 아니다. 깨져야 할 것은 깨져야 성스럽다는 말이다.

사제 법문을 오해하는 병이나 돈오점수설의 오류를 간파하지 못하는 병이나 둘다 똑같은 뿌리에서 나온 같은 병이다. 생각하는 능력은 모두 훌륭하게 타고 났으며 그래서 곧잘 훌륭한 사색들을 함에도 불구하고 아깝게도 언어의 노예 상태를 극복하지 못하고 언어의 병이 그대로 의식으로 흘러 들어와 개미 쳇바퀴 돌듯 옛 버릇만을 되풀이 하고 있는 것이다.

결국 생명사제에서 무생사제로 가는 길은 막혀 있지만 무생사제를 알면 그 속에 생멸사제가 집착도 모순도 없이 일하고 있음을 발견하게 된다. 마치 몸짓에서 몸으로 가는 길은 막혀 있지만 일단 몸으로 돌아가면 그 속에 온갖 몸짓이 자유롭게 일하고 있음을 발견하게 되는 것과 같다.

『깨침과 깨달음』(예문서원, 카르마총서 6) 한국어판 서문, 2002